Helmut Schmidt

Mein Europa
Reden und Aufsätze

Mit einem Gespräch zwischen
Helmut Schmidt und Joschka Fischer

Vorwort von Matthias Naß

Hoffmann und Campe

Auswahl der Texte und Redaktion: Thomas Karlauf

1. Auflage 2013
Copyright © 2013 by Hoffmann und Campe Verlag, Hamburg
www.hoca.de
Satz: Pinkuin Satz und Datentechnik, Berlin
Gesetzt aus der Times New Roman
Druck und Bindung: C. H. Beck, Nördlingen
Printed in Germany
ISBN 978-3-455-50315-9

HOFFMANN
UND CAMPE

Ein Unternehmen der
GANSKE VERLAGSGRUPPE

Inhalt

Ein Europäer aus Vernunft
Vorwort von Matthias Naß

Das Thema Europa hat Helmut Schmidt sein ganzes politisches Leben lang begleitet. Er selbst erinnert sich sehr genau daran, dass er sich schon 1948 im Parteiblatt der Hamburger SPD mit der europäischen Integration befasste. Seine beherzte Unterstützung des Schuman-Plans für eine gemeinsame Kohle- und Stahlproduktion löste bei der SPD-Führung Verärgerung aus. Fritz Heine, Vorstandsmitglied und enger Vertrauter des damaligen Parteivorsitzenden Kurt Schumacher, rüffelte die Hamburger Genossen: Ihr müsst den jungen Mann an die Zügel nehmen, der darf so etwas nicht schreiben! Die erwiderten hanseatisch stolz, bei ihnen herrsche Meinungsfreiheit! Helmut Schmidt legt Wert darauf, dass es nicht visionärer Idealismus gewesen sei, der ihn für Europa streiten ließ, sondern strategischer Realismus. Bei aller Leidenschaft: Er hielt sich für einen Europäer aus Vernunft. Und so sieht er sich heute noch.

Die in diesem Band versammelten Texte – Parlamentsreden, Vorträge, Zeitungsbeiträge, vor allem aus der ZEIT – zeigen aber auch einen Europapolitiker, der im Rückblick sagt:»Das Herz soll nicht heiß, es soll kühl sein. Aber das Herz muss dabei sein. Der Verstand allein reicht nicht aus, um das Volk mitzureißen.«

Helmut Schmidt hatte früh begriffen, dass Deutschland nach den Verbrechen der NS-Diktatur nur durch eine Einbindung in die europäische Gemeinschaft das Vertrauen der Nachbarn zurückgewinnen konnte. Er wusste aber auch, dass sich nur ein geeintes Europa gegenüber den Weltmächten würde behaupten können, sowohl gegenüber dem Machtanspruch der damaligen Sowjetunion als auch gegenüber der »Hegemonie« der Vereinigten Staaten.

Neben der Wahrung des Friedens und dem wirtschaftlichen Wiederaufstieg aus den Trümmern des Zweiten Weltkrieges wurde für ihn die Selbstbehauptung Europas im weltpolitischen Konzert der Großmächte das strategische Hauptargument für die politische Integration des Kontinents.

Die Sorge um die Marginalisierung eines in sich zerstrittenen Europas treibt Schmidt bis zum heutigen Tage um. »Ich halte es für möglich, dass die europäischen Staaten zu ihren alten Machtspielen zwischen Zentrum und Peripherie zurückkehren – und zwar ohne zu bemerken, dass sie sich dadurch an den äußeren Rand der Weltpolitik und der Weltwirtschaft bewegen«, schrieb er Ende 2012 in einem Leitartikel für die ZEIT.

Im 21. Jahrhundert geht es für ihn um nicht weniger als »die Selbstbehauptung der europäischen Zivilisation«. Schmidt schaut auf den wirtschaftlichen Aufstieg neuer Mächte wie China und Indien. Und er schaut auf die demographische Entwicklung: Die Europäer werden am Ende des Jahrhunderts nur noch ungefähr fünf Prozent der Weltbevölkerung stellen. Ohne den politischen Zusammenschluss, davon ist er überzeugt, verblassten die Staaten Europas zu »Randfiguren der Weltpolitik«.

Auf dem Spiel stünde dann auch, was für Schmidt Europas größte Errungenschaft im 20. Jahrhundert gewesen ist, nämlich der Sozialstaat. Dieser aber lässt sich auf Dauer nur finanzieren, wenn Europa innovativ und damit wettbewerbsfähig bleibt. Schmidt bewundert die Dynamik der amerikanischen Wirtschaft, er ist tief beeindruckt vom Aufstiegswillen Chinas. Gegen diese beiden Supermächte könne sich nur ein geeintes Europa behaupten.

Umso mehr solle sich die deutsche Außenpolitik zurücknehmen. Mit Lust spottet Schmidt über unausgegorene Berliner Ambitionen. In der Weltpolitik lässt er den Franzosen gern den Vortritt.

Die sitzen im UN-Sicherheitsrat, verfügen über Atomwaffen und haben bis heute einen ungebrochenen diplomatischen Geltungsanspruch. Den Deutschen aber empfiehlt Schmidt Bescheidenheit: »Unser Feld ist nicht die Weltpolitik und nicht die atomare Strategie, nicht Asien, nicht der Nahe und Mittlere Osten oder Afrika, sondern unsere europäischen Nachbarn sind unser Arbeitsfeld.« Im Zentrum aller europäischen Politik bleibt für ihn das deutsch-französische Tandem. Und, so viel Eigenlob gestattet er sich gern, nie habe dieses Tandem besser funktioniert als in der Zeit seiner freundschaftlichen Zusammenarbeit mit Staatspräsident Valéry Giscard d'Estaing. »Zu Zeiten von Giscard und Schmidt hat Schmidt dem Giscard keine Vorhaltungen gemacht wegen des Zurückbleibens der französischen Wirtschaft, und er hat dem Giscard auch weder das Recht auf Mitwirkung im Sicherheitsrat bestritten noch das Recht Frankreichs, nicht aber Deutschlands auf nukleare Waffen«, sagt er.

Auch de Gaulle und Adenauer, Mitterrand und Kohl bestehen vor seinem strengen historischen Urteil. Angela Merkel hält er für eine Europäerin allein des Verstandes, nicht des Herzens.

Die deutsch-französische Zusammenarbeit gehört für Schmidt zu den strategischen »Grundprinzipien« der Integration Europas. Hinter dem Schuman-Plan habe bei den Franzosen außen- und sicherheitspolitisches Kalkül gestanden. »Aber sie mussten ihr Herz überwinden. Und das haben sie gemacht, sie haben ihr Herz eingebracht.«

Nach der großen Wende zu Beginn der neunziger Jahre ist die deutsch-polnische Zusammenarbeit als ein weiteres Grundelement der Integration Europas hinzugekommen. Schmidt war sich der Bedeutung Polens für Deutschland und für Europa, aber auch innerhalb Europas für das deutsch-französische Tandem stets bewusst. 1966 bereiste er Polen erstmals. Im selben Jahr wies er in seiner Rede auf dem SPD-Parteitag darauf hin, dass die friedliche

Wiedervereinigung des deutschen Volkes nur im Zusammenhang mit der Wiederherstellung Europas möglich sein würde. Als Bundeskanzler pflegte Schmidt gute, im Falle von Parteichef Edward Gierek fast freundschaftliche Kontakte zu seinen polnischen Gesprächspartnern. Auch besuchte er Auschwitz. Nach dem Ausscheiden aus den politischen Ämtern übernahm er 1995 für mehrere Jahre die Präsidentschaft des Deutschen Polen Instituts in Darmstadt.

Die historische Einzigartigkeit der europäischen Einigung stand Schmidt von Beginn an klar vor Augen. Und doch setzte er, allen Visionen abhold, auf eine Politik des bedächtigen Vorangehens, eine Politik des – wie sein Lieblingsphilosoph Karl Popper es nannte –»piecemeal engineering«. Dass es dabei immer wieder zu Rückschlägen kommen musste, kalkulierte er ein. Wie sollte es anders sein?»Europa lebt«, schrieb er 1974,»aber mir scheint, es lebt von Krisen.«

Dafür sorgten schon die Briten, die dabei sein, aber nicht richtig dazu gehören wollten. De Gaulle hatte sich in den sechziger Jahren gegen den britischen Beitritt zur Europäischen Gemeinschaft gesperrt. Der kam dann doch 1973. Aber in Großbritannien blieben die Reserven gegen den»Kontinent« groß, bei den Konservativen genauso wie in der Labour Party.

Auf einem Labour-Parteitag im November 1974 warb Helmut Schmidt um die Zweifler auf dem linken Flügel der Schwesterpartei – ausdrücklich nicht als Bundeskanzler, sondern als deutscher Sozialdemokrat.»Geboren und aufgewachsen in der alten Schifffahrts- und Handelsstadt Hamburg, die sich zuweilen britischer benimmt als die Briten selbst, bin ich immer ein Bewunderer der glorreichen Traditionen und Tugenden britischer demokratischer Institutionen gewesen.«

Die Briten sind Mitglieder der Gemeinschaft geblieben, aber zu Europäern aus heißem oder auch nur kühlem Herzen sind sie nicht

10

geworden. Es sei ihm schon klar, schrieb Helmut Schmidt 1984, für viele in der politischen Klasse Großbritanniens sei »nach wie vor der Kanal breiter als der Atlantik«.

Dabei kann Schmidt die britische Kritik an der Europäischen Union gut nachvollziehen. In vielem teilt er sie ja. Niemand wütet so schön wie er über Bürokratismus und Zentralismus in Brüssel. Hohn und Spott gießt er über die Kommissare aus, die »sich immer um die drittrangigen Probleme kümmern, manchmal um die zweitrangigen und nie um die erstrangigen Probleme«. Zum Beweis hält er dann gern eine Zigarettenschachtel in die Höhe mit der aufgedruckten Warnung vor den Gefahren des Rauchens!

Diese Union, die nach seinem Urteil viel zu schnell gewachsen ist, braucht eine Reform an Haupt und Gliedern, davon ist er überzeugt. Man stelle sich einen Dax-Konzern mit 28 Vorstandsmitgliedern vor, schimpft er. Zum Schießen! Würde nie funktionieren! Und deshalb seien auch 28 Kommissare in Brüssel der reine Unfug.

Eine der wichtigsten institutionellen Reformen, derer die EU dringend bedürfe, müsse deshalb die Verkleinerung der Kommission sein, von 28 Kommissaren auf »maximal zwölf«. Zweitens müsse die Einstimmigkeit im Europäischen Rat zugunsten des Mehrheitsprinzips abgeschafft werden. Und drittens müssten die Stimmgewichte unter den Mitgliedsländern neu aufgeteilt werden.

Diese drei Schritte sind für Schmidt das absolute Minimum, um die Arbeitsfähigkeit der EU zu erhalten. Zwei andere Dinge liegen ihm besonders am Herzen. Zum einen brauche das Europäische Parlament mehr Macht. Ja, es müsse sich diese nehmen! Es müsse aufbegehren, einen richtigen Aufstand gegen die Regierungen der einzelnen Staaten und gegen die Kommission proben, nur so könne das demokratische Defizit, an dem Europa leide, überwunden werden.

Zum anderen sei die Europäische Union viel zu schnell erweitert worden. Damit müsse nun Schluss sein! Und schon gar nicht dürfe die Türkei Mitglied der EU werden. Nicht nur, weil ihre Bevölkerung schneller wachse als die jedes EU-Landes und die Türkei bald der größte Mitgliedsstaat wäre. Sondern vor allem, weil die Türkei einem anderen Kulturkreis angehöre. Wie wolle man den Marokkanern versagen, was man den Türken gestatte? Nein, eine Aufnahme der Türkei oder auch der Ukraine oder gar Weißrusslands, das scheint ihm »ganz abwegig« zu sein. Schon die heutige Größe der Union überfordere viele Europäer. Für viele sei die EU ein abstraktes Gebilde, ihr Herz hänge weiter an der Nation. Schmidt hat immer de Gaulles Wort vom »Europa der Vaterländer« gefallen. Der Nationalstaat bleibt für ihn »der bei weitem wichtigste Ankergrund für die politische Selbstidentifikation der Bürger Europas«.

Allerdings, die Zeit nationaler Währungen ist für ihn vorbei. Helmut Schmidt ist einer der Väter des Euro, und Zweifel an der Gemeinschaftswährung haben ihn nie beschlichen. Sie sei vielmehr »ein wichtiger Schritt nach vorn« für die weitere Integration Europas. Denjenigen, die öffentlich über ein Auseinanderbrechen der Eurozone spekulieren, bescheinigt er fehlende Weitsicht. Schwere wirtschaftliche und politische Verwerfungen seien bei einem Rückfall in nationale Währungen vorhersehbar. Eine »Euro-Krise« gibt es aus seiner Sicht nicht, wohl aber eine sehr ernste Staatsschulden- und Bankenkrise. Die Währung selbst sei nach innen wie nach außen stabiler als der US-Dollar. Und ganz gewiss werde der Euro gemeinsam mit dem Dollar und dem chinesischen Renminbi zu den drei Weltwährungen des 21. Jahrhunderts gehören.

Trotz der Erfolge in der Währungspolitik ist Schmidt über die Entwicklung Europas ernüchtert. Die Integration hat aus seiner Sicht mit dem Vertrag von Maastricht 1992 ihren Höhepunkt erreicht – und überschritten. Seitdem stagniere Europa. »Ich bin skeptisch geworden im Laufe der neunziger Jahre. Als ich gesehen habe, dass Frankreich und Deutschland nicht mehr an ein und demselben Strang ziehen wollten.«

Und doch. Am Zusammenschluss der Europäer, für den er seit sechs Jahrzehnten streitet, hält er mit Leidenschaft fest. Auch wenn er auf die Frage, ob Europa zu dem geworden sei, was er sich 1948 vorgestellt habe, mit einem knappen »Nein« antwortet. Zwei Helden, zwei Vorbilder hat der Europäer Helmut Schmidt. Winston Churchill ist der eine, der gleich nach dem Zweiten Weltkrieg Franzosen und Deutsche zur Aussöhnung aufrief und der schon 1946 in Zürich die Vereinigten Staaten von Europa beschwor – zu denen Großbritannien allerdings nicht gehören sollte. Der andere ist Jean Monnet, jener Franzose, der ohne Regierungsauftrag die gedanklichen Grundlagen für die deutsch-französische Zusammenarbeit legte und der dem Schuman-Plan zum Durchbruch verhalf. Monnets Vision sei noch heute gültig, schrieb Schmidt 1978 im Vorwort zu den Erinnerungen Monnets. Von ihm könnten die Europäer lernen, »dass wir uns dem hochgesteckten Ziel nicht in großen Integrationssprüngen nähern können, sondern in hartem Bemühen der zähen Wirklichkeit Fortschritte abringen müssen«.

Aber in seiner Ahnengalerie großer Europäer sind ihm noch zwei weitere Namen wichtig. Richard Nikolaus Coudenhove-Kalergi, der in Japan geborene tschechische Diplomatensohn, Schriftsteller und Politiker, der 1924 die Paneuropa-Union gründete. Und lange vor ihm, Mitte des 19. Jahrhunderts, setzte Frankreichs großer Schriftsteller Victor Hugo seine Hoffnungen auf die »Vereinigten Staaten von Europa«.

»Einige wenige Idealisten«, sagt Schmidt, hätten die Notwendigkeit eines europäischen Zusammenschlusses früh gesehen. Aber um ihre Ideen in die Wirklichkeit umzusetzen, habe es nach dem Zweiten Weltkrieg Realisten vom Range eines Churchill und eines Monnet gebraucht. Beide bewiesen aus Schmidts Sicht jene politische Führung, ohne die es in Europa nicht vorangehe. Visionen allein bewirkten nichts. Sie müssten sich mit politischer Entschlusskraft paaren. Und mit Geduld. »Die Geschichte hat einen langen Atem. Das epochale Werk der Einigung Europas braucht seine Zeit.« Auch das hat ihn Jean Monnet gelehrt, jener große Franzose, der am Beginn von Helmut Schmidts Weg nach Europa stand und der ihm bis heute ein geistiger Weggefährte geblieben ist. Denn bei aller Skepsis: Etwas Besseres, als umgeben von Freunden inmitten eines friedlichen Europas zu leben, werden die Deutschen nicht finden auf der Welt.

Ja zum Ruhrstatut: Ein frühes Bekenntnis zu Europa (1948/1949)

Zu den ersten Veröffentlichungen Helmut Schmidts zählen zwei Aufsätze zur Ruhrfrage, die er 1948/49 im Mitteilungsblatt der Hamburger Landesorganisation der SPD veröffentlichte. Im ersten Beitrag vom Juni 1948 forderte Schmidt, damals Vorsitzender des Sozialistischen Deutschen Studentenbundes (SDS), die Zustimmung seiner Partei zu einer Internationalisierung des Ruhrgebiets, da auf Dauer nur eine europäische Regelung der Kohle- und Stahlproduktion in Betracht komme. Schmidt wusste, dass seine Forderung auf »nicht weniger als eine Revision unserer bisherigen Stellung in der Ruhrfrage« hinauslief.

Nur zögernd und um wesentliche Sätze gekürzt, druckte die Redaktion acht Monate später einen zweiten Beitrag Schmidts, in dem er die Vorzüge des Anfang 1949 verabschiedeten Ruhrstatuts erläuterte und seine Partei nochmals aufforderte, ihren nationalistischen Standpunkt in dieser Frage aufzugeben. Zwei Tage nach Veröffentlichung reagierte der SPD-Parteivorstand mit einer Rüge an den Vorstand der Landesorganisation Hamburg, dass der Artikel »eines Genossen Helmut Schmidt in der erstaunlichsten Weise gegen den Beschluss des Parteivorstandes und des Parteiausschusses polemisiert«. Die Hamburger wiesen den Vorwurf zurück: Es handele sich bei dem monierten Artikel um einen »Diskussionsbeitrag«. Schmidt selbst wiederum beschwerte sich bei der Landesorganisation,

15

*dass besonders heikle Sätze dem Rotstift zum Opfer gefallen
waren:»Sorgfältige schriftliche Kritik ist dreimal so viel wert
wie oppositionelle Zehnminutenreden auf Jahresparteitagen.«*

Die nachfolgenden Ausführungen basieren auf dem Konzept der dritten Macht, das seit einigen Monaten, zunächst in Frankreich geschaffen, auf dem Wege über die Labour Party in das Bewusstsein eines größeren Teils der politisch denkenden Europäer eingedrungen ist. Dabei wird nicht beabsichtigt, sich mit den teilweise weitgehend variierenden Vorstellungen auseinanderzusetzen, sondern es soll allein die Möglichkeit eines praktischen Beitrages behandelt werden, die der deutschen Sozialdemokratie heute gegeben scheint.

Bei der großen Geschwindigkeit, mit der seit Kriegsende die Machtverhältnisse der Welt sich zu dem heutigen System der Ost-West-Polarisation zugespitzt haben, und angesichts der Schnelligkeit, mit der sie sich in dieser Richtung laufend weiter versteifen, wird deutlich, dass die Konsolidierung Europas als eines die dritte Kraft darstellenden Gesamtkörpers nicht der geruhsamen Entwicklung von Generationen oder auch nur von Jahrzehnten überlassen werden darf, wenn immer sie noch rechtzeitig wirksam werden soll. Nur bei schnellem gemeinsamen Handeln zur Erreichung der gemeinsamen Ziele besteht die Hoffnung, dass eine starke politische und wirtschaftliche Vereinigung Resteuropas auf den Feldern der Weltwirtschaft wie der Weltpolitik rechtzeitig ein so starkes Gewicht erlangen kann, dass sie die Balance zwischen Ost und West zu halten vermag. Attlee hat diesen Sachverhalt kürzlich in einem Satz zusammengefasst:»Sich einigen oder untergehen.«

Es kann für uns kein Zweifel bestehen, dass die dritte Kraft nur unter sozialistischer Initiative zustande kommen wird. Die augenblickliche Föderationsfreudigkeit konservativer Führer wie Churchill entspringt rein defensiven Überlegungen und wird den Aufbau eines einheitlich wirtschaftenden Körpers nicht befruchten.

Es ist klar, dass der Zusammenschluss von jedem einzelnen Lande Opfer verlangt. Die allgemeine Vertrauenskrise bewirkt aber, dass niemand zuerst etwas zugunsten des gemeinsamen Topfes aufgeben will: Weder der eine ein Stück seines hohen Lebensstandards, noch der andere sein mühsam funktionierendes Wirtschaftssystem, noch der dritte seine Ansprüche auf politische oder wirtschaftliche Souveränität. In dieser Situation ist die Ruhrfrage zum neuralgischen Punkt geworden. Weder war die Londoner Sechs-Mächte-Konferenz in der Lage, die Gegensätze zwischen der französischen und amerikanischen Auffassung zu einem Kompromiss zu bringen, noch konnte die Konferenz der sozialistischen Parteien der Marshall-Länder Ende April in Paris zu einer Einigung kommen. Man verschob die Entscheidung bis zur nächsten Konferenz der sozialistischen Parteien Anfang Juni in Wien.

An diesem Punkt kann die deutsche Sozialdemokratie einen entscheidenden Beitrag leisten und den Weg für das Zustandekommen einer europäischen Planungszentrale erleichtern: Es handelt sich um nicht weniger als eine Revision unserer bisherigen Stellung in der Ruhrfrage.

Bisher haben wir einer Internationalisierung des Ruhrgebietes nur zustimmen wollen, wenn gleichzeitig auch die übrigen europäischen Schwerindustrien internationaler Lenkung unterstellt würden. Wir haben eine Sozialisierung auf nationaler Basis gefordert und haben uns dabei vielleicht auch lenken lassen von der Erinnerung an die Jahre nach 1918, in denen die Sozialdemokratie es angeblich versäumt hat, die »berechtigten deutschen Forderungen« entschieden genug zu vertreten, was die Abwanderung der Wähler nach rechts zur Folge hatte. Diese Erinnerungen haben zu einer sterilen Außenpolitik geführt, ganz zu schweigen von der Gefahr nationalistischer Infiltration, der die Anhänger unserer Partei infolge unserer scharfen und unnachgiebigen Sprache in der Ost- wie in der Ruhrfrage ausgesetzt sind.

Was das Ruhrgebiet angeht, so sollten wir uns darüber klar sein, dass, sofern die dritte Macht Europa nicht zustande kommt, auch eine Ruhrindustrie unter pseudodeutscher Lenkung (und das wäre ja doch das Höchste, was wir dem amerikanischen Kapital gegenüber erreichen könnten!) das allgemeine Siechtum der übrigen europäischen wie auch der deutschen Volkswirtschaft und den politischen Verfall nicht im Geringsten beeinflussen kann. Wir sollten weiter uns daran erinnern, wie außerordentlich viel unsere französischen Genossen, an der Spitze Blum und Grumbach, seit dem Kriege für uns getan haben und dass die Sozialisten der westeuropäischen Länder bereits im März 1945 in London gemeinsam den Plan einer internationalen Kontrolle der Ruhrindustrie beschlossen – im auffälligen Gegensatz zur tatsächlichen Politik ihrer Länder, die damals noch die Reagrarisierungsidee Morgenthaus verfolgten. Wenn wir dafür den Franzosen heute entgegenkommen würden, so wird das nicht nur dem Zustandekommen einer wirtschaftlichen Koordinierung Resteuropas dienen, sondern darüber hinaus die gefährdete Position der sozialistischen Partei Frankreichs stärken und eine gute Hilfe für die Beruhigung des deutsch-französischen Problems leisten, das im Bewusstsein der öffentlichen Meinung Frankreichs verständlicherweise noch immer unter den wichtigsten Lebensfragen rangiert.

Wir wissen, dass die Sozialisierungsberatungen im nordrheinwestfälischen Landtag eine Propagandaaffäre bleiben werden und dass die englische Regierung nicht in der Lage ist, die dort etwa beschlossenen Gesetze über die Ruhrindustrie zu sanktionieren. Unsere Hoffnung, dass die englische Regierung sich mit ihren bisher ausschließlich theoretischen Sozialisierungsabsichten gegenüber der amerikanischen Regierung durchsetzen kann, erscheint heute geringer denn je. Die einzige Chance zu verhüten, dass die Ruhr wieder in kapitalistische Hände gerät, seien es deutsche oder amerikanische, ist eine »internationale Nationalisierung« (Leon Blum) im Rahmen der Marshall-Länder. Hierbei sollte die amerikanische Beteiligung nicht größer sein, als sie dem Interesse der amerikanischen Besatzungszone Westdeutschlands entspricht. Die Frage einer Beteiligung Sowjetrusslands braucht heute nicht mehr diskutiert zu werden.

Diese Überlegungen führen zu folgendem Vorschlag: Unsere Partei sollte bei Gelegenheit der nächsten Konferenz den sozialistischen Parteien der Marshall-Länder einen ausgearbeiteten Entwurf über eine internationale Lenkung und Kontrolle der Geschäftsführung der Kohle- und Stahlproduktion in Nordrhein-Westfalen vorlegen. Der Plan sollte bezüglich der Zusammensetzung der Lenkungs- und Kontrollbehörden von den Vorstellungen über die Durchführung einer Sozialisierung ausgehen, wie sie heute in den sozialistischen Parteien der Marshall-Länder und Westdeutschlands vorhanden sind, insbesondere sollte starkes Gewicht auf die Stellung der Gewerkschaften der beteiligten Länder und unabhängig davon auf den Einfluss der Ruhrarbeiterschaft gelegt werden. Der Plan sollte die Frage der Gewinnverteilung, eine allgemeine Regelung der Reparationen und den Modus der Festsetzung der Kohlenkontingente der zu erwartenden Planungszentrale der Marshall-Länder vorbehalten.

Bei diesem Vorschlag wird nicht übersehen, dass er nicht ohne Konsequenzen für die Stellung unserer Partei innerhalb der deutschen Öffentlichkeit bleiben wird. Ein solcher Schritt erfordert ausführliche und wiederholte Begründung. Aber gegenüber der Gefahr des Verlustes unserer nationalistischen Mitläufer steht die Möglichkeit, endlich die Periode der eigenen Forderungen an das Ausland zu überwinden und statt ihrer einen positiven Beitrag zur

Konsolidierung Europas zu geben. Darüber hinaus werden wir
der Zurückdrängung der kapitalistischen Einflüsse aus Amerika
dienen und unsere Front auch nach dieser Seite hin klären – und
das scheint heute nicht weniger wichtig als der propagandistische
Kampf gegen den Bolschewismus.

Acht Monate später, nach Bekanntgabe des Ruhrstatuts

Die deutsche Reaktion auf die Bekanntgabe des sogenannten
Ruhrstatuts erfolgte unverzüglich. Noch ehe die Zeitungs-
leser in der Welt wirklich einen gründlichen Blick auf den um-
fangreichen Entwurf dieses Vertrages und auf das begleitende
Londoner Schlusskommuniqué geworfen hatten, wurde ihnen be-
reits berichtet, dass Presse und Politiker in Deutschland – von den
Kommunisten bis zu den ganz rechten Splittergruppen – sich einig
seien in ihrer demonstrativen Ablehnung. Dabei waren zwar die
Argumente in den deutschen Stellungnahmen verschieden, auch
gab es Variationen des zugrundeliegenden Impulses: Enttäuschung,
Verbitterung, Misstrauen, Empörung, Hass; aber der allgemeine
Eindruck war der eines einheitlichen Aufbegehrens.

Erst einige Tage später begannen sich bei uns auch einige andere
Stimmen zu regen – Max Brauers Rede war eine der ersten unter
diesen. Aber die Rückwirkungen, die die voreiligen und im Ton oft
anmaßend scharfen Erklärungen bereits erzielt hatten, waren und
sind nur sehr schwer wieder zu korrigieren. Das gilt für die Rückwirkungen sowohl im Ausland als auch im Inland. Das Ergebnis für
die öffentliche Meinung im Inlande war Folgendes: Der Zeitungs-
leser gewann den Eindruck, dass zwar die deutschen Kommunisten in eklatanter Weise aus der ganzen Sache Kapital zu schlagen
suchten, indem sie kräftig auf die nationalistische Kesselpauke
schlugen – die Summe der übrigen deutschen Stellungnahmen
aber bestimmte ihn bereits in den letzten Tagen des vergangenen

Jahres zu der Meinung, dass das Statut tatsächlich nur ein Kompromiss zwischen eigennützigen Ansprüchen der Signatarmächte sei, der ausschließlich auf unserem Rücken zustande gebracht und anschließend notdürftig ein wenig auf europäisch frisiert worden war. Diese Meinung hat sich bei uns weitgehend festgesetzt. Das ist sehr zu bedauern, denn diese Meinung ist falsch und gefährlich. Falsch, weil sie höchstens die Hälfte der Tatsachen erfasst; und gefährlich, weil sie die zukünftigen Möglichkeiten der Zusammenarbeit in Westeuropa beeinträchtigen kann.

Mit Ruhe und Überlegung durchgelesen führt das Statut zu dem Schluss, dass es gute und schlechte Seiten hat. Zu seinen guten Seiten gehört die weitgehende Befriedigung der französischen Ansprüche auf Gewährleistung von Sicherheit. Hier wird ein Anfang gemacht mit dem Abbau jener Angstvorstellungen, die bisher das schwerwiegendste Hindernis auf dem Wege der europäischen Zusammenarbeit gewesen sind. Zu den Vorzügen gehört weiter die ausdrückliche Verknüpfung der Ruhrbehörde mit der Planung der OEEC (der Pariser Organisation für die wirtschaftliche Zusammenarbeit der Marshallplan-Staaten). Wenngleich diese Verkoppelung nur an einer Stelle des Dokuments in Erscheinung tritt, so ist doch der Versuch deutlich, durch diesen Einbau der Ruhrbehörde in die gesamteuropäische Planung die Ruhr über den Interessenkreis der Ruhrsignatarmächte hinauszuheben. Für den Erfolg wird es weitgehend darauf ankommen, wie weit die OEEC in Zukunft eine gemeinsame Wirtschaftsplanung durchsetzen und den gegenwärtigen Zustand überwinden kann, in dem sie mehr oder weniger bloß eine gemeinsame Verteilungsstelle für Marshallhilfe darstellt.

Auch in anderen Punkten wird die Auswirkung des Ruhrstatuts vom allgemeinen Fortschreiten der europäischen Zusammenarbeit abhängen. So können zum Beispiel die weitgehenden Rechte zur Kontrolle der gesamten deutschen Schwerindustrie, statt – wie

21

viele Deutsche heute fürchten – ein bloßes Mittel zur Niederhaltung der deutschen Wirtschaft zu sein, sich als selbstverständlich notwendige Voraussetzungen für gesamteuropäische Wirtschaftsplanung bewähren.

Es ist sogar durchaus denkbar, dass die übrigen europäischen Staaten der OEEC ähnliche Rechte einräumen werden; sobald nämlich demnächst sich die Erkenntnis Bahn brechen wird, dass die Entgegennahme der Marshallhilfe allein den einzelstaatlichen Volkswirtschaften nicht wieder auf die Beine hilft, sondern dass darüber hinaus gemeinsame Planung von Produktion und Außenwirtschaft nötig ist.

Was übrigens die Befürchtung der Niederhaltung der deutschen Wirtschaft angeht, so muss noch bemerkt werden, dass das Dokument nichts über etwaige Produktionsbeschränkungen sagt, wie das bis dahin noch in allen vorhergehenden Plänen für die deutsche Wirtschaft der Fall gewesen war. So wird auch die 10,7-Millionen-Tonnen-Obergrenze für die Stahlerzeugung nicht erwähnt, sondern diese Dinge sind praktisch der Entwicklung anheimgestellt.

Das Statut steckt den staatsrechtlichen Rahmen für Zuständigkeit und Beschlussfassung der Ruhrbehörde ab; es enthält keine definitiven Bestimmungen über die deutsche Wirtschaft. So wird die Zukunft der deutschen Wirtschaft nicht vom Statut abhängen, sondern von denjenigen, die diese Verfassung handhaben werden, und von dem Geist, der ihre Handlungen tragen wird. Das ist bei jedem Grundgesetz so: die besterklügelte Verfassung kann wirkungslos bleiben, wenn die richtigen Menschen fehlen – und eine mangelhafte Verfassung kann gute Dienste tun, wenn sie mit rechtem Geiste erfüllt wird. Für den zukünftigen Geist der Ruhrbehörde wird ihre innere Gewichtsverteilung bedeutsam sein. Bei der Stimmenverteilung und den vorgeschriebenen Mehrheiten ist bemerkenswert, dass (außer in Artikel 13, der sich mit Konstituierung und Verfahrensordnung befasst, für die zwölf Ja-Stimmen vorgeschrieben sind) an keiner Stelle ein Vetorecht versteckt ist, das einer einzelnen Macht bestimmenden Einfluss sichern könnte.

Das Statut trifft keine irgenwie gearteten vorsorglichen Bestimmungen über eine zukünftige Sozialisierung. Tatsächlich wird die Eigentumsfrage nur sehr knapp gestreift: es sollen keine Eigentumsrechte gestattet werden, die eine übermäßige Konzentration wirtschaftlicher Macht darstellen würden. Dieser Artikel kann zu gegebener Zeit gegen eine Sozialisierung ins Feld geführt werden. Das ist besonders bedenklich, weil trotz der gleichmäßigen Stimmenverteilung die sozialisierungsfeindlichen USA einen starken Einfluss haben werden; dieser Einfluss wird seinen Weg über den Marshallplan-Administrator und die OEEC sowie über jene vielen Bestimmungen des Statuts nehmen, die in Streitfällen den Besatzungsbehörden das letzte Wort einräumen.

Mit der Durchführung des im nordrhein-westfälischen Landtag beschlossenen Gesetzes kann daher nur gerechnet werden, wenn das zukünftige westdeutsche Parlament über eine starke linke Mehrheit verfügen sollte oder wenn die Bonner Verfassung und das Besatzungsstatut einen Volksentscheid über diese Frage ermöglichen. Die Offenhaltung dieser Möglichkeit ist lebenswichtig. In der Zwischenzeit muss mit großer Wachsamkeit die Auswahl der deutschen Ruhrtreuhänder und deren Tätigkeit kontrolliert werden.

To make the best of it (»Versuchen wir, das Beste herauszuholen!«) – so würde man in England sagen. Der wichtigste Ausgangspunkt jeder deutschen Politik ist, dass Deutschland nur gesunden kann, wenn Westeuropa gesundet – hierzu ist die Erhaltung und die Mitarbeit der französischen Mitte nötig. Die Ruhrbehörde kann ein Schritt auf diesem Wege sein, es gilt alle Möglichkeiten zu nutzen, die in ihr liegen. Verbitterung und Empörung zu schüren, kann diese Möglichkeiten nur verschlechtern. Wer eine Atmosphäre des gegenseitigen Vertrauens wünscht, muss Enttäuschungen verwinden können – und nur wer selber nachzugeben bereit ist, hat ein Recht, vom andern die gleiche Bereitschaft zu fordern. Die jüngste Entschließung der Sozialisten des Seine-Departements unter der Führung Marceau Piverts ist im Geiste internationaler Solidarität ein gutes Omen für die künftige Entwicklung des Problems: sie fordert internationale Kontrolle der gesamten westeuropäischen Schwerindustrie.

Auf dem Weg zur Wirtschafts- und Währungsunion

Vom Élysée-Vertrag (1963) bis zum Vertrag von Maastricht (1992)

Eine Wende in den
deutsch-französischen Beziehungen *(1967)*

Mitte der sechziger Jahre erlebte die europäische Integration einen ersten herben Rückschlag: Frankreich betrieb im EWG-Ministerrat die Politik des leeren Stuhls und trat am 1. Juli 1966, aus Protest gegen die amerikanische Hegemonie in Europa, aus dem NATO-Rat aus. Auf seiner ersten Auslandsreise im Dezember desselben Jahres versuchte der Außenminister der Großen Koalition, Willy Brandt, die aus diesen Entscheidungen de Gaulles entstehenden Spannungen zu entschärfen und dem deutsch-französischen Vertrag von 1963 »mehr politisches Leben einzuhauchen« (Brandt). Im Januar 1967 besuchten Brandt und Bundeskanzler Kiesinger de Gaulle gemeinsam. Der – bis zum Tod Fritz Erlers im Februar 1967 kommissarische – Fraktionsvorsitzende der SPD Helmut Schmidt nahm die Aufnahme der Konsultationen zum Anlass, im Bundestag die Notwendigkeit der Zusammenarbeit mit Frankreich zu unterstreichen. Dabei gehe es nicht nur um die gemeinsame Entwicklung und Produktion von Waffensystemen, sondern auch um den »auf die Dauer unendlich viel wichtigeren Sektor der zivilen Technologie«. Zwar könne niemand ernsthaft erwarten, dass Paris seine nukleare Souveränität preisgebe – solche Hoffnungen müssten »einstweilen in die Tiefkühltruhe gestellt werden« –, aber »wenn es eines Tages die Vereinigten Staaten von Europa geben wird«, werde dieses Europa wohl auch über eine »abgerundete gemeinsame Verteidigung« verfügen.

Herr Präsident! Meine Damen und Herren! Die sozialdemokratische Fraktion begrüßt die Erklärung des Bundeskanzlers und freut sich insbesondere, dass es nach einer längeren Zeit der Missstimmung zwischen beiden Regierungen gelungen ist, zu einem offenen Gespräch zu kommen. Niemand in diesem Haus hat von diesem ersten Gespräch in Paris spektakuläre Ergebnisse erwarten können.

Dazu ist nicht nur die Vorbereitungszeit ein wenig kurz gewesen, sondern dafür sind auch – das muss hier offen ausgesprochen werden – zu viele Probleme zwischen beiden Regierungen ein wenig zu kontrovers. Aber ich meine, wir sollten besonders hoch einschätzen, dass von beiden Partnern klar gesagt worden ist, wo Übereinstimmungen in der Beurteilung der Lage und in den Möglichkeiten künftigen gemeinsamen Handelns gegeben sind, und ebenso klar gesagt wurde, wo Divergenzen bestehen.

Wir wissen, dass besonders der französische Präsident diese offene Form der Konsultation schätzt, und vielleicht hat es gerade an der bisherigen Atmosphäre, die manches im Unklaren ließ, gelegen, dass sich so viele Missverständnisse und Misstöne im deutsch-französischen Verhältnis während der letzten Jahre eingeschlichen haben.

Ich persönlich glaube, dass die außenpolitische strategische Linie der französischen Regierung, des französischen Staatspräsidenten seit Jahren konsequent verlaufen ist, dass man ihr das Attribut der Folgerichtigkeit zuerkennen muss und dass man ihr infolgedessen das Attribut der Berechenbarkeit und der Vorhersehbarkeit nicht versagen darf. Nun spielt einmal das deutsch-französische Verhältnis für unsere deutsche Außenpolitik eine große Rolle. Ich glaube, es war in den vergangenen Jahren ein Fehler, dass wir uns nicht sorgfältig genug auf die vorhersehbare und vorherkalkulierbare Entwicklung der französischen außenpolitischen Linien und auf deren Erfolgschancen eingestellt haben.

Wir wissen, dass sich die gegenwärtige Bundesregierung der Bedeutung dieser französischen Komponente in unserer Außenpolitik bewusst ist.

Wir glauben, dass wir davon ausgehen sollten, dass, wenn nicht etwa der vietnamesische Konflikt weltweite Konsequenzen zeitigen sollte, welche die Situation Europas beeinträchtigen könnten – was ich für recht unwahrscheinlich halte, sondern ich glaube, dass die gegenwärtige Phase der europäischen Entwicklung andauern wird –, die französische Politik sich kontinuierlich und daher für uns im Vorwege erkennbar weiterentwickeln wird.

Für die deutsche Außenpolitik müssen wir von unseren eigenen Interessen ausgehen, aber auch davon, was die anderen für Interessen haben, was sie denken, was sie zu tun beabsichtigen, und erst aus diesen Komponenten zusammen ergeben sich die Möglichkeiten zur Verwirklichung unserer eigenen politischen Ziele. Couve de Murville [Außenminister Frankreichs] hat kurz vor dem Besuch des Bundeskanzlers und des Außenministers in Paris in einem Interview gesagt, Außenpolitik habe nichts mit Launen und Neigungen zu tun, sie beruhe vielmehr auf den Interessen und auf den Idealen des jeweiligen Landes, und sie müsse den jeweiligen Umständen, d. h. vor allem den außenpolitischen Gegebenheiten Rechnung tragen. Sie beruht auf den Interessen und den Idealen! Diese Feststellung aus dem Munde von Couve de Murville gilt für Frankreich, sie gilt ganz genauso für Deutschland und für uns. Je mehr und je klarer wir die Interessen des Partners und unsere eigenen Interessen erkennen und aussprechen, umso deutlicher wird, wo etwa Interessen differieren, d. h. wo man klugerweise die Verschiedenartigkeit der Auffassungen zu respektieren hat. Umso deutlicher wird andererseits auch, wo die Interessen konvergieren, zusammenlaufen oder wo sie aufeinander abgestimmt werden können. Das heißt, umso klarer wird, wo Kooperation möglich, wünschenswert oder gar notwendig ist. Das gilt nicht nur im Verhältnis zu Paris, das gilt ganz genauso im Verhältnis zu London oder zu Washington. Frankreich will mit uns gute Beziehungen unterhalten, eine Politik der Zusammenarbeit betreiben. Ebenso erscheint es Frankreich notwendig, mit der Sowjetunion gute Beziehungen zu haben, dem Kalten Krieg ein Ende zu machen, den Eisernen Vorhang aufzulösen, daran zu arbeiten, dass die Beziehungen zwischen den Ländern West- und Osteuropas sich so weit wie möglich normalisieren und fortentwickeln und sich friedlich gestalten. Ungeachtet einer anderen Haltung in der Oder-Neiße-Frage will Frankreich dazu helfen, dass unser deutsches Volk wieder zusammengefügt werde. Dass Frankreich dazu helfen will, ist übrigens nicht so ohne weiteres selbstverständlich. Es ist auch nicht nur ein Lippenbekenntnis der Franzosen oder der französischen Regierung, ich glaube vielmehr, dass es ein Ausfluss der Einschätzung der entscheidenden Rolle der Nation oder der Nationen in der Geschichte ist, wie sie durch den überaus geschichtsbewussten französischen Staatspräsidenten vorgenommen wird. Es ist im übrigen ein Ausfluss der französischen Beurteilung der europäischen Lage und ihrer zukünftigen Entwicklung, wenn sich die Franzosen dafür einsetzen, dass die Deutschen wieder in ein gemeinsames Haus zurückkehren.

Wir Sozialdemokraten sehen, ähnlich wie es soeben Herr Majonica für seine Fraktion ausgedrückt hat, den besonderen Erfolg der Gespräche des Bundeskanzlers darin, dass die französische Regierung mit uns auf dem Sektor der Osteuropapolitik zusammenarbeiten wird. Wir können hierbei mit Genugtuung feststellen, dass diese Tendenz, zu einem neuen Verhältnis mit den Staaten Osteuropas zu kommen, auch eine gemeinsame Grundtendenz der anderen mit uns verbündeten Regierungen ist, insbesondere der englischen und der amerikanischen Regierung. Wir sind dankbar dafür, dass Frankreich sein gutes Ansehen in Ost- und Südosteuropa einsetzen will und andererseits den Wunsch der Bundesrepublik nach guten Beziehungen auch zu diesen Staaten unterstützen und seiner Verwirklichung zuhelfen will. Die Politik, die wir dort treiben, wird – so nehmen wir an – in Zukunft wohl in engen Konsultationen mit der französischen Regierung verwirklicht werden. Dabei wird wohl auch geprüft werden, auf welchen Gebieten etwa gemeinsame Initiativen gegenüber osteuropäischen Staaten zweckmäßig sind.

Wir begrüßen in diesem Zusammenhang die Bemühungen der Bundesregierung gerade jetzt in diesen Tagen, mit der Prager Regierung zu einem direkten Gespräch über die Probleme zu kommen, die zwischen beiden Ländern stehen. Ich darf vielleicht als Fußnote hinzufügen, die Bundesregierung sollte sich – so meinen wir – nicht durch Reden und Erklärungen in der Öffentlichkeit unseres Landes oder des anderen Teils oder in anderen Ländern in Osteuropa von diesen Bemühungen abbringen lassen. Wir wissen, dass diese Politik, wenn sie konsequent und mit Würde und mit Festigkeit verfolgt wird, den Interessen des ganzen deutschen Volkes und aller europäischen Völker dient.

Nun, es deuten sich, wie schon mehrfach betont, natürlich auch Divergenzen an. Der Ausdruck »andeuten« ist eigentlich zu schwach; es sind Divergenzen zwischen Frankreich und uns ganz klar zu erkennen, insbesondere bei der Beurteilung der Fortentwicklung der Europapolitik im engeren Sinne – ich meine, im Sinne der westeuropäischen Integration und ihres Fortschritts – und in der Zusammenarbeit innerhalb ihres Bündnisses. Es hat keinen Zweck, das zu beschönigen, es zu verschweigen. Man muss es nüchtern erkennen. Man sollte es aber nun auch nicht übertreiben. Man sollte positiv festhalten, dass die unterschiedlichen Interessen der beiden Länder und ihrer Regierungen auf diesem Felde das deutsch-französische Verhältnis nicht strapazieren müssen.

Ich möchte im Namen meiner Fraktion, ähnlich wie eben schon

gehört, allerdings aussprechen, dass wir das große Ziel der europäischen Einigung – einschließlich Englands und der skandinavischen Staaten und anderer – weiterhin anstreben. Für uns ist die Aufrechterhaltung und die Festigung des Zusammenhalts Westeuropas ein wesentliches Fundament, eine Voraussetzung für die Deutschlandpolitik, für die Wiedervereinigung, die wir erstreben. Wir begrüßen in diesem Zusammenhang den Willen der britischen Regierung, der Europäischen Wirtschaftsgemeinschaft beizutreten, sehen mit Interesse den Gesprächen des britischen Premierministers und seines Außenministers mit den Regierungen der Mitgliedstaaten entgegen und sind uns dabei darüber klar, dass die Basis der Römischen Verträge nicht verlassen werden kann.

Auch auf dem Gebiet der Verteidigung gibt es Meinungsverschiedenheiten zwischen Frankreich und uns. Das hängt auch mit unterschiedlichen Interessen zusammen. Die Meinungsverschiedenheiten beziehen sich auf die Organisation und den Integrationsgrad des Bündnisses, dem wir beide angehören, und auf die militärische Strategie. Die Bundesrepublik bleibt ihrer exponierten Sicherheit wegen an einem unmittelbaren militärischen Engagement der Vereinigten Staaten und an einer engen Zusammenarbeit mit Washington sehr viel stärker interessiert, als das in Frankreich vom französischen Interessengesichtspunkt aus empfunden wird.

Aber es gibt auch auf dem Felde der Verteidigung weitreichende Möglichkeiten zur Zusammenarbeit mit Frankreich, Möglichkeiten für uns, die in den letzten Jahren nicht genutzt worden sind. Die völlig einseitige Beschaffungspraxis der letzten Jahre hat nicht nur in Washington sehr illusionäre Vorstellungen von einer kontinuierlichen deutschen finanziellen Leistungskraft und illusionäre Vorstellungen von einem kontinuierlichen deutschen Bedarf an amerikanischen Flugzeugen und Schiffen und Waffen und Gerät entstehen lassen, sondern sie hat auf der anderen Seite zwangsläufig auch Frankreich vernachlässigt.

Das wird von der gegenwärtigen Regierung keineswegs im Handumdrehen geändert werden können. Es handelt sich um langfristige Programme, deren Abwicklung viel Zeit und viel Geld erfordert. Die Bundesregierung wird das nicht von heute auf morgen ändern können. Aber wir haben doch die Möglichkeit, in Verfolg der Verhandlungen, die in Paris geführt worden sind, bei den nun verabredeten Gesprächen der Verteidigungsminister im Rahmen der vertraglichen Konsultation die abgerissenen Fäden wieder ein bisschen zusammenzuknüpfen.

Ich selbst habe seit Jahr und Tag zu den Leuten gehört, die hier in diesem Hause und auch in der Öffentlichkeit auf dem nichtnuklearen Gebiet eine starke gemeinsame Entwicklung und Produktion mit den Franzosen immer wieder verlangt haben. Abgesehen von dem Concorde-Projekt, das die Franzosen und die Engländer gemeinsam machen, haben gerade vor zwei Tagen der englische Verteidigungsminister und der französische Verteidigungsminister vier gemeinsame Flugzeugentwicklungs- und Flugzeugproduktionsprogramme verabredet. Das ist ein Zeichen dafür, dass es doch Felder gibt, auf denen die Franzosen auch mit anderen zusammenarbeiten wollen, in diesem Fall sogar mit den Engländern, wo sonst der Wunsch nach Zusammenarbeit nicht ganz so deutlich ausgesprochen wird wie uns gegenüber. Unser Verteidigungsministerium – um ein Beispiel zu geben – sollte das erkennen, wenn man zum Beispiel vor der Notwendigkeit steht, demnächst einen Abfangjäger als Nachfolgemuster für den Starfighter 104 G einerseits und für die französische Mirage 3 andererseits zu entwickeln. Ich rede von Problemen, die in den siebziger Jahren aktuell werden, die man aber spätestens acht Jahre vorher angehen muss. Ich nenne das als ein Beispiel, das Chancen bietet, ähnlich wie das, was die Engländer und die Franzosen jetzt verabredet haben.

Es gibt andere Beispiele, andere Möglichkeiten auf dem Felde der gepanzerten Fahrzeuge oder der Elektronik schlechthin für Telekommunikation, für Luftraumüberwachung, für Computer usw.

Und gerade das, was ich zuletzt nannte, setzt sich dann doch später auf dem viel größeren und auf die Dauer unendlich viel wichtigeren Sektor der zivilen Technologie und der zivilen technischen Entwicklung fort. Wir brauchen eine enge Zusammenarbeit gerade der wachstumsträchtigen, die moderne Technologie vorantreibenden Industrien, wenn wir die Wettbewerbsfähigkeit Europas in den siebziger und den achtziger Jahren sichern wollen. Darüber hinaus, glaube ich, haben sich Deutsche und Franzosen auch auf dem Felde der zweckfreien Forschung, der Grundlagenforschung gegenseitig vieles zu bieten. Es ist nicht nötig, dass sich die kulturelle Zusammenarbeit zwischen unseren beiden Ländern im wesentlichen auf den lobens- und dankenswerten Jugendaustausch konzentriert.

Ehe ich schließe, eine Bemerkung mehr am Rande, mehr zum Hausgebrauch – in einer bestimmten Richtung gesprochen – bestimmt: Die Pariser Verhandlungen haben, wenn ich die verschiedenen Berichte ansehe, die der Bundeskanzler und der Bundesaußenminister darüber gegeben haben – teils vor der Presse, teils heute die Erklärung des Kanzlers, teils an anderer Stelle –, auch klargemacht, was nüchterne Analytiker schon längst gewusst und ausgesprochen haben, nämlich dass Paris kein Interesse daran hat, sich seinen französischen Kopf über eine innereuropäische nukleare Streitmacht zu zerbrechen. Das ist zwar eine, wie ich zugebe, etwas saloppe Formulierung; aber sie ist im Inhalt noch sehr zurückhaltend, wie ich meine, gegenüber der Klarheit, die man in Paris hat gewinnen können. Mir scheint es vernünftig, auch dies hier in diesem Saale auszusprechen, damit man sich auch auf diesem Gebiet darüber klar wird, dass Illusionen vermieden werden sollten und dass die diesbezüglichen Hoffnungen, die ich gut verstehe und die ich für die spätere Zeit auch teile, einstweilen in die Tiefkühltruhe gestellt werden müssen und nach heutiger

Voraussicht erst dann wieder aktuell werden, wenn es eines Tages die souveränen Vereinigten Staaten von Europa geben wird. Für diesen Zeitpunkt meine ich nicht nur für meine Person, sondern ich nehme an, dass auch meine Fraktion für diesen Zeitpunkt, wo es so etwas gibt wie einen politischen Zusammenschluss Europas, der mindestens Teilsouveränitäten besitzt, die Auffassung teilt, dass man dann auch über eine voll ausreichende und abgerundete gemeinsame Verteidigung muss verfügen können ...

Ich darf zusammenfassen. Wir sehen die Pariser Gespräche, zunächst die des Herrn Außenministers im Dezember, aber insbesondere die ausführlichen Verhandlungen, die der Herr Bundeskanzler jetzt geführt hat und über die er berichtet hat, als einen ermutigenden Erfolg an. Keiner in diesem Hause hat nach Lage der Dinge und nach der allerjüngsten Vergangenheit, die vorhergegangen war, mehr erwarten können. Wir sind beiden Regierungen dankbar für das, was erreicht ist. Wir begrüßen die Festigung des deutsch-französischen Verhältnisses und hoffen, dass die vertrauensvolle Grundlage des jetzigen Gesprächs erhalten bleibt und dass sie in Zukunft weiter ausgebaut werden kann.

Ein letztes Wort dazu: Je weniger dabei neue Illusionen erzeugt werden, umso mehr Hoffnung darf man in diese Bemühungen setzen.

Das neue Tandem: Paris – Bonn *(1974)*

Am 16. Mai 1974 wurde Helmut Schmidt als Nachfolger Willy Brandts zum Bundeskanzler gewählt; drei Tage später konnte sich Valéry Giscard d'Estaing in den französischen Präsidentschaftswahlen knapp gegen François Mitterrand durchsetzen. Schmidt und Giscard kannten sich aus ihrer gemeinsamen Zeit als Finanzminister, die Grundlage gegenseitigen Vertrauens war gelegt. Es verstand sich fast von selbst, dass Schmidt Anfang Juni als Erstes nach Paris fuhr: Das deutsch-französische Verhältnis sollte ab sofort zur Chefsache werden. Der Bericht über seinen Besuch, den Schmidt am 6. Juni vor dem Deutschen Bundestag gab, zeugt von einer geradezu euphorischen Aufbruchstimmung.

Meine Damen und Herren! Die Bundesregierung hat sich in ihrer gestrigen Sitzung mit dem Ergebnis meines Besuches beim französischen Staatspräsidenten Giscard d'Estaing sowie mit den beiden Sitzungen des Ministerrats am 4. Juni in Luxemburg befasst.

Die Bundesregierung nimmt die sich heute bietende Gelegenheit wahr, um das Parlament umgehend über diese für unsere Europapolitik wichtigen Ereignisse zu unterrichten.

Ich möchte zunächst ein Resümee und eine Bewertung meiner Pariser Begegnung mit dem französischen Staatspräsidenten geben; der Außenminister wird sodann dasselbe hinsichtlich der Ergebnisse der beiden Ministerratssitzungen vorgestern in Luxemburg tun.

Die besondere Bedeutung, die sowohl die deutsche als auch die französische Regierung ihrem gegenseitigen Verhältnis unverändert beimessen, kommt schon darin zum Ausdruck, dass unser Gespräch sowohl für den französischen Staatspräsidenten als auch für mich jeweils die erste Begegnung seit Amtsantritt mit dem Regierungschef eines anderen Landes gewesen ist. Die Begegnung war Ausdruck und Ausfluss des deutsch-französischen Freundschaftsvertrages. Auch aufgrund unserer harmonischen Zusammenarbeit in unseren früheren Verantwortungsbereichen in Paris und Bonn sind unsere Gespräche in einer sehr herzlichen Atmosphäre verlaufen.

Ich freue mich, Ihnen sagen zu können, dass das Treffen mit Präsident Giscard d'Estaing eine sehr breite Übereinstimmung der Ansichten zu den europäischen Problemen ergeben hat. Insbesondere möchte ich die folgenden Punkte hervorheben:

1. Der französische Staatspräsident und ich waren vollkommen einer Meinung darüber, dass es in erster Linie notwendig ist, den vollen Bestand der Gemeinschaft zu erhalten und den gegenwärtigen Prozess der Schwächung der Gemeinschaft einzudämmen. Die Lösung der ökonomischen Schwierigkeiten, denen sich einzelne Länder gegenübersehen, darf nach gemeinsamer Auffassung der deutschen und der französischen Seite nicht zu Lasten von Buchstaben und Geist der Regeln der Europäischen Gemeinschaft gesucht werden.

2. Auch nach Auffassung der französischen Regierung kommt der Rückkehr zur internen Stabilität der Volkswirtschaften absolute Priorität zu. Nur so können die Mitgliedsländer der Gemeinschaft das verlorene Gleichgewicht insgesamt wiederherstellen. Ein Rückgriff auf protektionistische Maßnahmen kann nicht zu einer dauerhaften Gesundung führen. Ein solcher Rückgriff wird daher auch weder von der französischen Regierung noch von uns geplant.

3. Wir haben die Pflicht zur Solidarität zwischen den Ländern der Gemeinschaft bekräftigt; sie kann auch gegenseitige Hilfen rechtfertigen. Wir waren uns aber auch über die Voraussetzungen solcher Eventualmaßnahmen einig. Sie müssen nämlich der Achtung der Gemeinschaftsregeln untergeordnet sein, und sie hängen von den eigenen Anstrengungen des betroffenen Landes zur schnellen Besserung seiner schwierigen Situation ab.

4. Nach dem Willen der deutschen und der französischen Regierung soll die Gemeinschaft ihre Eigenständigkeit und ihren Zusammenhalt deutlich zeigen. Dies soll einmal durch die Rückkehr zu einer befriedigenden Anwendung der Gemeinschaftsregeln in den innergemeinschaftlichen Beziehungen geschehen. Aber die Gemeinschaft muss ihren Zusammenhalt darüber hinaus auch durch gemeinsame Positionen zu den großen monetären, wirtschaftlichen und weltpolitischen Fragen bekräftigen.

5. Beide Regierungen verfolgen als eines ihrer Grundziele den Bau Europas. Sie sehen darin ein Unterpfand des Friedens und des Wohlergehens der Welt insgesamt.

6. Schließlich waren wir auch darin einig, dass die praktische Arbeit der europäischen Institutionen gerade angesichts der besonderen Herausforderung durch die gegenwärtig schwierige Lage effizienter werden muss. Dieser Verbesserung des Funktionierens und der Wirksamkeit der Gemeinschaftsprozesse müssen sich die Länder der Gemeinschaft annehmen. Ein gewisser Anfang hierfür ist auf der Tagung der Ministerräte am 4. Juni in Luxemburg gemacht worden.

Im Anschluss an unser Gespräch sind sowohl von französischer als auch von deutscher Seite unsere EG-Partner auf dem normalen diplomatischen Weg über das Ergebnis unterrichtet worden, womit wir von vornherein Spekulationen über eine besondere deutsch-französische sogenannte »Achse« entgegenwirken wollten, wie sie unzutreffenderweise an einigen Stellen hier oder dort in Zeitungen

aufgetaucht waren. Ich wiederhole: Es gibt für diesen freundschaftlichen Dialog zwischen Frankreich und der Bundesrepublik
Deutschland keine andere Basis als den Vertrag über die deutsch-
französische Zusammenarbeit aus dem Jahre 1963.

Frau Präsidentin, meine Damen und Herren, das Kabinett kam
bei seiner gestrigen Erörterung und Bewertung der Pariser Ergebnisse zu einem sehr positiven Eindruck. Es unterliegt für uns keinem Zweifel, dass die französische Regierung wie wir selbst alles
daransetzen wird, den Bestand der Europäischen Gemeinschaft zu
erhalten und zu sichern. Auf einer gesicherten Grundlage strebt sie
weiteren Fortschritt an.

Für uns alle ist im Augenblick besonders bedeutsam, dass die
französische Regierung der internen Stabilitätspolitik eindeutige
und klare Priorität gibt. Sie ist wie wir der Ansicht, dass handels-
politischer Protektionismus keinen Ausweg bieten kann aus einer
schwierigen Zahlungsbilanzsituation. Ich möchte der Klarheit
wegen hervorheben, dass sich diese Auffassung des französischen
Staatspräsidenten über den richtigen wirtschaftspolitischen Kurs
seines Landes nicht erst im Gespräch mit mir gebildet hat.

Die deutsche und die französische Wirtschaftspolitik liegen also
auf demselben, an dem Ziel der Geldwertstabilität orientierten
Kurs. Ich nehme an, dass dies durch konkrete französische Maßnahmen in der allernächsten Zeit noch etwas deutlicher werden
wird. Auf der Grundlage einer stabilitätsorientierten Politik fühlt
sich im übrigen Frankreich ökonomisch durchaus stark genug, die
Zeit bis zur Besserung seiner Zahlungsbilanz aus eigener Kraft zu
überbrücken.

Zusammenfassend und vielleicht in der Bewertung ein wenig
schon das vorwegnehmend, was Herr Kollege Genscher sogleich
noch durch seinen Bericht über Luxemburg bestätigen wird,
möchte ich feststellen: Die Bundesregierung hat aus Verlauf und
Inhalt der drei hier besprochenen oder gleich noch zu berichtenden

europapolitisch bedeutsamen Zusammenkünfte der letzten Tage mit Befriedigung die Schlussfolgerung gezogen, dass die in den letzten Monaten sich zugespitzt habende Lage der Europäischen Gemeinschaft sich in den letzten sieben Tagen erheblich entspannt hat. Diesen positiven Impuls wollen wir erhalten.

Lebt Europa von Krisen? *(1975)*

Von Anfang an beschäftigte der Streit ums Geld die Organe der Europäischen Gemeinschaft: Wer zahlt wie viel in die gemeinsame Kasse, und nach welchen Schlüsseln wird der zur Verfügung stehende Betrag dann verteilt? Am 29. Januar 1974 hielt Helmut Schmidt – damals noch Finanzminister im zweiten Kabinett Brandt – vor dem Royal Institute of International Affairs in London eine Rede über die finanzpolitischen Querelen zwischen den Mitgliedsstaaten. Hintergrund seiner von Pessimismus gezeichneten Rede war das absehbare Scheitern des Europäischen Wechselkursverbundes, den die Mitgliedsstaaten zur gegenseitigen Stabilisierung ihrer Währungen gegenüber dem US-Dollar im April 1972 vereinbart hatten (»Währungsschlange«). 1973 war Italien aus der »Schlange« ausgetreten, Frankreich folgte ein Jahr später diesem Schritt; damit waren sämtliche Pläne zur Errichtung einer europäischen Wirtschafts- und Währungsunion vorerst gescheitert. Dass Schmidt ausgerechnet in London die finanzpolitischen Probleme so offen ansprach, dürfte Wasser auf die Mühlen der Europaskeptiker gewesen sein, die nirgendwo so zahlreich vertreten waren wie in Großbritannien, das ein Jahr zuvor zusammen mit Irland und Dänemark der EG beigetreten war. Der von Schmidt geforderte europäische Rechnungshof, von dem er sich eine »verstärkte Kontrolle der Finanzen der Gemeinschaft« versprach, wurde 1975 eingerichtet.

L assen Sie mich mit einer vielleicht frivolen Bemerkung beginnen: Europa lebt – aber mir scheint, es lebt von Krisen. Wenn ich das sage, dann denke ich zum Beispiel an den 15. Januar dieses Jahres, morgens um drei Uhr, als der französische Agrarminister unter Protest den Agrarrat verließ. Weder die Europäische Kommission, noch die übrigen Minister hatten den französischen Vorstellungen über den Preis für Rindfleisch folgen können. Und da hatten wir die Agrarkrise Nummer ... – haben Sie mitgezählt?

Ich denke dann auch an die Außenminister, die parallel zum Agrarrat tagten, allerdings Gott sei Dank schon vor drei Uhr morgens Schluss gemacht hatten. Sie sind glücklicherweise noch nicht zu der bei den Agrariern wohl verständlichen Auffassung gelangt, dass die besten Lösungen dann zustande kommen, wenn auf dem Hühnerhof ein neuer Tag beginnt. Trotzdem ging es ihnen nicht besser: keine Einigung über die gemeinschaftliche Regionalpolitik.

Lassen Sie mich weiter erinnern an die Bemühungen um gemeinschaftliche Solidarität bei der Energieversorgung. Hier darf die Frage gestellt werden, ob Bilateralismus die richtige Verhaltensregel ist.

Vor wenigen Tagen ist nun auch noch die »Schlange« amputiert worden, dieses empfindliche Haustier Europäischer Währungsverbund, dieses Symbol einer besonders engen Verpflichtung zur gemeinsamen, europäischen Politik. Und wir haben nicht viel mehr als die Hoffnung, dass bei Schlangen verlorene Teile wieder nachwachsen und neue hinzuwachsen können, die jetzt noch nicht dazugehören, Großbritannien zum Beispiel.

Warum geschehen diese Dinge? Warum ist das europäische Klima so, wie es ist?

Drängt sich nicht die Frage auf: Wie kommt es, dass trotz erfolgreicher Erweiterung der Gemeinschaft um drei neue Mitgliedsstaaten und trotz weitreichender Beschlüsse über den Ausbau der

Gemeinschaft die Situation so problemgeladen ist? Haben wir vielleicht die Ziele zu schnell anvisiert?

Nach meiner Auffassung – und das möchte ich gerade hier in Großbritannien deutlich sagen – hat der Beitritt dreier neuer Mitgliedsstaaten nicht zu einer wesentlichen Kumulierung der Probleme beigetragen. Es sind auch keine grundsätzlich neuen Probleme hinzugekommen. In Brüssel hat sich keinerlei Konfrontation zwischen Altmitgliedern und Neumitgliedern ergeben. Die Fronten bilden sich vielmehr je nach nationaler Interessenlage völlig heterogen.

Es gibt allerdings auch etwas Homogenes in Brüssel. Ich denke da nicht nur an die Gehälter der europäischen Beamten oder an den Stil der Verhandlungen. Als Vertreter eines der alten Gemeinschaftsländer kann ich nur mit Staunen feststellen, dass sich die Vertreter der neuen Mitgliedsstaaten sehr schnell an die Brüsseler Methoden angepasst haben. Die von mir persönlich erhoffte fermentierende Wirkung auf den äußeren Ablauf der Ratstagungen ist ausgeblieben. Die Ratsdebatten sind nicht straffer und die Nachtsitzungen nicht weniger geworden.

Wenn es also nicht der Beitritt neuer Mitglieder ist, der uns die jetzt anstehenden Probleme aufgeladen hat, so kann es logischerweise nur das andere Element sein. Vielleicht wollen wir wirklich alles zu schnell erreichen, wenn wir an die Sisyphus-Arbeit denken, die wir zur Lösung der Probleme leisten müssen.

Man muss bis zum Jahre 1971 zurückgehen, um zu verstehen, was bei der Weiterentwicklung zur Wirtschafts- und Währungsunion die entscheidende Rolle spielt. Damals hat der Rat den grundlegenden Beschluss gefasst, die Wirtschafts- und Währungsunion stufenweise zu entwickeln. Zugleich hat er die ersten Schritte auf diesem Weg festgelegt.

Damals war man sich darin einig, dass bis zum Ende der ersten

Stufe Klarheit über die Endstufe der Union bestehen sollte. Das heißt also: Ehe man den Integrationsprozess über die erste Stufe hinaus intensivieren würde, wollte man wissen, wohin die Reise geht.

Bereits auf der Gipfelkonferenz vom Oktober 1972 in Paris hat man jedoch erkannt, dass diese Forderung zu hoch angesetzt war. Die Festlegung des Inhaltes der Endstufe wurde auf das Jahr 1976 verschoben.

In der Zwischenzeit wurde zwar eine sogenannte zweite Stufe der Wirtschafts- und Währungsunion vereinbart – allerdings noch nicht formell verabschiedet –, um Versäumnisse der ersten Stufe nachzuholen. Ein klar umrissenes, von allen akzeptiertes Endkonzept liegt jedoch nicht vor. Aber erst damit würde es den Ratsmitgliedern erleichtert, über die verständliche Vertretung nationaler Interessen hinaus eine am gemeinsamen Endziel orientierte echte Gemeinschaftspolitik zu betreiben.

Aus dieser Konstellation heraus ist wohl auch die Diskussion zu sehen, die morgen (30. Januar 1974) im Rat fortgesetzt wird. Ich meine den Regionalfonds, und ich will ohne Scheu versuchen, den Standpunkt der deutschen Bundesregierung verständlich zu machen. Dass wir morgen auf dem gemeinsamen Weg gute Fortschritte erzielen, bleibt meine aufrichtige Hoffnung.

Nach den Ratsbeschlüssen von 1971, die vom Gipfeltreffen in Paris im Oktober 1972 ausdrücklich bekräftigt worden sind, war der Beginn der gemeinschaftlichen Regionalpolitik für die zweite Stufe der Wirtschafts- und Währungsunion vorgesehen. Damit war allerdings damals eine zweite Stufe gemeint, in der bereits Klarheit über den Endzustand herrschen sollte. Die gemeinschaftliche Regionalpolitik sollte die regionalen Ungleichgewichte mildern.

Nun aber ist das Endziel nicht definiert. Die sogenannte »Zweite Stufe«, die heute im Gespräch ist, hat mit jener zweiten Stufe wenig zu tun, wie sie im Oktober 1972 in Paris angestrebt worden war. Heute besteht stattdessen lediglich eine mehr oder weniger halbherzige Übereinstimmung zu bestimmten Koordinierungen der Konjunkturpolitik. Der Währungsverbund ist nicht, wie erstrebt, größer, sondern kleiner geworden. Deshalb ist nach deutscher Auffassung die gemeinschaftliche Regionalpolitik zu diesem Zeitpunkt ein integrationspolitischer Vorgriff. Trotzdem sind wir bereit, eine regionalpolitische Vorleistung zu erbringen, weil wir glauben, dass dadurch der künftige Integrationsprozess erleichtert wird.

Wir verweisen allerdings darauf, dass nie daran gedacht worden war, der Gemeinschaft die ausschließliche Zuständigkeit für die Regionalpolitik einzuräumen. Vorgesehen war und ist vielmehr eine Unterstützung der nationalen Anstrengungen aus dem Regionalfonds. Diese Haltung verträgt sich schlecht mit dem Vorschlag der Kommission, wonach 52 Prozent der Gemeinschaftsfläche, auf der 32 Prozent der Menschen leben, förderungswürdig sein sollen. Angesichts einer solchen Ausdehnung der Förderfläche kann die Höhe des geforderten Betrages für den Regionalfonds nicht erstaunen.

Auch unter Berücksichtigung der knappen Ressourcen, die zur Verfügung stehen, sollte es deshalb zu einer Konzentrierung der Förderfläche kommen. Man braucht als Auswahlkriterium für die Fördergebiete nur ein Bruttosozialprodukt pro Kopf anzusetzen, das zehn Prozent unter dem Gemeinschaftsdurchschnitt liegt. Schon dadurch wird die von der Kommission konstruierte Gießkanne vermieden. Es macht nicht gerade überzeugenden Sinn, alle Gebiete in die Förderung einzubeziehen, in denen das Bruttosozialprodukt pro Kopf unter dem Durchschnitt der Gemeinschaft liegt. Hier zeigt sich ein regionalpolitisches Pauschaldenken, das weder den Erkenntnissen der Wissenschaft noch den wirklichen Notwendigkeiten entspricht.

Notwendig ist, dem Fonds eine solche Größe zu geben, dass er bei schweren regionalen Ungleichgewichten – vor allem in Süditalien, in Irland und in Teilen des Vereinigten Königreiches – echte subsidiäre Entwicklungsarbeit leisten kann. Ein solches Vorgehen erscheint mir alles andere als unkommunitär – wie in Brüssel jemand behauptet hat. Ich behaupte auch, dass diese Argumente nicht der Mentalität des eifersüchtig auf seinem Geldsack hockenden Finanzministers entspringen; sie haben ihre Logik in sich selbst. In diesem Zusammenhang will ich das, was ich eben unter dem Stichwort »integrationspolitische Vorleistung« gesagt habe, noch etwas verdeutlichen. Beim unterschiedlichen Entwicklungsstand der einzelnen Länder, bei ihrer unterschiedlichen Wirtschaftskraft sollte Gemeinschaftspolitik wesentlich auch auf die Herstellung größerer Gleichheit der Lebensbedingungen gerichtet sein. Finanziell gesehen ist mit diesem Integrationsprozess nach allen Erfahrungen ein enormer zwischenstaatlicher Finanztransfer verbunden. Das heißt: die einen geben ab, die anderen erhalten, netto und per saldo. Aber langfristig gewinnen alle. Das ist gerecht, wenn man Gemeinschaft hat und will.

Aber wir können nicht so tun, als hätten wir in Europa bereits einen Grad an Integration oder Gemeinschaftswillen erreicht, wie etwa zwischen den Departements in Frankreich oder den föderativen Ländern der Bundesrepublik Deutschland. Da erfolgt ein Ausgleich der Leistungskraft im Rahmen einer einheitlichen politischen Struktur. Für uns muss deshalb ein allgemeiner europäischer Finanztransfer – und Regionalpolitik ist gewiss ein Teil davon – mit Fortschritten in der Gesamtpolitik verbunden sein.

Man kann nicht von der Notwendigkeit einer integrierten europäischen Gesamtpolitik sprechen, ohne von Währungs- und Wirtschafts- und Konjunkturpolitik zu reden und von der Hoffnung, die Wirtschaftsgemeinschaft könne auch eine Stabilitätsgemeinschaft sein. In allem Freimut: wir sind da nicht erfolgreich. Sowohl bei den Zielen wie bei den Instrumenten steuern wir unterschiedliche Kurse – meist weil die unterschiedlichen Bedingungen in den einzelnen Ländern dazu zwingen, aber oft auch, weil wir die Dinge politisch anders bewerten und zu wenig an das Gemeinschaftsinteresse denken.

Wie die jüngste Vergangenheit zeigt, können einige Mitgliedsstaaten vorrangig zum Beispiel um Preisstabilität bemüht sein, während andere ihre Anstrengungen auf die Bekämpfung von Arbeitslosigkeit richten.

Unterschiedliche Auffassungen in der Wirtschaftsordnungspolitik treten erschwerend hinzu. Überspitzt kann man sagen: Wo man in dem einen Land Wirtschaftspolitik mit Verwaltungsakten macht, vertraut man im anderen mehr auf marktwirtschaftliche Kräfte. Das schlägt sich nieder in einer unterschiedlichen Ausgestaltung des konjunkturpolitischen Instrumentariums. Preis- und Lohnstopps oder eine Maßnahme wie die Spaltung des Devisenmarktes zum Beispiel sind im Instrumentenkasten der Bundesrepublik nicht vorgesehen.

Geld- und Kreditpolitik obliegt in meinem Lande der Bundesbank, die von Weisungen der Regierung unabhängig ist. Solche Eingriffsmöglichkeiten und Zuständigkeiten sind in anderen Gemeinschaftsländern Sache der Regierungen. Deutschland wird deswegen als zu liberal kritisiert. Aber wir haben mit unserer Politik sehr hohe Beschäftigungsraten und die niedrigste Preissteigerungsrate der Gemeinschaft erreicht. Und andererseits haben wir ein umfangreiches System von Sozialleistungen, das für soziale Balance sorgt und das wir jedes Jahr weiter ausbauen.

Aber ich beklage mich nicht so sehr über unterschiedliche Instrumente, meine Sorge gilt mehr den unterschiedlichen Zielvorstellungen der Wirtschaftspolitik. Unter so unterschiedlichen Bedingungen in dem kurzen Zeitraum bis 1976 eine effiziente Koordinierung der Konjunkturpolitik zu erreichen, halte ich für ziemlich optimistisch. Wollte man diese Koordinierung erzwingen, würde das bedeuten, dass man die Sprunglatte abermals bewusst zu hoch legt.

Wir werden deshalb gut beraten sein, wenn wir versuchen, wenigstens die jeweiligen konjunkturpolitischen Zielvorstellungen der Mitgliedsstaaten unter möglicher Wahrung des Gemeinschaftsinteresses stetig zu koordinieren.

Nun sollte angesichts der exemplarischen Beispiele für den problematischen Zustand der Gemeinschaft hier nicht der Eindruck entstehen, als gebe es keine Möglichkeiten der Weiterentwicklung. Es gibt sie. Patentlösungen allerdings gibt es nicht.

Wenn ich sagte, dass die Gemeinschaft von Krisen lebt, dann heißt das: Krisen tragen letztlich immer zur Weiterentwicklung bei. Aber das ist natürlich kein Ruhekissen, denn Krisen lösen sich nicht von selbst. Krisen sind eine Aufforderung zur Entscheidung.

Ich sehe Möglichkeiten zur fortschreitenden Integration bei den klassischen Aufgaben eines Finanzministers, nämlich bei der Haushaltsgestaltung und Haushaltsdurchführung der Europäischen Gemeinschaften.

Es ist doch so: Man hat die Europäischen Gemeinschaften nie mit der Messlatte üblicher internationaler Organisationen messen können. Sie waren von Zielsetzung und Aufgabenstellung her immer mehr als ein bloßer internationaler Zweckverband, der durch die Finanzbeiträge seiner Mitglieder unterhalten wird.

Europa war von Anfang an als eine neue übernationale politische Ebene konzipiert. Und so war es klar, dass diese neue politische Dimension irgendwann auch einmal ihre eigenen Einnahmen haben würde.

Jetzt befinden wir uns mitten in diesem Übergang von den ursprünglichen Finanzbeiträgen der Mitgliedsstaaten zu dem System eigener Einnahmen. Ab 1975 soll die Gemeinschaft sämtliche Einnahmen aus den Agrarabschöpfungen und aus den Zöllen erhalten und außerdem höchstens ein Prozent einer einheitlichen Bemessungsgrundlage der Mehrwertsteuer, über die allerdings auch noch keine Einigung besteht.

Die neue Regelung bedeutet zum einen: die Einnahmen sind limitiert. Sie heißt zum anderen: die Einnahmen sind auch dynamisiert, denn sie hängen nun über die Mehrwertsteuer von der wirtschaftlichen Aktivität ab.

Durch diese limitierte Dynamisierung der Einnahmen steht theoretisch in jedem Jahr ein steigendes Finanzvolumen zur Verfügung. Dieses bedarf nun verstärkt auch der politischen Gestaltung und Kontrolle – es sollte mit anderen Worten auch dynamisch limitiert werden. Denn es hat erhebliche Wirkungen auf die nationalen Finanzen und die nationale Aufgabenerfüllung, die bis in den föderalen Unterbau hineinreichen.

Das theoretisch mögliche Finanzvolumen wird bei heutiger Aufgabenstellung noch nicht ausgeschöpft. Diese Tatsache verführt zu einem ausgabeorientierten Verhalten. Der Zwang, Prioritäten zu setzen, entfällt weitgehend. Dass jeder zusätzliche Mehrwertsteueranteil, der nach Brüssel überwiesen wird, die Einnahmeseite der nationalen Haushalte schmälert, ohne die Ausgabenseite unbedingt zu entlasten, wird dabei leider allzu gern vergessen.

Der Haushalt der Gemeinschaft ist überdies in Größenordnungen hineingewachsen, die ihn auch konjunkturpolitisch interessant machen. Auch dieser Aspekt wird bis heute nicht beachtet.

Es hat wohl erst zu dem heilsamen Schock der vier Nachtragshaushalte des Jahres 1973 kommen müssen, die in Brüssel bewilligt wurden, um diese Zusammenhänge voll bewusst zu machen. Die Nachträge haben den deutschen Bundeshaushalt mit fast einer Milliarde DM an Nachschüssen belastet, die im nationalen Budget nicht zur Verfügung standen, sondern außerplanmäßig aufgebracht werden mussten.

Die Wirkung dieses Schocks war die Erkenntnis, dass die Organe der Gemeinschaft finanzbewusster gemacht werden müssen. Wir wollen, dass in Zukunft vor der Haushaltsaufstellung die Prioritäten der Aufgaben politisch gesetzt werden – natürlich auf Vorschlag der Kommission. Für jede Aufgabe muss eine Kostenvorschätzung erfolgen. Sodann wird – nach Prioritäten geordnet – die Einnahmeseite des Gemeinschaftshaushaltes festgelegt, also zum Beispiel Zölle + Abschöpfungen + 0,5 Prozent der Mehrwertsteuer. Diese Festlegung soll verbindlich sein. Das heißt: Weder der Rat noch die Kommission sollen im Laufe des Haushaltsjahres von sich aus neue Maßnahmen beschließen dürfen, die einen Haushaltsmehrbedarf erfordern. Neue Maßnahmen sollen nur noch dann beschlossen werden dürfen, wenn zugleich die zusätzlichen Mittel bereitgestellt werden.

Zunächst wird die verstärkte Kontrolle der Finanzen der Gemeinschaft Sache des Ministerrates bleiben müssen. Es geht aber nach meiner Auffassung auch nicht ohne eine Ergänzung des Aufbaues der Kommission. Deshalb habe ich vorgeschlagen, dass ein Finanzkommissar berufen werden sollte. Er kann seine finanzielle Verantwortung aber nur dann tragen, wenn er nicht zugleich ausgabeorientierte Funktionen wahrnimmt. Dieser Finanzkommissar wäre das kommissionsinterne Korrektiv gegen allzu üppige Ausgabenwünsche.

Wir plädieren ferner für eine unabhängige externe Finanzkontrolle durch einen Rechnungshof der europäischen Gemeinschaften mit echten materiellen Prüfungskompetenzen.

Und wir halten es auch für unausweichlich, dass das Europäische Parlament als das demokratische Organ der Gemeinschaft in seinen Befugnissen gestärkt wird. Das heißt für mich: Einschaltung in den Entscheidungsprozess auf jeder Stufe. Nur so verbessern wir die demokratische Legitimation dessen, was in Europa heute geschieht.

Ich denke, dass dieses Gedankenmodell sich um eine vernünftige Ordnung der europäischen Finanzen bemüht und dass wir von daher auch die Sache der gemeinsamen europäischen Politik schärfer ins Auge fassen können.

In dieser Sache Europa – da habe ich keine Illusionen – bleibt noch viel zu tun, selbst wenn wir uns nach allen Erfahrungen, die wir gemacht haben, etwas mehr Zeit nehmen.

Aber die europäische Politik bleibt aufgerufen, die Weiterentwicklung der Völker dieses Kontinents im Rahmen einer gemeinsamen politischen Ordnung zu sichern. Darüber hinaus fordern gerade die uns alle berührenden Probleme der jüngsten Zeit – die Energiekrise oder der Zustand des Weltwährungssystems – den koordinierten eigenständigen Beitrag von uns Europäern, nicht allein von den Franzosen, den Engländern oder den Deutschen.

Die Ölversorgungskrise mit ihren phantastischen Preissteigerungen kann ziemlich bald die Grundlagen der internationalen Arbeitsteilung erschüttern: die Währungsrelationen, den Handelsaustausch, die Zahlungsbilanzen. Auch die Entwicklungsländer der Dritten Welt sind mindestens so hart betroffen wie die Industrieländer. Die Gefahr enormer Leistungsbilanzdefizite veranlasst mich zu der dringenden Warnung, keinen Wettlauf von Abwertungen in Gang zu setzen oder Beschränkungen des Handelsverkehrs einzuführen. Gerade jetzt sollten wir nicht Zuflucht suchen zu isolierten Aktionen.

Wenn Europa im weltpolitischen Konzert zwischen den Großmächten USA und UdSSR sowie dem entstehenden Machtzentrum China eine entscheidende Stimme mitsprechen will, muss es sich auf gemeinsame Konzepte einigen. Das Angebot zur Kooperation und zum gerechten Interessenausgleich nach außen wird überzeugender, wenn es vom gleichen Verhalten nach innen bestimmt ist.

Sicher besteht im Kreise der Europäischen Gemeinschaften kein

Zweifel daran, dass es keine Alternative zu Europa gibt. Nur nützt diese Grundanschauung so lange nichts, wie wir nicht aufhören zu fragen: Was tut Europa für uns? Und stattdessen fragen: Was können wir für Europa tun?

Großbritannien gehört dazu! *(1974)*

Nach dem Beitritt Großbritanniens zur Europäischen Gemeinschaft am 1. Januar 1973 nahmen die Auseinandersetzungen zwischen Europabefürwortern und Europagegnern im Vereinigten Königreich an Heftigkeit zu. Der konservative Premierminister Edward Heath, der den Beitritt gegen heftige Widerstände durchgesetzt hatte – »der einzige wirkliche ›Europäer‹ unter den britischen Premierministern« (Schmidt) –, verlor bei vorgezogenen Neuwahlen im Februar 1974 die Mehrheit; er wurde von Harold Wilson abgelöst, dessen Labour-Regierung bei einer erneuten Unterhauswahl im Oktober mit knapper Mehrheit bestätigt wurde. Auf dem linken Flügel von Labour war der Widerstand gegen die europäische Integration besonders stark. In dieser für ihn schwierigen Situation lud Wilson für den Ende November in London stattfindenden Parteitag den deutschen Bundeskanzler als Gastredner ein. Daraufhin drohte die Linke, den Saal geschlossen zu verlassen, falls Schmidt für den Verbleib Großbritanniens in der EG plädieren sollte: das Thema sei tabu. Der Chairman des Parteitags, Außenminister James Callaghan, stellte den Gast, protokollarisch geschickt, nicht als Kanzler der Bundesrepublik, sondern als »befreundeten Abgeordneten der SPD und guten Genossen« vor, und Schmidt gelang das Kunststück, Englands Verbleib in der EG nicht als politisch notwendige Forderung, sondern als schlichte Bitte der Genossen vom Kontinent an die britischen Genossen zu formulieren – im Sinne wohlverstandener Solidarität.

Herr Vorsitzender, liebe Freunde,
es ist mir ein Vergnügen und eine Ehre, heute zu Ihnen als Delegierter einer Bruderpartei zu sprechen. Ich danke Ihnen für Ihre freundliche Einladung.

In Vorauskommentaren einiger englischer Zeitungen hieß es, ich stehe im Ruf grob zu sein. Manche beschimpfen mich sogar. Aber wir müssen uns wohl alle daran gewöhnen, falsch verstanden oder sogar falsch dargestellt zu werden. Man muss das eben hinnehmen.

Als ich 1969 in Brighton zum ersten Mal zur Labour Party Konferenz sprach, schickte sich meine Partei gerade an, zum ersten Mal eine Koalitionsregierung unter sozialdemokratischer Führung zu bilden. Heute haben Sie nach einem sehr harten Wahlkampf wieder eine Labour-Regierung gebildet.

Als Erstes möchte ich Ihnen allen daher meine Glückwünsche zu dem politischen Sieg aussprechen, der Labour das Steuer dieses großen Landes wieder in die Hand gab. Die deutschen Sozialdemokraten und ich wünschen Ihnen Erfolg in allem, was Sie sich vorgenommen haben.

Zweitens: Meine Partei, die SPD, möchte unsere brüderliche Solidarität zum Nutzen unserer beiden Völker und Parteien erhalten wissen. Der Solidarität bedürfen wir besonders in einem Augenblick, in dem viele Menschen glauben, dass wir uns am Rande einer neuen schweren Depression der Weltwirtschaft befinden. In diesem Geist der Solidarität, der unseren beiden Parteien in der Vergangenheit so oft zum Nutzen gereicht hat, bin ich hierher gekommen.

Wenn ich vor Ihrem Kongress spreche, so geschieht das nicht nur, um in London Bonner Blumen zu streuen. Doch erlauben Sie mir auch ein Wort unter uns zu sagen: ich muss um Entschuldigung bitten, wenn ich einige enttäuschen sollte – ich bin nicht auf Kollisionskurs. Ich möchte vielmehr darstellen, wie wir die derzeitige Lage sehen. Das ergibt kein apokalyptisches Gemälde. Ich bin keine Kassandra, und wir sind auch nicht von panischer Angst ergriffen.

Ich muss Ihnen aber meine Sorge über die künftige wirtschaftliche Entwicklung der Welt und Europas darlegen. Die Verdreifachung oder sogar Vervierfachung der Ölpreise hat in allen Öl einführenden Ländern zu einem Absinken der Realeinkommen und in den meisten auch zu ernsten Fehlbeträgen in ihren grundlegenden Außenbilanzen geführt. Das bedeutet eine Gefahr für den Welthandel und für unsere gesamten Exporte und damit für die Beschäftigungslage.

Das Gespenst der Arbeitslosigkeit geht um, und gleichzeitig wirft die Inflation ihren Schatten über die industrialisierte Welt. Die wichtigste Frage, vor der die europäischen sozialistischen Parteien zurzeit stehen, ist zweifellos diese: Wie können unsere Länder und Parteien durch Zusammenarbeit dazu beitragen, die Wirtschaftsstruktur- und Energiekrise der Welt zu überwinden und unseren Völkern das doppelte Übel der Arbeitslosigkeit und Inflation zu ersparen? Weitreichende Inflation ist ein großes Übel für jedermann. Weitreichende Arbeitslosigkeit ist für eine Labour-Partei und eine Sozialdemokratische Partei in der Tat unerträglich.

Die Frage ist, was können wir tun? Ich habe gewiss nicht die Absicht, mich in die wirtschaftlichen Angelegenheiten des Vereinigten Königreichs einzumischen oder ihm Rat zu erteilen. Doch erlauben Sie mir als Vertreter der Interessen meines eigenen Volkes dies sehr offen zu sagen: Wenn es uns nicht gelingt, eng zusammenzuarbeiten, um die den gegenwärtigen Wirtschaftsproblemen in den westlichen demokratischen Gesellschaften innewohnenden Gefahren zu meistern, so fürchte ich, setzen wir die politische Stabilität aufs Spiel und könnten unser Privileg gefährden, in einem demokratischen System leben zu dürfen.

Arbeitslosigkeit und Inflation sind heute keine nationalen Probleme mehr. Sie sind im Gefolge der Strukturkrise des Weltwirtschaftssystems, die aus der Energiefrage entstand, zu weltweiten Problemen geworden. Die Menschen sowohl im Vereinigten Königreich wie in der Bundesrepublik Deutschland erinnern sich an unsere schrecklichen Erfahrungen mit der Inflation und der Arbeitslosigkeit in einer Zeit, die gar nicht so lange zurückliegt. Diese Erschütterungen trafen weniger die Reichen als vielmehr die Arbeiter und ihre Familien. Jeder wird mit mir darin übereinstimmen, dass wir als Sozialdemokraten diese Übel mit aller Kraft bekämpfen müssen. Es ist unsere Pflicht, dafür Sorge zu tragen, dass sich dies nicht wiederholt.

Als Erstes müssen die Industriestaaten eine einschneidende Energiepolitik aufstellen, die alle verführerischen Vorstellungen von nationalem Prestige beiseite lässt. Wir sind an einem Punkt angelangt, an dem wir eine Formel finden müssen, die die legitimen nationalen Interessen und die sehr dramatische unausweichliche Notwendigkeit gemeinsamen Handelns miteinander verbinden kann. Es genügt einfach nicht, bestimmte Währungsbeträge von einem europäischen Land in ein anderes zu transferieren. Natürlich müssen wir auch das tun. Wir Deutschen sind bereit, anderen Partnern in der Gemeinschaft zu helfen, weil dies auch ein Akt der Selbsthilfe ist. Worauf es wirklich ankommt, ist eine weltweite Anstrengung, die Energieverschwendung zu vermeiden, die Erschließung neuer oder als Ersatz dienender Energiequellen zu finanzieren, zur gegenseitigen Hilfe im Fall der Not bereit zu sein und all dies gemeinsam zu tun. In der Zukunft wird Großbritannien vielleicht mit seiner Ölversorgung etwas besser dran sein als andere. Ich freue mich, dass wir trotzdem über diese Erfordernisse einer Meinung sind.

Doch all dies wäre nicht genug, wenn es uns nicht gelänge, eine institutionalisierte und funktionierende Zusammenarbeit zwischen den Ölförder- und den Ölverbraucherländern zustande zu bringen, wobei ich natürlich auch die Öl verbrauchenden Entwicklungsländer einbeziehe, die am stärksten betroffen sind.

Meine Regierung hält nichts von Konfrontation mit den Ölförderländern. Ganz im Gegenteil. Verschiedene Vorschläge liegen auf dem Tisch. Ich verweise auf die neueren Vorschläge des amerikanischen Außenministers Kissinger und auch auf die Vorschläge, die der französische Staatspräsident Giscard d'Estaing vor einem Monat gemacht hat. Ich bin überzeugt, dass in diesen Gedanken und Vorschlägen Elemente stecken, die sich in ein einziges, für die Ölförderländer interessantes und attraktives Programm einbauen lassen. Genau darum geht es mir, denn ich bin überzeugt, dass auch den Ölförderländern daran gelegen ist, dass die Stabilität und Voraussehbarkeit des Weltwirtschaftssystems erhalten bleibt.

Man muss begreifen, dass die Energiewirtschaft und die Mittel zu ihrer Lenkung eng verknüpft sind mit den gefährlichen Spannungen und der immer noch explosiven Lage im Nahen Osten und der Fähigkeit der Welt, damit fertig zu werden – was, wie ich meine, auf der Grundlage der Entschließung Nr. 242 der Vereinten Nationen geschehen sollte.

Ich bin überzeugt, dass sowohl Israel wie auch die arabischen Staaten ein wesentliches Interesse an der Normalisierung der Lage haben müssen. Das Gleiche gilt für die Ölförderländer.

Ich kann die Möglichkeit des Scheiterns nicht ausschließen; das macht ein Vorgehen auf diesem Wege umso notwendiger. Unsere gemeinsame Bemühung um eine abgestimmte Außenpolitik unter den europäischen Staaten war ein Schritt in die richtige Richtung.

Ich möchte erwähnen, dass ich soeben von einem Besuch bei Herrn Breschnew zurückgekehrt bin, wo ich den klaren Eindruck gewann, dass der sowjetischen Führung ernsthaft an der Fortsetzung der Entspannungspolitik liegt. Andererseits vertritt diese Führung einen sehr mächtigen Staat und ein sehr mächtiges Bündnis, und wir sollten daher sorgsam darauf bedacht sein, das Gleichgewicht der Macht zu erhalten. In diesem Zusammenhang möchte ich Ihrer Partei und Ihrer Führung meinen Dank für die

Unterstützung aussprechen, die Willy Brandt und meiner Partei in den vergangenen Jahren sowohl bei dem Festhalten an unseren Positionen in West-Berlin wie auch bei unseren Bemühungen um Ausgleich und Entspannung zuteil geworden ist. Das Vereinigte Königreich hat die Berliner in ihrem Wunsch, in Freiheit zu leben, stets unterstützt.

Einige Jahre lang hatte ich als Bundesminister Gelegenheit, eng mit einer Labour-Regierung in London, vor allem mit Denis Healey, zusammenzuarbeiten, der damals Verteidigungsminister war. Ich kenne Harold Wilson und eine Reihe anderer führender Persönlichkeiten der Labour-Partei seit zwanzig Jahren. Geboren und aufgewachsen in der alten Schifffahrts- und Handelsstadt Hamburg, die sich zuweilen britischer benimmt als die Briten selbst, bin ich immer ein Bewunderer der glorreichen Traditionen und Tugenden britischer demokratischer Institutionen gewesen. In der Praxis der internationalen Beziehungen habe ich außerdem die nüchterne Haltung und die pragmatische Fähigkeit britischer Staatsmänner zur Lösung komplizierter Probleme bewundern gelernt. Dies hat sich auch wieder in der Kommission und im Rat der EWG erwiesen, und ich übertreibe nicht, wenn ich sage, dass sich der wohltuende Einfluss Ihrer Haltung bei der Überwindung von Schwierigkeiten bereits günstig auswirkt. Ich bin dafür dankbar.

Dies bringt mich zur wirtschaftlichen Lage Europas zurück. In den vergangenen Jahren ist die wirtschaftliche Entwicklung in den Ländern Europas auseinandergegangen. Nach Auffassung meiner Partei gibt es einen wesentlichen Grund für die – relativ gesehen – günstige Entwicklung meines Landes: die wirtschaftliche Grundeinstellung und die Leistungsfähigkeit unserer Gewerkschaften. Die Zahl der Streiks in Deutschland ist niedrig; dennoch ist das Realeinkommen der Arbeitnehmer relativ hoch. Wir haben aus der Zersplitterung der Gewerkschaften in der Zeit der Weimarer Republik gelernt. Die gewählten Arbeitnehmervertreter haben in unseren Unternehmen ein gewichtiges Wort zu sagen. Das anderthalb Dutzend Gewerkschaften und ihr Bund üben einen starken Einfluss auf die Gesetzgebung aus, besonders seit die Sozialdemokraten 1969 führende Regierungspartei geworden sind.

Wir haben die paritätische Mitbestimmung in der Kohle- und Stahlindustrie bereits vor zwanzig Jahren eingeführt. Wir sind heute dabei, die Grundsätze der Mitbestimmung auf die übrige Großindustrie auszudehnen. Das ist ein sehr wichtiger Schritt auf dem Wege zur Gleichheit von Arbeit und Management oder Kapital in unserer Gesellschaft. In den vergangenen beiden Jahrzehnten haben wir unter starkem sozialdemokratischem Einfluss unsere soziale Struktur durch ein immer engeres Netz sozialer Sicherheitsleistungen gefestigt. Wenn es einen besonderen Faktor hinter unserer Wirtschaftsleistung gibt, so liegt er hier. Natürlich bleibt noch viel zu tun. Für Verbesserungen ist in der Welt immer noch am meisten Raum.

Lassen Sie mich auch ein Wort zur Europäischen Gemeinschaft sagen. Nicht weil dies von nahezu allen britischen Zeitungen vorausgesagt wurde; ich muss ein Wort dazu sagen, weil es nicht den Interessen und Erwartungen meiner Partei und meines Landes entspräche, wenn ich den Wunsch Ihrer deutschen Genossen unterdrückte, Sie, die britischen Genossen, auf unserer Seite in der Gemeinschaft zu haben.

Es ist bekanntlich nicht allzu schwer, ein europäischer Politiker zu sein; man braucht nur die Bauern zu befriedigen, die Gewerkschaften und ein paar andere Gruppen zufriedenzustellen und dann noch gewählt zu werden, nicht wahr?

Wir wissen natürlich, dass Ihre Entscheidung noch aussteht und dass sie von dem Ergebnis der Bemühungen Harold Wilsons und Jim Callaghans um eine Neuverhandlung abhängt. Und auch von ein paar anderen Dingen. Ich werde mich nicht in Ihre Entscheidung einmischen und selbstverständlich auch nicht, wie jemand anders gesagt hat, zwölf Uhr mittags aus der Hüfte schießen. Aber, Genossen, angesichts Ihrer gestrigen Abstimmung kann ich nicht ganz umhin, mich in die Lage eines Mannes zu versetzen, der versucht, Damen und Herren der Heilsarmee von den Vorteilen des Trinkens zu überzeugen.

Was ich wirklich sagen möchte, ist nur dies, selbst auf die Gefahr hin, dass manche den Raum verlassen: Ihre Genossen auf dem Kontinent möchten, dass Sie bleiben und Sie werden dies bitte zu erwägen haben, wenn Sie von Solidarität sprechen – Sie müssen es erwägen. Ihre Genossen auf dem Kontinent glauben, dass es in unserem beiderseitigen Interesse ist.

Oft genug haben wir selbst Zweifel an Beschlüssen der EG. Ich denke zum Beispiel an die Agrarpolitik. Ständig steigende Fleischpreise werden noch dazu führen, die Menschen in zwei Klassen zu teilen: diejenigen mit den größeren Einkommen auf der einen Seite und die Vegetarier auf der anderen.

Lassen Sie mich ein nüchternes Wort zur gemeinsamen Agrarpolitik hinzufügen. Die europäische landwirtschaftliche Erzeugung muss wie in der Vergangenheit am Nahrungsmittelbedarf der Gemeinschaft orientiert sein und dabei auch die Einhaltung der Handelsverpflichtungen gegenüber dritten Ländern, insbesondere den Entwicklungsländern, ermöglichen. Wir können uns kostspielige Überschüsse, deren Verkauf wir zudem noch aus öffentlichen Mitteln subventionieren müssen, nicht leisten. Wir dürfen auch mit unserer gemeinsamen Agrarpolitik nicht den freien Welthandel behindern. Ich hoffe, dass die landwirtschaftliche Bestandsaufnahme durch die EG-Kommission in Brüssel die Fehler der Vergangenheit ans Licht bringen und uns in die Lage versetzen wird, sie zu korrigieren. Doch Europa ist nicht nur Landwirtschaft. Wir müssen uns auf industrielles Wachstum und industrielle Zusammenarbeit konzentrieren.

Meine Partei ist der Überzeugung, dass die Vorteile der EG

schwerer wiegen als die Spannungen und Belastungen. Schließlich ist es eine Organisation, deren Marschtempo und Richtung nur im Einvernehmen aller Mitglieder bestimmt werden kann. Wir meinen, dass sie uns die Mittel zur Zusammenarbeit an die Hand gibt, derer wir zur Lösung der Probleme der heutigen Krise der Weltwirtschaftsstruktur bedürfen.

Wir dürfen diese Krise natürlich auch nicht überbetonen. Bisher handelt es sich um eine Rezession. Eine Rezession ist eine Zeit, in der man seinen Gürtel enger schnallt. Wenn es zu einer Depression kommt, hat man möglicherweise keinen Gürtel mehr, den man enger schnallen kann. Und wenn dann gar die Hosen fehlen, ist die Panik da. Aber es liegt überhaupt kein Grund für Panik vor. Zusammenarbeit hingegen schafft Vertrauen.

Lassen Sie mich abschließend der langen Geschichte der Sozialdemokratie in Großbritannien und anderen Ländern gedenken, in der meine Partei auf weiten Strecken von der Ihrigen gelernt hat. Wir werden weder die historischen Ursprünge der Gewerkschaften und Genossenschaften noch den geistigen Beitrag der Fabier vergessen und auch nicht Clement Attlee, Ernest Bevin oder Nye Bevan, die unmittelbar nach dem Zweiten Weltkrieg wirkten. Ich hoffe, es gibt auch Beiträge der deutschen Sozialdemokraten, auf die Sie nicht verzichten möchten. Erlauben Sie mir zum Abschluss ein Zitat aus Shakespeares Julius Cäsar:

»Der Strom der menschlichen Geschäfte wechselt;
Nimmt man die Flut wahr, führet sie zum Glück;
Wir sind nun flott auf solcher hohen See
Und müssen, wenn der Strom uns hebt, ihn nutzen,
Wo nicht, verlieren wir des Zufalls Gunst.«

Mit William Shakespeare möchte ich mich nicht anlegen. Ich danke Ihnen sehr.

Man muss diese Opfer wollen *(1975)*

In seiner Rede zur Eröffnung der Außenpolitischen Bundeskonferenz der SPD am 17. Januar 1975 skizzierte Bundeskanzler Helmut Schmidt das außenpolitische Konzept der von ihm geführten Regierung. In dem Abschnitt über die Europapolitik ging er auf die vielen »Opfer« ein, die die Bundesregierung erbracht habe, um den Zusammenhalt der Europäischen Gemeinschaft zu festigen. Es sei »ein ganz großes, auch innenpolitisches Problem«, den Bürgern klarzumachen, »dass manches, was wir uns vielleicht leisten könnten, wir uns nicht leisten dürfen, weil unsere europäischen Partner diese Leistungen von uns bekommen sollen und nicht die eigenen Bürger«. Sich zu Europa bekennen, bedeute, dass man diese Opfer wollen muss – und dass man den Bürgern den Sinn dieser Opfer erklärt.

Verehrte Gäste, liebe Freunde, wenn man die Ablaufplanung für diese Konferenz und die verschiedenen Themen, die in den Arbeitsgruppen behandelt werden sollen, gesehen hat, wird man nicht von mir erwarten, dass ich am Beginn der Konferenz einen alles deckenden Vortrag halten sollte. Ich will aber, quasi zur Einstimmung dieser Konferenz, nun auch nicht Geschichtsphilosophie betreiben oder außenpolitische Futurologie. Nicht nur deshalb, weil ich mich für beides nicht für kompetent ansehen kann, sondern auch deswegen, weil ich dergleichen Anstrengung für gefährlich halte für denjenigen, der sich mit den wirklichen Kräften und Mächten dieser Welt auseinanderzusetzen hat und der in der

Welt unserer Tage nur mit einem sehr wachen Sinn für die realen ökonomischen und politischen Kraftfelder dem wohlverstandenen Interesse seines Volkes und dem wohlverstandenen Interesse aller Völker am besten dienen kann. Das heißt nicht, und es darf nicht heißen, dass der Außenpolitiker etwa ohne sittliche Fundierung, ohne langfristige Zielansprache, sein Geschäft zu betreiben habe.

Ich sehe also meine Aufgabe heute eher darin, ein wenig – ich drücke mich mal ganz modern aus, hoffe ich jedenfalls – zur Schärfung des Problembewusstseins beizutragen und dies in Form einer Tour d'horizon durch die deutsche Außenpolitik zu unternehmen, um dabei an einzelnen Problemen beispielhaft ein wenig deutlicher zu machen, welches die Leitgedanken sind, denen wir anhängen und welche Ziele wir verfolgen.

Dabei wird auch klar werden, wie wir deutschen Sozialdemokraten das wohlverstandene Interesse unseres eigenen Volkes international eingebettet sehen. Es muss wohl nicht extra noch einmal klargemacht werden, dass und wie sehr wir uns dabei am Friedensgebot orientieren. Aber vielleicht wird etwas deutlicher werden, auch im Laufe dieser drei Tage, wie sehr wir uns um Partnerschaft und um Ausgleich in der Welt praktisch bemühen. Ich halte die Kurzüberschrift über dieser Konferenz »Partnerschaft heute« in der Tat für die einzig mögliche, kennzeichnende Formel für die Gesamtheit der deutschen Außenpolitik, wenn man sie denn überhaupt auf eine kurze Formel bringen kann oder darf.

Ich will noch eine weitere Vorbemerkung machen. Wir sind uns sicher darin einig, dass es eine – heute jedenfalls – viel komplexere Aufgabe ist, den Frieden zu sichern und den Ausgleich der Interessen zu bewirken als das in früheren Generationen, wo es auch schwierig war, der Fall gewesen ist.

Die Welt unserer Tage streitet sich nicht nur darum, ob die richtige Ordnung des menschlichen Zusammenlebens von einem Ideenmonopol diktiert werde oder besser in einem Ideenpolypol oder, lassen Sie es mich so sagen: in einer offenen Gesellschaft gesucht und gefunden werden muss. Sie ist auch in einen zunehmend schärferen Kampf um die Ressourcen, in einen Weltverteilungskampf eingetreten, in einen Kampf, wenn Sie so wollen, um die Anteile am Weltprodukt, um die Parallele zu ziehen, und zwar sehr bewusst zu ziehen zu den Verteilungskämpfen innerhalb jeder nationalen Gesellschaft um die Anteile am Bruttosozialprodukt.

In solchen Auseinandersetzungen wären Einseitigkeit, Engstirnigkeit, Mangel oder gar Abwesenheit des Verständnisses für Interdependenz und Interaktion (wenn ich diese englischen, mir sehr zusagenden Worte einfach mal so ins Deutsche übernehmen darf), in einer solchen Welt wären Scheuklappen fundamentale, lebensgefährliche Mängel. So ist Außenpolitik heute für uns nicht eine Spezialdisziplin wohlgekleideter, weißbärtiger, sich gut benehmender Diplomaten, sondern sie ist eben zugleich Weltwirtschaftspolitik, Weltrohstoffpolitik, Weltagrarpolitik, Weltwährungspolitik, Weltentwicklungspolitik und Weltsicherheitspolitik.

Wir müssen uns heute, anders als früher, nicht nur um unsere eigenen Nachbarn auf dem europäischen Kontinent kümmern und um unser Verhältnis zu ihnen, sondern wir leben heute im eigentlichen Sinne des Wortes, das sich von Universum ableitet, in einem universalen System wechselseitiger Abhängigkeiten der Nationen, totaler Interdependenz der politischen und der wirtschaftspolitischen Entwicklungen. Das haben viele Außenpolitiker noch nicht voll verstanden. Ich meine nicht nur in der Bundesrepublik, sondern überall auf der Welt; auch Regierungen haben es zum Teil nicht voll verstanden, dass zum Beispiel Weltwährungspolitik seit zwei Jahren ein ganz entscheidender Faktor geworden ist für die Gestaltung der Beziehungen der Staaten zueinander, der Lebensverhältnisse in den Staaten, die miteinander gemeinsam existieren müssen. Aber dies ist nur ein Beispiel.

Für Entwicklungspolitik beispielsweise wurde das etwas früher begriffen. Für Ölpolitik aber hat es bisher nur ein sehr, sehr kleiner Teil der beteiligten Regierungen wirklich verstanden. Es ist also diese immer totaler werdende Interdependenz, die Interaktionen unvermeidlich auslöst, keineswegs überall erkannt, und deswegen ist eben der Weg zur Partnerschaft in all diesen Fragen – auf lange Zeit vorhersehbar – ein ziemlich steiniger Weg. Manche Dornenhecke muss überwunden werden. Und wir werden sehen, dass wir uns eben immer wieder mit neuen, ganz neuartigen und immer subtiler werdenden Formen der Machtausübung in diesen Feldern auseinanderzusetzen haben, dass wir uns ihnen ausgesetzt sehen und dass wir unvermeidlicherweise mit dem, was wir auch nach bester Überlegung, nach bester Analyse unsererseits tun, Machtfaktoren bewegen. Zwar wird nicht mehr, gleichsam automatisch, heutzutage mit physischer Gewalt gedroht; relativ selten geschieht das noch, wenn der eigene politische Wille von einem Staat durchgesetzt werden soll, obgleich doch diese physische Gewalt immer noch als »Ultima Ratio« oder, besser, jedenfalls zum Teil, als »Ultima Irratio« in der Hinterhand bleibt. Aber es gibt inzwischen andere Waffen oder andere Instrumente der Auseinandersetzung, die ebenso tiefgreifende Wirkungen haben können. Wie brisant die Wirkungen sind, sehen wir an der gegenwärtigen Weltrezession, die ganz wesentlich herbeigeführt ist durch die Entwicklung auf dem Welterdölmarkt im Laufe von weniger als 18 Monaten …

Lassen Sie mich jetzt – das schließt sich zwanglos an – übergehen zu Fragen der Europapolitik. Wenn ich geäußert habe, wir hätten Hoffnung, 1975 in Partnerschaft und in kooperativem Handeln mit der Sache auf dem ganzen Erdball einigermaßen fertig zu werden, dann sollte ich es vielleicht noch etwas vertiefen. Ich bitte um Entschuldigung für das Selbstzitat, aber auf dem Parteitag 1966 in Dortmund habe ich einmal dieses Wort gebraucht: »Hoffnung muss sich paaren mit dem Mut, mit der Beharrlichkeit, mit der

Vernunft und mit der Treue zu den Prinzipien, nach denen man angetreten ist.«

Eben auch mit der ökonomischen Vernunft, füge ich heute hinzu! Zur Vernunft gehört Mut zur intellektuellen Redlichkeit. Und Beharrlichkeit braucht man, um an den Zielen festzuhalten, die man sich gesteckt hat. Auch politische Kreativität ist notwendig, um immer dann einen anderen Weg zum gesteckten Ziel zu suchen, wenn der alte Weg nicht mehr gangbar ist. Vernunft brauchen wir insbesondere, um die Nöte und die Zielsetzungen der anderen, der Partner, zu erkennen. Das Wichtigste ist, dass man die Fähigkeit hat, sich in die Schuhe der anderen zu versetzen und dasselbe Problem mit ihren Augen zu betrachten und von ihren Interessen und von ihren Befürchtungen, von ihren Aspirationen und von ihren Ängsten aus, wenn man selbst sich nicht in Irrwege verrennen und das Maß der Dinge nicht verlieren will. Treue schließlich gegenüber dem eigenen Willen zum Frieden, zur Versöhnung, zur Verständigung, Treue gegenüber den Menschenrechten gehört zu den sittlichen Grundlagen der Politik.

Wenn man nach solchen, hoffentlich nicht allzu pathetisch klingenden Worten dann an Europa denkt und an das Kleinkarierte und an das schrecklich Ermüdende, das heute oft das Geschäft in Brüssel ausmacht (nicht nur bei den Agrarministerrats-Verhandlungen), dann fällt mir ein Wort von Walter Scheel aus dem vorigen Jahr ein. Er hat am 28. März im Bundestag gesagt:

»Europa kann nicht entstehen als Verlängerung des Willens einer einzigen Nation oder mehrerer Nationen. Europa kann auch nicht entstehen aus einem Mächtegleichgewicht innerhalb der Neun. Wer Europa will, der muss verzichten und der muss auch zurückstecken.«

Jeder wird das unterschreiben, und keiner tut es; und deswegen der tägliche Streit, der tägliche kleinkarierte Streit um zum Teil sehr kleinkariert aufgemachte Probleme. Es ist die Meinung der deutschen Bundesregierung, dass wir in der EG eine Politik der Aufrichtigkeit und der Ehrlichkeit gegenüber allen treiben, unabhängig davon, wie weit nun gerade in einer bestimmten Situation der eine oder andere Partner die gleiche Ehrlichkeit manifestiert. Aber, ob wir das Recht haben, auf andere mit Fingern zu zeigen, das zu ventilieren will ich lieber der Diskussion in der diesbezüglichen Arbeitsgruppe überlassen.

Wir haben uns ehrlich bemüht um Interessenausgleich in Europa all die Jahre, auch im letzten Jahr und auch gegenwärtig. Und wir verfallen auch nicht in heuchelnde Schmeichelei dort, wo in Wahrheit der Finger auf wunde Punkte gelegt werden muss.

Ich glaube, dass uns Europäern in den letzten zwei Jahren wieder bewusster geworden ist, was Europa eigentlich für uns sein sollte, wie notwendig wir Europa haben. Ich bin nicht sicher, ob ich schon sagen darf: Die Gefahr, dass die Europäische Gemeinschaft, was einen ihrer Partner betrifft, sich verkleinere, dürfte gebannt sein. Aber wenn sie gebannt ist, dann hat eine wesentliche Rolle dabei die vertrauensvolle und intensive persönliche Zusammenarbeit zwischen Staats- und Regierungschefs gehabt, das meine ich für die ganzen letzten fünf Jahre. Diese Begegnungen werden ja nun ihrer Dramatik entkleidet und hoffentlich auch der großen Erwartungen. Tausend Journalisten sind letztes Mal in Paris zusammengeströmt, als die Regierungschefs sich trafen. So ein Unsinn – es hätte angesehen werden sollen als ein routinemäßiges Meeting, so, wie es in Zukunft zwei-, dreimal im Jahr sein wird.

Wir haben gezeigt, dass auf unsere Kooperation gezählt werden kann in dieser krisengeladenen Zwischenepoche. Unsere Zustimmung zu der europäischen Gemeinschaftsanleihe oder zum europäischen Regionalfonds oder die Zahlungsbilanzhilfe für Italien, das sind Opfer, die die deutsche Bundesregierung zu Lasten aller Bürger der Bundesrepublik Deutschland nicht ohne sorgfältige Analyse und nicht ohne vielfaches Hin- und Herüberlegen, ob sie zumutbar sind gegenüber den eigenen Bürgern, schließlich doch gebracht hat. Wobei mir wichtiger noch als diese materiellen Fortschritte erscheint die enge, persönlich fundierte Berührung, auch die institutionellen Vereinbarungen, die zum Beispiel beim letzten Meeting der Staats- und Regierungschefs in Paris zustande gebracht worden sind. Die harten Nüsse, wie die Einstimmigkeit von Ratsbeschlüssen oder Direktwahlen zum Europäischen Parlament, sind nicht geknackt, das kann man nicht behaupten; aber sie sind ein bisschen angeknackt. So, glaube ich, kann man es schon sagen.

Die Vereinbarung, dass die Regierungschefs sich künftig regelmäßig treffen, insbesondere aber die Vorstellung, die nun in die Köpfe von neun Regierungen eingezogen ist, der Notwendigkeit zu paralleler, besser gesagt: komplementärer Ausrichtung ihrer jeweiligen ökonomischen Politiken, das ist ein unbestreitbarer Fortschritt, den man unverbesserlichen Pessimisten vorhalten darf. Ich selbst bin weder ein Pessimist noch ein Optimist, ich bilde mir ein, mit einigermaßen Distanz diese Entwicklung zu beurteilen und möchte gleichwohl sagen, dass Europa Ende des vorigen Jahres doch ein kleines Schrittchen wieder in Bewegung gekommen ist. Das gilt natürlich insbesondere auch für den Aspekt der englischen Mitgliedschaft.

Die weitgesteckte Perspektive einer Wirtschafts- und Währungsunion wollen wir nicht aus den Augen lassen. Aber die Gemeinschaft ist immer noch in einem Entstehungsprozess, sie ist im Werden, es werden noch andere Politiken und neue Probleme hinzukommen, die gelöst werden müssen, ehe man zu jenem weitgesteckten Ziel gelangt.

Mir selbst ist eigentlich immer unklar gewesen seit 1957, warum eigentlich die Sechs und später die Neun, die ja doch weitgehend Industrieländer sind, so schrecklich auf die Agrarpolitik fixiert waren. Ein unbefangener Beobachter hätte meinen können, nach dem Maß der Aktivität (nicht nur des bedruckten Papiers!) sei das

Ziel der Europäischen Gemeinschaft ausschließlich der Aufbau eines gemeinsamen Agrareuropas gewesen und sei es noch. 2000 agrarpolitische Fernschreiben an alle Zolldienststellen pro Jahr! Vielleicht ist man damals, als dies alles angefangen wurde, in den Verhandlungen, die zum Römischen Vertragssystem geführt haben, nicht weitsichtig genug gewesen, jedenfalls denke ich das. Das Modell gemeinsamer Agrarpreise für damals sechs, inzwischen neun Staaten setzte natürlich voraus wenn nicht eine Wirtschafts- und Währungsunion, so doch jedenfalls eine absolut parallel verlaufende Währungsentwicklung und Preisentwicklung – und damit parallele Wohlstandsentwicklung in sechs oder neun Ländern! Auf der anderen Seite hat man genau gewusst, dass der Wohlstand sich verschieden entwickelt und dass enorme Anstrengungen notwendig würden, um zu einer einigermaßen gleichmäßigen Wohlstandsentwicklung zu kommen.

Das sind ja jetzt die Probleme, die wir in Deutschland haben werden, nämlich unseren eigenen Bürgern klarzumachen, dass manches, was wir uns vielleicht leisten könnten, wir uns nicht leisten dürfen, weil unsere europäischen Partner diese Leistungen von uns bekommen sollen und nicht die eigenen Bürger. Ein ganz großes, auch innenpolitisches Problem! Ich sehe nicht, dass die von Herrn Professor Carstens angeführte Opposition dafür auch nur einen Pfifferling geben würde, dass sie ihre europäischen Sonntagsreden entsprechend finanzwirtschaftlich realistisch honorieren würde.

Das Tempo der zukünftigen europäischen Entwicklung steht noch ein bisschen unter dem Fragezeichen des englischen Referendums [mit dem im Juni 1975 der Beitritt bestätigt wurde]. Wir haben versucht, den britischen Genossen deutlich zu machen, wie sehr unsere Partei die Mitgliedschaft Englands für wünschenswert hält. Wir haben gemeint, unser Appell sei früher schon verstanden worden oder die ökonomischen Vernunftbegründungen und die politischen Vernunftbegründungen, die wir gaben, seien verstanden worden. Aber offenbar bedarf es weiterer Anstrengungen, um die englische Volksseele und auch die Seele unserer Labour-Genossen voll zu überzeugen. Ich glaube, dass in den letzten Wochen unser Appell – jedenfalls in der allgemeinen britischen Öffentlichkeit – nicht nur gut verstanden worden ist, sondern auch gut aufgenommen worden ist.

Natürlich müssen wir in Bezug auf dies Referendum einiges noch tun, was die zentralen Anliegen der britischen Labour-Regierung angeht. Wir haben auf dem Pariser Gipfeltreffen – ich streiche das Wort Gipfel, ich mag es nicht hören –, auf dem Pariser Treffen unsere Bereitschaft, das zu tun, klar genug bekundet. Aber auch das wird erneut Opfer bedeuten. Und es ist ein großer Irrtum zu meinen, es sei ein Opfer des deutschen Finanzministers. Der ist nur der Wortführer. Es sind Opfer an sozialpolitischer und reformpolitischer Handlungsfreiheit des deutschen Parlaments, die wir eingehen. Ich meine, was ich sage. Man muss diese Opfer wollen. Es hat keinen Zweck, über Partnerschaft zu reden, und dann, wenn es ums Geld geht, damit aufzuhören. Man muss sie wollen. Nur: man wird auch das Recht haben abzuwägen, was man dem eigenen Volk und den eigenen Arbeitnehmern, der eigenen Sozialpolitik und allgemein der Reformpolitik, die der eigene Staat zu finanzieren hat, an Opfer zumuten kann.

Wenn wir über die Grenzen der jetzigen Europäischen Gemeinschaft hinaussehen, erkennen wir, dass auch andere Länder Ansprüche wahrnehmen auf Freiheit und auf Fortschritt. Auch wir haben eine Mitverantwortung dafür, dass Griechenland und dass Portugal von der Erbschaft der vergangenen Epoche nicht allzu sehr bedrückt oder gar erdrückt werden. Auf der anderen Seite soll man vielleicht ihre Übergangsschwierigkeiten in eine qualitativ andere politische Welt nicht überzeichnen, sondern vielmehr zu helfen versuchen, dass diese beiden Länder für Europa gewonnen und nicht etwa von Europa enttäuscht werden. Ein Schritt in dieser Richtung ist dadurch geschehen, dass das Assoziierungsabkommen der EG mit Griechenland wieder in Kraft ist. Wir müssen sowohl bilateral als auch, wie ich denke, über die EG Portugal entgegenkommen. Das muss dann übrigens auch, wenn sich später die Voraussetzungen dafür ergeben haben werden, für das andere iberische Land gelten.

Im übrigen stehen wir kurz vor dem Abschluss eines neuen Assoziierungsabkommens mit einer Vielzahl von Entwicklungsländern in Afrika, im karibischen Raum, im Pazifik. Es geht hier nicht nur um Kapitalhilfe, sondern dies ist wohl im Prinzip ein Schritt in die richtige Richtung, dass erstmalig in erheblichem Umfang diese Länder eine Stabilisierung ihrer Erlöse für den Export ihrer wichtigsten Erzeugnisse in die Gemeinschaft hinein und wichtige Vorteile für ihre eigene wirtschaftliche Entwicklung erlangen. Europa gewinnt also nicht nur nach innen, sondern auch nach außen sehr schrittweise, sehr graduell, neue Konturen.

Kein Grund zur Resignation *(1976)*

Die Rezession der Weltwirtschaft infolge der ersten Ölpreis-
krise ließ Mitte der siebziger Jahre die ökonomischen Unter-
schiede zwischen den neun Mitgliedsstaaten der Europäischen
Gemeinschaft noch schärfer hervortreten. Umso wichtiger
war es, an den Verträgen festzuhalten und den inneren Aus-
bau der Gemeinschaft, vor allem aber auch die Direktwahl des
Europäischen Parlaments und die Stärkung der Kommission
voranzutreiben. In einer Regierungserklärung im April 1976
räumte Schmidt ein, dass sich die EG »nicht in einem guten
Zustand« befinde, dass die Bundesregierung aber jenseits aller
ökonomischen und finanzpolitischen Probleme das langfristige
Ziel einer Wirtschafts- und Währungsunion nicht aus dem Auge
verlieren werde.

Frau Präsidentin! Meine Damen und Herren! Seit dem Abschluss der Gemeinschaftsverträge ist unsere Außenpolitik
gleichermaßen eingebettet in die Politik der europäischen Einigung
wie in das Atlantische Bündnis. Zu dem Gebäude, das in Europa
entstanden ist – und es ist ein in der Welt stark beachtetes Gebäude –, hat unser Land einen Beitrag geleistet, der unserer wirtschaftlichen Kraft und unserer tiefen Überzeugung von der Notwendigkeit des Einigungswerks entspricht. In absoluten Zahlen haben wir
übrigens den höchsten Beitrag von allen europäischen Ländern
geleistet. Wir tun das unverändert.

Gegenwärtig befindet sich die Europäische Gemeinschaft jedoch nicht in einem guten Zustand. Die schwere Rezession der Weltwirtschaft hat die ökonomischen Unterschiede zwischen den Partnern verschärft, und dieser Prozess wurde noch potenziert durch die unterschiedliche Leistungsfähigkeit und Belastbarkeit der gesellschaftlichen und politischen Struktur der verschiedenen Mitgliedsstaaten. Die EG-Kommission hat dem Europäischen Rat der Staats- und Regierungschefs vor wenigen Tagen in Luxemburg in ökonomischen Daten vor Augen geführt, dass der Abstand zwischen den Partnern in den letzten zwei Jahren schrittweise größer geworden ist, als er früher war. Unser Freund Ministerpräsident den Uyl hatte in Luxemburg darauf hingewiesen, dass die ökonomische Entwicklung in den Mitgliedsstaaten keineswegs im Gleichklang erfolgt, auch nicht bloß in zwei Geschwindigkeiten, sondern in Wahrheit mit mehreren verschiedenen Geschwindigkeiten. Die europäische Presse hat diese Entwicklung vor Luxemburg, aber auch danach, zum Beispiel bei der Kommentierung des Tindemans-Berichts, häufig nicht ausreichend gesehen.

Die von der Kommission vorgelegten Zahlenreihen beziehen sich auf die Entwicklung der Jahre 1973, 1974, 1975. Es ergibt sich daraus eine erhebliche Differenz, zum Beispiel bei der jährlichen Erhöhung der öffentlichen Ausgaben in den einzelnen Mitgliedsstaaten. In allen drei Jahren war übrigens bei uns die Zunahme der öffentlichen Ausgaben am geringsten. Ähnlich war die Entwicklung zunächst noch in Frankreich und in Belgien. Aber zwei Staaten haben zum Beispiel im letzten Jahr ihre öffentlichen Ausgaben doppelt so stark erhöht wie die Bundesrepublik Deutschland; sie hatten doppelt so hohe Zuwachsraten.

Ein noch klareres Bild ergibt sich für den Zuwachs der Geldmenge. Sie wissen, dass es dafür verschiedene statistische Methoden der Messung gibt. Ich folge hier der in diesem Fall durch die EG-Kommission angewandten Betrachtungsweise. Dabei ist es so, dass allein drei Mitgliedsstaaten der Gemeinschaft in einem einzigen Jahr, im Jahr 1975, ihre Geld- und Quasi-Geld-Mengen um zwanzig Prozent und mehr erhöht haben, die Bundesrepublik Deutschland dagegen überhaupt nicht.

Die Lohnstückkosten sind in einem Staat der Gemeinschaft in diesen drei Jahren anderthalbmal so stark gestiegen wie in der Bundesrepublik Deutschland, in den meisten Staaten doppelt so stark und im Rest in zwei Fällen dreimal so stark wie in der Bundesrepublik Deutschland.

Ein ähnliches Bild ergibt sich für die Verbraucherpreise. In zwei Fällen liegt der Anstieg der Verbraucherpreise in diesen drei Jahren bei dem Anderthalbfachen des unseren, im übrigen liegt er in diesen drei Jahren bei dem Doppelten des unseren, und in zwei Fällen ist er sogar fast dreimal so hoch wie bei uns.

Diese Zahlen prägen sich natürlich auch im Außenwert der neun Währungen aus. Gegenüber dem Beginn des Jahres 1973 hat sich der Wert der übrigen Währungen der EG-Staaten im Verhältnis zur D-Mark abgeschwächt, oder, anders ausgedrückt, die Bewertung der D-Mark ist stetig gestiegen: gegenüber dem holländischen Gulden im Laufe der letzten 3¼ Jahre – von Anfang 1973 bis heute – nur um rund fünf Prozent – dies ist ganz unerheblich –, gegenüber anderen Währungen innerhalb der EG aber um zehn bis 16 Prozent und in zwei Fällen sogar um 56 beziehungsweise 85 Prozent; der Wert der deutschen Währung ist gegenüber einer anderen EG-Währung in drei Jahren um sage und schreibe 85 Prozent gestiegen!

Im gewogenen Durchschnitt ist der Wert unserer Währung gegenüber allen übrigen EG-Währungen in diesen 3¼ Jahren um mehr als ein Fünftel gestiegen. Derselbe Anstieg ergibt sich gegenüber dem gewogenen Durchschnitt der ganzen Welt; das ist eine zufällige Übereinstimmung.

Dieser Anstieg hat sich in den allerletzten Wochen und selbst Tagen bekanntlich fortgesetzt, zum Teil unter spekulativen Begleiterscheinungen. Ich komme darauf noch einmal zurück. Aber ich will hier erwähnen, dass der Wert der D-Mark allein seit Beginn dieses Jahres, 1976, gegenüber dem gewogenen Durchschnitt der Welt noch einmal um 6½ Prozent gestiegen ist. In Klammern füge ich hinzu: Man kann in dieser durch die Kapital-, Kredit- und Devisenmärkte der Welt vorgenommenen Bewertung erkennen, wie hoch die Teilnehmer der Weltwirtschaft die zukünftige Leistungsfähigkeit und Stabilität der deutschen Volkswirtschaft und der deutschen Gesellschaft einschätzen. Klammer zu!

Natürlich ergibt sich aus diesen Währungsunterschieden dann auch, dass die Preise, die wir für unsere Einfuhren zu bezahlen haben, im Laufe der letzten drei Jahre wesentlich geringer angestiegen sind als die Einfuhrpreise für die übrigen Länder der Gemeinschaft. Hier haben Sie wieder den Zusammenhang mit den Lebenshaltungskosten. Aber auch unsere eigenen Ausfuhrpreise sind sehr viel weniger gestiegen als diejenigen anderer Partnerstaaten, jeweils gemessen in der Landeswährung.

Dies alles schlägt sich natürlich auch auf den Arbeitsmärkten nieder. Auch in Sachen Arbeitslosigkeit entwickelt sich die Bundesrepublik Deutschland in diesem Weltrezessionsjahr deutlich positiver, als die Entwicklungen in den Partnerstaaten verlaufen.

Ebenso ist natürlich der erwartete Niederschlag im realen Zuwachs sowohl des Bruttosozialprodukts als auch des Volkseinkommens bei uns größer als anderwärts in der Gemeinschaft.

Es ist klar, dass uns in Deutschland diese Entwicklungen nicht in den Schoß gefallen sind. Zum Teil beruhen sie darauf, dass – dies ist der negative Aspekt der Ursachen – eine Harmonisierung des ökonomischen Verhaltens der neun Mitgliedsstaaten und ihrer Regierungen trotz allen deutschen Drängens und trotz vieler deutscher Initiativen und Vorschläge über eine Reihe von Jahren – nicht nur die gegenwärtige Bundesregierung, sondern auch ihre Vorgängerin und die ihr vorangegangenen Bundesregierungen haben darauf gedrängt – nicht entfernt in ausreichendem Maße geglückt ist. Eine konsequente Wirtschafts- und Sozialpolitik, die sich auf ein verantwortungsbewusstes Verhalten der Sozialpartner stützen konnte, hat uns einen hohen Grad von Stabilität gegeben. Das ist befriedigend für uns. Die unterschiedliche Entwicklung hat aber für Europa und damit auch für unsere Europapolitik eine sehr schwierige Situation geschaffen.

Das Ausscheiden Frankreichs aus dem europäischen Währungsverbund, der sogenannten Schlange, war eine Konsequenz dieser Sachlage. Wir haben Frankreichs Ausscheiden bedauert. Wir waren zu einer Anpassung aller Leitkurse – auch der D-Mark – innerhalb des Wechselkursverbundes, innerhalb der Schlange bereit, wir waren zur Aufwertung bereit, um den Zusammenhalt des Währungsverbundes zu ermöglichen. Von Frankreich ist dies gewürdigt worden.

Ich will in diesem Zusammenhang aber auch sagen, dass die währungs- und stabilitätspolitische Aufgabe des Wechselkursverbundes, also der Schlange, dann unweigerlich beeinträchtigt wird, wenn in diesem Verbund Währungen von Ländern aneinandergebunden sind, deren wirtschaftliche Grunddaten eben nicht einigermaßen parallel, sondern so auseinanderstrebend verlaufen, wie ich es vorhin vorgetragen beziehungsweise aus den Papieren, die die Kommission in Luxemburg vorgelegt hat, zitiert habe.

Ich habe mich im Europäischen Rat in dieser Lage gegen währungspolitische Kunstgriffe gewandt. Durch Veränderung der bestehenden oder durch Schaffung neuer Mechanismen käme die Wirtschafts- und Währungsunion ebenso wenig voran, wie Europa damit gedient wäre, wenn sich die Partner stabilitätspolitisch etwa auf einer mittleren Linie träfen, das heißt wenn wir, um uns den anderen anzunähern, bewusst mehr Inflation in Kauf nähmen oder gar mit Fleiß herbeiführten. Anregungen in dieser Hinsicht sind uns gegenüber übrigens durchaus im Ernst gegeben worden. Wir können dies nicht auf uns nehmen, weil wir doch unsere wirtschaftliche und unsere soziale Stabilität erhalten müssen und wollen.

Schon bisher erbringen wir erhebliche finanzielle Beiträge für die Gemeinschaft – ich erwähnte das bereits –, bis hin zu jenen anderthalb Milliarden DM, die wir infolge von Verrechnungseinheiten und Verrechnungsmodalitäten innerhalb der Gemeinschaft zahlen, die auf längst überholten alten Wechselkursen beruhen. Ich will hier trotzdem ganz klar sagen: Die Bundesregierung wird dem Bundestag und dem deutschen Steuerzahler auch in Zukunft Opfer zugunsten der Europäischen Gemeinschaft und sogar zugunsten einzelner Partner innerhalb der Europäischen Gemeinschaft zumuten müssen – und sie will dies auch tun –, allerdings unter einer entscheidenden Voraussetzung: Die jeweiligen eigenen ökonomischen und sozialen Anstrengungen der Partnerstaaten und ihrer Regierungen und Parlamente müssen so entschieden und so erfolgversprechend sein, dass insgesamt, das heißt einschließlich unserer zusätzlichen Beiträge, ein Fortschritt für Europa dabei herauskommt.

Jede Regierung und jedes Parlament in den Staaten der Europäischen Gemeinschaft muss diesen Weg für sich selbst mit Entschlossenheit beschreiten. Die Gemeinschaft kann dies einstweilen den Mitgliedsstaaten nicht abnehmen. Das sind Entscheidungen, die in all den Hauptstädten in nationaler Verantwortung getroffen werden.

Aber die Gemeinschaft kann den Staaten dabei helfen. Zu diesem Zweck hat in Luxemburg die EG-Kommission dem Europäischen Rat Vorschläge zur umfassenden Koordinierung der Wirtschafts- und Währungspolitik vorgelegt. Die Nichteinhaltung dieser Verpflichtungen soll gegebenenfalls die Verweigerung von Gemeinschaftshilfen auslösen. Solche Vorstellungen waren zum Teil schon früher von den Mitgliedsstaaten theoretisch akzeptiert worden, sind jedoch praktisch leider kaum jemals befolgt worden.

Nur wenn und nur so weit dies gelingt, sind Vorschläge zur Weiterentwicklung des gemeinschaftlichen Wechselkurssystems sowie zur Verstärkung der Mittel und der Befugnisse des Europäischen Währungsfonds sinnvoll und Erfolg versprechend. Diese Überzeugung hatte die Bundesregierung schon in der dem Bundestag zugeleiteten Stellungnahme zum Tindemans-Bericht ausgedrückt, die ja im Auswärtigen Ausschuss – wenn ich es richtig sehe – ohne Widerspruch der Opposition in irgendeinem einzelnen Punkt einvernehmlich beraten werden konnte.

Unsere Partner waren vorige Woche in Luxemburg nicht in der Lage, konkrete Vorschläge für Leitlinien einer von jedem Mitgliedsstaat künftig zu verfolgenden Wirtschafts- und Währungspolitik anzunehmen. Vielmehr sollen sich die Fachministerräte damit beschäftigen. Ich habe die Notwendigkeit der Disziplin eindringlich vorgetragen erstens in Bezug auf das Wachstum der Geld- und Kreditvolumina in den einzelnen Mitgliedsstaaten, zweitens in Bezug auf die Haushaltspolitik, insbesondere die Finanzierungsmethoden der Budgetdefizite, drittens in Bezug auf die Kosten- und Einkommensentwicklung und die Einkommenspolitik in den Mitgliedsstaaten und viertens in Bezug auf die Zahlungsbilanzen. Ich habe von mehreren meiner Kollegen durchaus Zustimmung dazu erfahren.

Der Europäische Rat hat nach dieser Diskussion erfreulicherweise davon abgesehen, die Notwendigkeit der Besinnung auf solche ökonomische Disziplin durch Abgabe eines sehr allgemein gefassten Bekenntnisses zu relativieren. Ich sehe auch darin ein wichtiges Ergebnis jenes Meinungsaustauschs.

Die weitere Behandlung der Kommissionsvorschläge durch die zuständigen Minister sollte dazu führen, dass die dringend erforderlichen Folgerungen aus den in Luxemburg gewonnenen Erkenntnissen von den einzelnen Regierungen, die es angeht, gezogen werden.

Für unser Vorgehen in unserem eigenen Land bedeutet das: Wir müssen auch künftig eine vorbildliche Wirtschaftspolitik treiben, die gesicherte Arbeitsplätze schafft und die notwendigen sozialen Sicherungen und sozialen Strukturreformen ermöglicht. Wer rechtzeitig seine Sozialordnung und seine Wirtschaftsordnung den heutigen und den morgigen Notwendigkeiten anpasst, der braucht nicht nur über Kompromisse mit Kommunisten nicht nachzudenken. Die Staaten Europas haben zum Teil – um Herrn Hans Dieter Kloß von der »Stuttgarter Zeitung« zu zitieren – »versäumt, das kapitalistische Wirtschaftssystem rechtzeitig so zu verändern und dem Fortschritt anzupassen, dass es auch von denen mitgetragen wird, die zum notwendigen Kapital die notwendige Arbeit liefern«.

Ich stimme dem zu, was er so vor wenigen Tagen in einer Betrachtung über die unterschiedliche wirtschaftliche und soziale Lage in den neun europäischen Staaten geschrieben hat.

Aber es ist ja bei all dem nicht zu spät. Vielmehr beginnen auch anderwärts in Europa viele Menschen damit, sich für die Erfahrungen mit modernen Gewerkschaften und einer modernen Sozialordnung zu interessieren. Ich drücke mich ganz zurückhaltend aus. Die dreiseitigen Konferenzen zwischen europäischer Unternehmerschaft, europäischen Gewerkschaften und den Regierungen dieser neun Staaten sind dabei ein gutes Hilfsmittel, das wir stärken und ausbauen wollen. Aber die eigentliche Aufgabe muss in eigener Verantwortung der Parlamente, der Regierungen und der Sozialpartner in den neun Staaten angepackt werden. Ehe nämlich das Europäische Parlament auch nur eine einheitliche Betriebsverfassung – ich rede gar nicht von Unternehmensmitbestimmung – für ganz Europa bindend vorschreiben kann, wird noch sehr viel Wasser die Themse und die Seine und auch den Tiber hinunterfließen.

Wir müssen gleichzeitig neben diesen nationalen Anstrengungen nun allerdings den inneren Ausbau der Gemeinschaft und die

Ausgestaltung ihrer Organe weiter voranbringen. Die Bundesregierung unterstützt die Grundlinien von Minister Tindemans' Bericht, die auf schrittweisen Ausbau gerichtet sind, und dieses Haus ist sich darin ja offenkundig einig. Wir sind dafür, dass die Entscheidungen über Angelegenheiten der Römischen Verträge und die Entscheidungen der Außenpolitik in einem Zentrum zusammengeführt werden. Europa ist nur dann handlungsfähig, wenn es sowohl ökonomisch als auch außenpolitisch gemeinsam handelt, und dazu muss es sich selbst befähigen. Die europäische politische Zusammenarbeit hat sich in den letzten Jahren in flexiblem Vorgehen bewährt. Konsultationsverpflichtungen und die Bereitschaft der Mitgliedsstaaten, sich in aller Regel nach dem Ergebnis gemeinsamer Beratung zu richten, sollte in Zukunft diese Zusammenarbeit verfestigen.

Mit dem Ausbau der Gemeinschaften meine ich allerdings in allererster Linie die Stärkung der demokratischen Grundlage durch direkte Wahl, durch Volkswahl des Europäischen Parlaments und dann die Erweiterung seiner legislativen Befugnisse. Mit ihrem Einsatz für die Direktwahl im Jahre 1978 – ich habe das in der ersten Sitzung des Europäischen Rates der Staats- und Regierungschefs heute vor 16 Monaten vorgeschlagen – hat die Bundesregierung auch seither die Grenzen des uns Deutschen Möglichen voll ausgeschöpft. Der Bundesminister des Auswärtigen und ich haben zum Beispiel jetzt wieder in Luxemburg unseren Partnern erklärt, dass wir uns in allen noch offenen Fragen, überhaupt in allen Fragen, die die Direktwahl des Europäischen Parlaments betreffen einschließlich des Wochentags oder der Wochentage, an denen die Wahl stattfinden soll, vor allem aber, was die Aufteilung der Sitze unter die neun Staaten angeht, jedem Kompromiss anschließen und jeden Kompromiss hier vor dem Deutschen Bundestag vertreten würden, auf den die anderen sich einigen könnten.

Wir haben uns natürlich immer mit Präferenz eingesetzt für

das vom Straßburger Parlament selbst erarbeitete Modell, den sogenannten Patijn-Bericht, aber unsere Bereitschaft auch zu jeder anderen Lösung haben wir immer wieder klargemacht. Trotz unseres sehr nachdrücklichen Einsatzes, zu einem Kompromiss zu gelangen, haben andere Regierungen – nicht alle – bisher keinen gemeinsamen Weg akzeptieren können, auch nicht den sehr intelligenten Kompromissvorschlag unseres Freundes Präsident Giscard d'Estaing, es ganz einfach bei der durch die Römischen Verträge und die Beitrittsverträge hergestellten Sitzverteilung zu belassen, wie sie heute und schon seit Jahr und Tag in Straßburg gilt, und sie gar nicht neu zu verhandeln. Nicht einmal die Beibehaltung der gegenwärtigen Sitzverteilung erschien allen Regierungen akzeptabel. Ich nehme an, Sie erkennen, dass unsere Seite, die natürlich auch diesen Vorschlag unterstützt hat, weil er Einigungsaussicht zu bieten schien, wirklich nichts unversucht lässt.

Wir arbeiten gleichzeitig beharrlich an Lösungen, welche die demokratischen, politischen, die parteilichen Kräfte in Europa sich auf einer gemeinsamen parlamentarischen Ebene formieren lässt. Das Beispiel Willy Brandts, der seine Kandidatur für das Europäische Parlament angekündigt hat, sollte auch anderswo durchaus Schule machen. Auch der kürzlich erfolgte Zusammenschluss der liberalen Parteien Europas und die offenbar bevorstehende Entwicklung bei konservativen und christlich-demokratischen Parteien Europas weist in die gleiche Richtung. Unter den Sozialdemokraten hat es das ja schon seit eh und je gegeben.

Vom Parlament zur Kommission: Auch die EG-Kommission muss – und ich denke: noch in diesem Jahr – gestärkt werden, in diesem Jahr dadurch, dass sich der Rat zunächst auf die Person des nächsten Kommissionspräsidenten einigt, denn am 1. Januar kommenden Jahres wird ein neuer Präsident ins Amt treten. Dann haben die neun Regierungen allerdings dem designierten neuen Präsidenten erstmalig Einfluss einzuräumen auf die vertragsgemäß von den neun Regierungen zu treffende Entscheidung über die Berufung der Kommissionsmitglieder. Es ist ein schwer vorstellbares System, in dem jemand Chef einer Quasi-Regierung, der Europäischen Kommission nämlich, sein soll, ohne bisher den geringsten Einfluss auf die Auswahl der Kollegen ausüben zu können, die in dieser Regierung mit ihm zusammenarbeiten sollen.

Wir wollen die Europäische Gemeinschaft im gesellschaftlichen und im politischen Bewusstsein der Bürger Europas stärker verankern; darin sind wir uns einig. Wir wollen auch den Schutz der Grundrechte und Freiheiten des Einzelnen verstärken, weil dadurch die Europäische Gemeinschaft als politische Grundordnung für den einzelnen Bürger unmittelbar erlebbar gemacht wird. Unlösbar in diesen Zusammenhang gehört die Gewährleistung des entsprechenden gerichtlichen Rechtsschutzes für den Einzelnen. Auch darum werden wir uns kümmern; wir sind dabei.

Ich bin weiter zuversichtlich, dass sich die Einwohner der neun Staaten schon von 1978 an durch einen im wesentlichen einheitlichen europäischen Pass ausweisen und dass die Grenzkontrollen zunehmend beseitigt werden können.

Ich denke, wir können sagen, dass wir nicht zu den europäischen Schönrednern gehören, von denen es viele gibt. Wir möchten uns auch nicht europäischer Besserwisserei schuldig machen, und wir denken nicht an irgendwelche deutschen Führungsansprüche. Im Gegenteil: Ich warne vor der Versuchung zu irgendwelchen deutschen Führungsansprüchen, die der eine oder der andere bisweilen spüren mag.

Wenn aber die Schwierigkeiten einiger anderer Länder es zurzeit nicht oder noch nicht möglich machen, solche Schritte zu tun, die eigentlich für alle geboten wären, so wollen wir darauf achten, dass unsere Kooperationsbereitschaft und unsere Fähigkeit zur Kooperation miteinander im Einklang gehalten werden. Für uns Deutsche als geteilte Nation, für die Bundesrepublik Deutschland insbesondere, die doch den Zustand der Teilung nicht als geschichtlich endgültig hinnehmen kann und hinnehmen will, ist die Förderung des europäischen Zusammenschlusses und sein Erfolg eine Lebensnotwendigkeit.

Wir sind uns dessen bei jeder einzelnen europäischen Ratssitzung und bei der Vorbereitung zu jeder einzelnen Entscheidung auf der morgen oder nächste Woche bevorstehenden Ratssitzung – welcher Rat auch immer das ist – durchaus bewusst. Wir lassen es deshalb auch zu keiner Zeit an konstruktiver Initiative auf dem Wege zu diesem Ziel des Fortschritts des europäischen Zusammenschlusses fehlen.

Wir haben es auch bisher an praktischer Solidarität nicht fehlen lassen. Ich erinnere an die Finanzierung der Agrarfonds, der Regional- und Sozialfonds, an den Währungsbeistand, die Gemeinschaftsanleihen, die Bekämpfung der Jugendarbeitslosigkeit mit Mitteln des Sozialfonds, an die vom Europäischen Rat in Dublin vereinbarten Korrekturmechanismen für die Beitragszahlung aus Anlass des britischen Referendums. Zu alledem haben wir faire Beispiele gegeben, und wir werden das weiterhin tun.

Ich wiederhole: Wir sind auch weiterhin zu zusätzlichen ökonomischen Opfern bereit, wenn sie gemeinsam mit eigenen Anstrengungen der Partnerstaaten gebracht werden und wenn sie dergestalt zum Fortschritt und nicht bloß zum Zustopfen von Löchern führen. Die Europäische Gemeinschaft hat trotz aller gegenwärtigen Schwierigkeiten in einigen Mitgliedsstaaten keinen Grund zu resignieren; denn sie hat sich durch die Weltwirtschaftskrise eben doch nicht auseinandertreiben lassen, wenngleich die Gefahr bestand. Großbritannien hat seine Entscheidung für Europa im Referendum von 1975 bestätigt. Der Beitrittsantrag Griechenlands zeigt, dass der Gedanke der europäischen Einigung auch in den europäischen Ländern, die noch außerhalb der Gemeinschaft leben, nichts an Anziehungskraft verloren hat. Das sehen wir auch auf der

Iberischen Halbinsel. Die Gemeinschaft hat mit dem Abkommen von Lomé ihre Beziehungen zu 46 Ländern der Dritten Welt in vorbildlicher Weise geregelt. Sie hat in der Mittelmeerpolitik Fortschritte gemacht und im Hinblick auf Portugal gezeigt – übrigens: dort nicht nur die Gemeinschaft, sondern auch die Bundesrepublik Deutschland als individueller Partner Portugals –, dass sie zu schneller und wirksamer Hilfe bereit ist.

Die schärfste Phase der weltweiten Rezession liegt hinter uns. Der Erfolg der europäischen Gemeinschaftsanleihe, unter der ja eben auch unsere Unterschrift steht, hat gezeigt, dass die Gemeinschaft auf den Kreditmärkten der Welt Vertrauen genießt. Insgesamt ist die Leistungsbilanz der Gemeinschaft ausgeglichen. Es gilt jetzt, überall in den Staaten der Gemeinschaft dem konjunkturellen Aufschwung zum Durchbruch zu verhelfen.

Ein großer Europäer *(1978)*

1978 erschien im Hanser Verlag die deutsche Übersetzung der Erinnerungen von Jean Monnet. Helmut Schmidt schrieb ein Vorwort, in dem er seiner Dankbarkeit gegenüber diesem großen Europäer Ausdruck gab.

Es kommt selten vor, dass ein Leben so exemplarisch gerät wie der Lebensweg von Jean Monnet, dessen Erinnerungen jetzt in deutscher Sprache vorliegen. Der große, inzwischen bald neunzig Jahre alte Europäer hat sich von seinen weltweiten politischen Aktivitäten zurückgezogen und lebt wieder in seinem Geburtsort Cognac, wo seine Familie eine Firma betreibt. Er wird als Autor dem weitgespannten Bogen seines Lebens gerecht, der von einer dramatischen politischen Station zur anderen führte. Er versteht es, den Leser an diesen erregenden Abenteuern teilhaben zu lassen.

Monnet hat als Wegbereiter der europäischen Einigungsbestrebungen große politische Wirkungen erzielt. Aber er hat das fertiggebracht, ohne je ein Politiker im Sinne eines gewählten Mandatsträgers zu sein. Er war nie Regierungschef oder auch nur Minister. Seine wichtigsten Initiativen unternahm er ohne amtlichen Auftrag. Sein einziger Auftraggeber war sein Gewissen, war sein Sinn für das politisch Notwendige und Heilsame, war sein hoch entwickeltes, weit über den nationalen Horizont hinausreichendes Verantwortungsgefühl als Weltbürger. Monnet ist der seltene – man ist fast versucht zu sagen, der einmalige – Fall eines Politikers, der ohne die wichtigste Ingredienz der Politik, der ohne Macht auskam. Er konkretisierte zunächst eine politische Idee bis zu einem hieb- und stichfesten Plan. Dann erst borgte er sich für die Verwirklichung seines Plans die Macht eines Politikers im herkömmlichen Sinn, indem er ihn für seine Vorschläge gewann. So verschaffte er sich für die Montanunion die Macht des damaligen französischen Außenministers Robert Schuman, dem er dann nach außen die alleinige Vaterschaft überließ. Auf diese Weise lernte die Welt die von Monnet entwickelte Idee einer Europäischen Gemeinschaft für Kohle und Stahl nicht als Monnetplan, sondern als Schumanplan kennen.

Wie sah der Lebensweg aus, der diesen eigentümlichen und bedeutenden Mann geformt hat? Die Beantwortung dieser Frage ist nur einer der Inhalte seiner Memoiren.

Als ihn gegen Ende des Zweiten Weltkrieges ein amerikanischer Journalist aufsuchte, um seine Lebensgeschichte zu schreiben, stellte sich bei dem Gespräch heraus, dass es eigentlich nicht möglich ist, Monnet in eine der üblichen beruflichen Kategorien wie »Politiker«, »Geschäftsmann« oder »Diplomat« einzuordnen. Der Funktion nach hatte er alle drei Berufe ausgeübt – aber oft nicht in einem herkömmlichen Sinne. In jungen Jahren betätigte er sich als weltweiter Reisender für die von seinem Vater geleitete Branntweinfirma. Der Lebensweg eines Geschäftsmanns schien vorgezeichnet. Und vielleicht wäre es ohne den Ausbruch des Ersten Weltkrieges auch dabei geblieben.

Monnet war wegen gesundheitlicher Schäden nicht tauglich für den Kriegsdienst. Doch der Krieg inspirierte ihn zu seinem ersten auftragslosen Plan für eine internationale Zusammenarbeit. Nur 25 Jahre alt, war der junge Kaufmann aus dem Provinznest auf eigene Faust zu dem Schluss gekommen, dass die Koordinierung der wirtschaftlichen Kriegsanstrengungen Großbritanniens und Frankreichs unzureichend sei. Er brachte es fertig, bis zum Ministerpräsidenten Viviani vorzudringen. Wenige Wochen später erhielt er den Auftrag, seine Ideen über eine viel engere wirtschaftliche Kooperation der beiden Verbündeten in die Tat umzusetzen. Er wurde zu einer französischen Verbindungsmission nach London geschickt.

Aus den Erfahrungen, die Monnet im Ersten wie im Zweiten Weltkrieg bei der Organisierung der kriegswirtschaftlichen Zusammenarbeit zwischen Paris und London bis hin zu einem Schifffahrtspool sammelte, entsprangen seine Ideen für die zunächst auf den wirtschaftlichen Sektor beschränkte Einigung Europas. Es wirkte fast wie eine List der Geschichte, dass die gemeinsame britisch-französische Verteidigung *gegen* Deutschland Monnet auf die Versöhnung *mit* Deutschland vorbereitete, die im Mittelpunkt der von ihm eingeleiteten europäischen Einigungsbestrebungen stand. Der Autor selbst reflektiert über dieses Paradoxon, indem er an den 1940 zur Verhinderung eines deutsch-französischen Waffenstillstands gemachten Vorschlag einer Union zwischen Großbritannien und Frankreich erinnert und klarmacht, er habe sich damals freilich nicht vorstellen können, dass ein Versuch in solcher Richtung eher mit dem einstigen Feind als mit dem Alliierten beginnen würde, wie es dann 1950 zwischen Frankreich und Deutschland geschah.

Wie viel Unvoreingenommenheit gehörte dazu, das Rezept einer versuchten, aber nicht zustande gekommenen Zusammenarbeit mit einem Bundesgenossen als Impuls zu einer Aussöhnung mit dem Feind von gestern zu verwenden! Monnet fiel es nie schwer, über den engen nationalen Blickwinkel hinauszusehen. Im Zweiten Weltkrieg erhielt er von den beiden Regierungschefs Daladier und Chamberlain die Anweisung, als Leiter des britisch-französischen Koordinierungskomitees »sich auf einen alliierten Standpunkt und nicht auf einen nationalen zu stellen«. Dazu bemerkt er in seinen Memoiren: »Ersetzt man ›alliiert‹ durch ›gemeinschaftlich‹, so könnte man nicht besser die Rolle definieren, die eines Tages der Präsident der Hohen Behörde (Montanunion) innehaben wird, und dies ist ohne Zweifel nicht nur ein Zufall.«

Zwischen den beiden Weltkriegen wurde der allen neuen Versuchen zu einer Verbesserung der internationalen Beziehungen aufgeschlossene Franzose erster stellvertretender Generalsekretär des eben gegründeten Völkerbundes. Darauf folgten Jahre in der internationalen Hochfinanz, die ihn als Bankier nach Polen, San Francisco, Shanghai und New York führten.

Die Hauptsorge, die Monnet während des Zweiten Weltkrieges bedrückte, war die Gefahr einer Rückkehr zum Nationalismus. »Es wird keinen Frieden geben«, schrieb er in einem Memorandum für das in Algier konstituierte französische Nationale Komitee, »wenn die Staaten auf der Basis nationaler Souveränität wiederhergestellt werden, mit all dem, was eine Politik des Prestiges und der wirtschaftlichen Protektion mit sich bringt«. Anschließend warnte er vor einer Diskriminierung Deutschlands: »Wir haben mit diesem diskriminierenden Vorgehen 1919 Erfahrungen gesammelt, und wir kennen die Konsequenzen.« Dass sich Monnet zu einem Zeitpunkt, in dem der Krieg gerade sein Crescendo erreichte, auf diese Weise äußerte, spricht für seinen Mut und seinen Weitblick.

Im Jahre 1950 erteilte sich Jean Monnet, der inzwischen die Leitung der gleichfalls von ihm ersonnenen »Modernisierungskommission« der französischen Wirtschaft übernommen hatte, wieder einmal selber einen Auftrag. Er war der Ansicht, dass die Zeit für einen ersten Schritt zur Einigung Europas gekommen sei, die sich um den Kern einer deutsch-französischen Zusammenarbeit entwickeln müsste. Wie es seine Art war, setzte er sich mit ein paar vertrauten Mitarbeitern zusammen, um allgemeine Ideen zu einem Plan zu verdichten. Dass er sich dabei auf die Internationalisierung von Kohle und Stahl beschränkte, war auf die »doppelte Macht« zurückzuführen, die seiner Ansicht nach die beiden

Grundstoffe symbolisierten. Sie waren sowohl »der Schlüssel für wirtschaftliche Macht wie auch für das Arsenal, in dem die Waffen für den Krieg geschmiedet werden«. Obgleich die Montanunion ein wirtschaftliches Projekt war, hatte sie doch auch eine klare politische Perspektive; darauf wies Monnet in seinem Vorschlag an die französische Regierung ausdrücklich hin. Es sei der Zweck seines Planes, »in die Wälle der nationalen Souveränität eine Bresche zu schlagen, die so begrenzt ist, dass sie die Zustimmung erlangen kann, aber tief genug, um die Staaten zu der für den Frieden notwendigen Einheit zu bewegen«. Dieser Satz ist bezeichnend für Monnets pragmatische Einstellung. Er ließ sich nie von seinem europäischen Enthusiasmus zu unrealistischen Vorschlägen verleiten, die politisch nicht durchsetzbar gewesen wären. Außenminister Robert Schuman nahm das Memorandum mit ins Wochenende und erklärte nach seiner Rückkehr nach Paris: »Ich hab das Projekt gelesen, ich mache mit.« So wurde der Schumanplan geboren.

Die französische Regierung beauftragte Monnet mit der Leitung der Verhandlungen über die Verwirklichung des Schumanplans. In dieser Rolle bereitete ihm das vom Koreakrieg ausgelöste Drängen der Amerikaner auf eine Bewaffnung der Bundesrepublik Deutschland Sorgen. Er fürchtete, der Widerstand gegen eine solche Entwicklung könnte die Vereinbarungen über die Montanunion vereiteln. Aber Monnet wäre sich selber untreu geworden, wenn er den neuen Schwierigkeiten nicht mit einer eigenen Initiative begegnet wäre, zu der ihn wie üblich niemand ermächtigt hatte. Er setzte sich mit seiner »Equipe« zusammen, um insgeheim einen Plan für eine europäische Verteidigungsgemeinschaft auszuarbeiten. Im Oktober 1950 suchte er Ministerpräsident Pleven und Außenminister Schuman auf, um die beiden Politiker auf die Gefahren der amerikanischen Forderung nach einer nationalen deutschen Armee aufmerksam zu machen. Er vertrat den Standpunkt, dass ein französischer Vorschlag für eine europäische Armee der beste Ausweg aus der schwierigen Lage sei. Als der Regierungschef einwandte, dass die deutsche Frage schon bald im Parlament zur Sprache kommen würde, und hinzufügte: »Wir haben also kaum eine Woche Zeit, um das Projekt einer gemeinsamen Verteidigung auszuarbeiten«, reagierte Monnet wie ein Zauberer, der ein Kaninchen aus seinem Zylinder holt: »Hier ist es«, sagte er. »Ich habe ein Projekt für eine Regierungserklärung vorbereitet.«

Der Plevenplan für eine Europäische Verteidigungsgemeinschaft blieb ohne Erfolg. Aber die Montanunion wurde zum Fundament aller nachfolgenden europäischen Einigungsbestrebungen. Monnet wurde der erste Präsident ihrer Hohen Behörde. Vier Jahre später gab er dieses Amt mit einer bezeichnenden Begründung auf: er wollte seine völlige Handlungsfreiheit wiedergewinnen, um sich der Vorbereitung einer Erweiterung des europäischen Zusammenschlusses durch den Gemeinsamen Markt und die EURATOM zu widmen. In einer amtlichen Stellung oder in offiziellem Auftrag Pläne zu schmieden, konnte sich der Planer Monnet wohl nicht mehr vorstellen. Die Kommission der Gemeinschaft für Kohle und Stahl war etabliert und arbeitete zufriedenstellend; Monnet konnte daher seinem alten Hang zur Unabhängigkeit von den Apparaten nachgeben. So löste er sich von der Präsidentschaft der Kommission.

Sein Gedanke war – und er war ebenso revolutionär wie seine früheren Vorschläge –, die Parteien und die Gewerkschaften durch ihre wichtigsten und einflussreichsten Führer für Europa zu mobilisieren. So entstand das »Aktionskomitee für die Vereinigten Staaten Europas«. 1954 hatte Monnet Verbindung zu den deutschen Gewerkschaften aufgenommen, deren Realismus und Einfluss ihn beeindruckte. Dass Erich Ollenhauer, Herbert Wehner und Fritz Erler als Führer der damaligen Opposition im Bundestag ihm 1955 ihre Zusage zur Mitarbeit gaben, war für Monnet ein wichtiger

Einschnitt in der Entwicklung der europäischen Bewegung. Das Komitee hat in seiner zwanzigjährigen Geschichte, dank des unermüdlichen persönlichen Einsatzes Jean Monnets und seines Stellvertreters, Professor Max Kohnstamm, eine unschätzbare Rolle bei der Formulierung und öffentlichen Propagierung neuer europapolitischer Ideen gespielt – zugleich als wirksamer Anwalt für Europa. Zuvörderst ging es darum, die Anstöße der Konferenz von Messina in konkrete Form zu gießen und die Europäische Wirtschaftsgemeinschaft aus der Taufe zu heben.

Mit seltener Klarsicht hat Monnet schon 1956 bei der Verstaatlichung des Suezkanals erkannt, welche Probleme sich für die Energieversorgung Europas in nicht allzu ferner Zukunft ergeben würden. Die klare Folgerung, die er daraus zog, war die Notwendigkeit einer europäischen Lösung für die friedliche Nutzung der Kernenergie. Hieraus entstand EURATOM. Andere, erst sehr viel später politisch wirksam werdende Gedanken wurden in den Jahren 1956–1962 im Kreise des Komitees durchdacht: der Gedanke an eine europäische politische Union, an eine europäische Währungsunion, an die Bildung eines Rats der Staats- und Regierungschefs. Vor allem aber setzte sich das Monnet-Komitee für den Beitritt Großbritanniens zur EG ein und arbeitete an Vorschlägen für tragfähige Beziehungen der EG zu den USA.

Manches ging freilich sehr viel langsamer und auch anders, als Monnet es sich vorgestellt hatte. »Die Zeit der Geduld« überschrieb Monnet dieses Kapitel, das von seiner Arbeit in den Jahren 1964–1972 handelt. In allem aber trug ihn die Überzeugung, dass die Europäische Gemeinschaft so feste Wurzeln im Boden Europas geschlagen hatte, dass sie nun in der Lage war, auch Schlechtwetterperioden zu überstehen.

Jean Monnet hat der europäischen Sache noch viele Jahre gedient. Ich begrüße es, dass die interessierte deutsche Öffentlichkeit gerade zu einem Zeitpunkt mit seinem exemplarischen Leben und Wirken bekannt gemacht wird, in dem die Europapolitik – wegen der Weltwirtschaftskrise – in eine schwierige Phase geraten ist. Monnets Beharrlichkeit muss alle ermutigen, die von der Notwendigkeit einer politischen Einigung Europas überzeugt sind. Seine Vision ist als Fernziel auch heute gültig. Andererseits lässt sich nicht bestreiten, dass jetzt leider nicht die Zeit für europapolitische Höhenflüge ist, deren kometenhafte Bahnen oft in Monnets Memoiren aufleuchten. Wir müssen uns vielmehr darüber im klaren sein, dass wir uns dem hochgesteckten Ziel nicht in großen Integrationssprüngen nähern können, sondern in hartem Bemühen der zähen Wirklichkeit Fortschritte abringen müssen. Die Enttäuschung, die sich darüber hier oder dort bemerkbar macht, ist zweifellos auch darauf zurückzuführen, dass der Gemeinschaft bisweilen mehr zugetraut wird, als sie in ihrem bisher erreichten Integrationsstand zu leisten vermag.

Über dieser Feststellung dürfen wir die beträchtlichen wirtschaftlichen und politischen Errungenschaften nicht aus dem Auge verlieren, welche die Europäische Gemeinschaft bisher schon erbracht hat. Es besteht, glaube ich, die Gefahr, dass sie in der Öffentlichkeit unterbewertet werden, weil sich viele Menschen schon so an sie gewöhnt haben, dass sie diese Errungenschaften für selbstverständlich halten. Bereits heute ist die wirtschaftliche und politische Integration der Mitgliedsstaaten so eng geworden, dass ein Krieg zwischen den Staaten Westeuropas nicht nur undenkbar ist, sondern sogar technisch unmöglich wäre. Wenn man bedenkt, dass die beiden Weltkriege von Westeuropa ausgegangen sind, so bedeutet der heute erreichte Zustand einen enormen, gar nicht zu überschätzenden Fortschritt.

Die Bemühung um Koordinierung der Außenpolitik der Mitgliedsstaaten im Rahmen der sogenannten »Europäischen Politischen Zusammenarbeit« ist gut vorangekommen. Wir sind dem

Ziel, Europa nach außen mit einer Stimme sprechen zu lassen, näher gelangt, auch wenn hier noch viel zu tun bleibt.

Selbstverständlich streben wir neben der großen Aufgabe einer Erweiterung der Gemeinschaft auch weitere Integrationsfortschritte an. Sie sind umso notwendiger, als sich in den letzten Jahren – nämlich unter dem Druck der 1974 einsetzenden Weltwirtschaftskrise – die ökonomischen Unterschiede zwischen den Mitgliedsstaaten zeitweise verschärft haben. Die wirtschaftliche Entwicklung ist nicht immer in dem wünschenswerten Gleichklang erfolgt, sondern leider zu oft in verschiedenen Geschwindigkeiten. Europa ist aber nur handlungsfähig, wenn eine enge Abstimmung der ökonomischen Politik und der wirtschaftlichen Entwicklung der Mitgliedsstaaten gelingt.

Wir Deutschen sind uns dabei der Pflicht zur Solidarität bewusst und deswegen auch bereit, weiterhin Opfer zugunsten der Gemeinschaft zu bringen. Allerdings müssen wir überzeugt bleiben können, dass solche Anstrengungen auch wirklich der Festigung und Integration der Gemeinschaft zugute kommen.

Unsere politische Mitarbeit in der Gemeinschaft wird durch eine sehr intensive bilaterale Zusammenarbeit mit den einzelnen Mitgliedsstaaten ergänzt. Ob diese denn überhaupt noch nötig sei, wird man manchmal gefragt. Diese Frage möchte ich bejahen: Einerseits dienen die bilateralen Gespräche ja nicht zuletzt der Mobilisierung der Antriebskräfte der europäischen Einigung; andererseits bilden sie die Voraussetzung für eine weitere Entfaltung der Europäischen Gemeinschaft. Das gilt besonders für die vertraglich vereinbarten, regelmäßigen Treffen der französischen und der deutschen Regierung, aber auch für unsere inzwischen zum festen Brauch gewordenen regelmäßigen Konsultationen mit Großbritannien und Italien. Es gilt ebenso für die regelmäßigen Konsultationen zwischen Frankreich und Großbritannien.

Natürlich ist es unser Bestreben, die Europäische Gemeinschaft auch im gesellschaftlichen und politischen Bewusstsein der Bürger Europas stärker zu verankern. Dazu ist es vor allem notwendig, das demokratische Defizit der Gemeinschaft möglichst bald zu überwinden.

Im übrigen kommt es aber im derzeitigen Entwicklungsstadium der EG keineswegs nur auf zusätzliche institutionelle Integrationsmechanismen an. Entscheidend ist vielmehr, dass von den vorhandenen Mechanismen entschlossener Gebrauch gemacht wird. Sehr vieles lässt sich nämlich bei gutem Willen und durch common sense erreichen, ohne dass deswegen der komplizierte Weg der Schaffung neuer Institutionen gegangen werden muss. So etwa funktionieren die nützlichen, regelmäßigen Treffen der Regierungschefs der Mitgliedsstaaten als »Europäischer Rat« sehr gut ohne die Einrichtung eines zusätzlichen Sekretariats, die seinerzeit von mancher Seite empfohlen worden war. Auch die Abstimmung der Außenpolitik der Neun ist im wesentlichen ein pragmatischer Prozess, der ohne aufwendigen Apparat auskommt. Der politische Wille zur Zusammenarbeit ist auf jeden Fall wichtiger als zusätzliche Institutionen.

Trotz ihrer internen Probleme hat die Europäische Gemeinschaft gerade in ökonomisch schwierigen Zeiten erstaunliche Kraft bewiesen. Deshalb braucht auch niemand seine Geduld mit Europa zu verlieren. Die Geschichte hat einen langen Atem. Das epochale Werk der Einigung Europas braucht seine Zeit. Dass wir das hohe Ziel erkannt haben, dass wir uns ihm bewusst nähern, das verdanken wir zu einem wichtigen Teil dem großen Franzosen und zugleich großen Europäer, Jean Monnet, der die entscheidenden Anstöße gegeben hat. Sein wertvollster Beitrag zu dieser historischen Entwicklung war die Einsicht, dass die Hegemonie durch eine europäische Vormacht niemals als Instrument zur Befriedung und Wohlfahrt Europas taugt, sondern dass Frieden und Wohlfahrt für die Völker Europas nur aus dem Zusammenwirken gleichberechtigter Partner zu einer Gemeinschaft gesichert werden können.

Meine eigene Bekanntschaft mit diesem hellsichtigen, unideologischen und unvoreingenommenen, zielklaren und zugleich pragmatisch vorausschreitenden Mann Jean Monnet datiert erst aus den späten sechziger Jahren. Ich habe ihm gleichwohl vielerlei politischen Ratschlag und Hinweis zu danken – besonders als Finanzminister und als Bundeskanzler. Er ist ein Vorbild: als Patriot, als Europäer und als ein Politiker, der sowohl Ziele setzen als auch die Wege ebnen kann. Ich wünsche ihm, den die Staats- und Regierungschefs der Europäischen Gemeinschaft am 2. April 1976 in Luxemburg zu deren erstem Ehrenbürger proklamiert haben, viele deutsche Leser. Wir können Partnerschaft von ihm lernen – und nicht nur wir Deutschen haben dies nötig.

Denn Europa wird als politische Einheit nur bestehen, wenn es sich seiner Verpflichtung zu einer dreifachen Partnerschaft bewusst bleibt: Erstens der Partnerschaft zwischen den Mitgliedsstaaten der Gemeinschaft, zweitens der Partnerschaft Europas mit den USA und drittens der verantwortungsbereiten Partnerschaft Europas mit der Dritten Welt.

Gleiche Chancen für alle Menschen in Europa *(1979)*

Im Juni 1979 waren die Bürger der Europäischen Gemeinschaft aufgerufen, zum ersten Mal direkt ein Europäisches Parlament zu wählen. In einer gemeinsamen Veranstaltung mit dem dänischen Ministerpräsidenten Anker Jörgensen in Hamburg warb Helmut Schmidt für eine hohe Wahlbeteiligung und – um Stimmen für die SPD.

Meine sehr geehrten Damen und Herren, liebe Hamburger und liebe Freunde, zunächst eine Bemerkung an die Adresse der Bürgerinnen und Bürger hier auf dem Platz; zwei Bemerkungen. Erstens herzlichen Glückwunsch an die, die schlau genug waren, einen Regenschirm mitzubringen. Und zweitens Respekt und Anerkennung für die, die ohne Regenschirm trotzdem hier ausharren. Herzlichen Dank dafür!

Ich möchte zunächst ein Wort sagen zu meinem Freund Anker Jörgensen. Alles, was der dänische Ministerpräsident eben zu uns Hamburgern und zu uns Deutschen gesagt hat, das kann ich mit sehr gutem Gewissen unterschreiben. Insbesondere auch, dass wir, die Dänen und die Deutschen und die Holländer und wie wir alle heißen, dass wir in der Europäischen Gemeinschaft ja nicht unsere nationale Eigenart, unsere nationale Identität aufgeben. Aber wir wollen uns enger zusammenschließen; wir wollen uns gegenseitig helfen, und die Dänen und die Deutschen, die gehören ja nun beide zu denjenigen in Europa, denen es am besten geht, die die höchsten Gehälter haben und die höchsten Löhne und die höchsten Renten – die Dänen außerdem noch den besten Schnaps!

Ich möchte den Hamburgern sagen, dass ich mit Anker Jörgensen seit einer Reihe von Jahren herzlich befreundet bin und dass wir gemeinsam in der Europäischen Gemeinschaft schon in mancher Frage am selben Strang gezogen haben, und zwar am richtigen Ende des selben Taus.

Die Europäische Gemeinschaft, das sind 260 Millionen Menschen, genauso viel wie in der Sowjetunion, sogar noch ein bisschen mehr als in den Vereinigten Staaten von Amerika, ein sehr großer industrieller und landwirtschaftlicher Markt. Viele unserer wirtschaftlichen Zukunftsfragen – hier war von der Vollbeschäftigung die Rede; es könnte auch die Rede sein von der Landwirtschaft, von der Energieversorgung, vom Umweltschutz, vom Ausbildungswesen –, viele dieser Fragen können wir nur gemeinsam und gemeinschaftlich bewältigen,

Dänemark wie auch Deutschland, wir haben beide schon bisher eine ganze Menge Vorteile gezogen aus der Tatsache dieser europäischen Wirtschaftsgemeinschaft. Aber nun wird es Zeit, dass diese Wirtschaftsgemeinschaft auch einen gemeinsamen politischen Charakter entwickelt. Die Ministerräte in Brüssel, die Kommission in Brüssel, die brauchen eine demokratische Legitimation und Kontrolle. Es ist ein weiter Weg in allen Gegenden der Welt bis hin zu echten, voll ausgebauten parlamentarischen Befugnissen, aber man muss den Weg anfangen und schrittweise weitergehen.

Wir Sozialdemokraten haben Erfahrung in schrittweiser Entwicklung. Hundert Jahre trennen uns von Bismarcks Gesetz gegen die Sozialdemokraten, von Bismarcks Sozialistengesetz, und seitdem haben wir schrittweise an Vertrauen gewonnen in unserem Volk, schrittweise haben wir Wähler dazugewonnen bis hin zu dem

Stadium, das wir seit zehn Jahren erreicht haben in der Bundesrepublik: Dass es zu einer Selbstverständlichkeit geworden ist, dass Sozialdemokraten das Land besser regieren können als solche Leute wie Kohl und Strauß.

Die Hamburger haben das schon ein bisschen früher gewusst, dass Männer wie Brauer und Nevermann und Weichmann die Stadt Hamburg ein bisschen besser regieren können als die von der anderen Feldpostnummer.

Und nun kommt es darauf an, dass wir alle dazu beitragen, dieses Wissen auch wieder zu berücksichtigen, wenn das Europäische Parlament zum ersten Mal gewählt wird. Gleichzeitig in Dänemark und in Deutschland und in Holland und in Belgien, in Luxemburg, in Irland, in England, in Frankreich und in Italien.

Ich bin sehr stolz darauf, dass ich daran habe mitwirken dürfen, endlich diesen Beschluss zu gemeinsamen Wahlen zustande zu bringen, aber nun kommt das Schwierigere, nun muss sich zeigen, ob wir auch in all diesen neun Staaten Europas als Wähler diese Verantwortung richtig erkennen. Europa muss ja als Ganzes einen ähnlichen Weg nehmen, wie ihn Dänemark genommen hat oder wie wir ihn genommen haben: einen Weg der sozialen Gerechtigkeit. Wir wollen weder, dass die Kapitalisten Europa regieren, noch wollen wir eine Diktatur durch eine einzige kommunistische Partei. Wir wollen weder das eine Extrem noch das andere Extrem. Wir wollen weder eine Diktatur des Geldes, eine Diktatur der Reichen und der Rabiaten, noch wollen wir eine Diktatur einer kommunistischen Partei, Parteibürokratie. Sondern was wir brauchen, ist ein Europa, in dem die Menschen frei sind, ihre eigenen Entscheidungen zu treffen, ein Europa, in dem soziale Gerechtigkeit herrscht, und da ist in manchen Teilen Europas noch vieles nachzuholen, und wir wollen ein Europa der Solidarität, wo einer dem anderen hilft, ein Land dem anderen hilft.

Das heißt nicht, dass die Dänen oder dass wir Deutschen oder dass die anderen Völker das, was sie bei sich zu Hause geschaffen haben, dass sie das aufgeben werden; um Gottes willen, das werden wir nicht, aber wir werden einer vom anderen lernen.

Ich habe zum Beispiel im Laufe meines Lebens vieles gelernt von der skandinavischen Gewerkschaftsbewegung. Anker Jörgensen, ehe er Ministerpräsident in Dänemark wurde, war der Vorsitzende der dänischen Gewerkschaftsbewegung. Und wenn ich das hier einmal ganz deutlich sagen darf: Wenn überall in Europa, auch im Süden, auch im Westen, ein so gutes inneres gegenseitiges Verständnis herrscht zwischen Regierungen und den Organisationen der Arbeitnehmer, den Gewerkschaften, wie in Dänemark, in Kopenhagen, und wie in Bonn, dann wäre mancher Arbeitnehmer in Europa besser dran, als er es heute ist.

Ich habe Anker Jörgensen auch zu danken für seine Mitwirkung bei der Schaffung des europäischen Währungssystems, das vor ein paar Wochen in Kraft getreten ist. Er war der Gastgeber in einem kleinen Haus in einem Vorort von Kopenhagen, wo die Ministerpräsidenten Europas sich auf dieses Ziel verständigt haben. Mancher in der CDU hier in Deutschland hat skeptisch sich geäußert, kritisch, das sei ein Risiko; natürlich ist das ein Risiko – wer nicht wagt, der nicht gewinnt, sagt man in Deutschland. Wenn wir nicht bereit sind, auch ein Risiko Europas wegen auf uns zu nehmen, dann kriegen wir nichts zustande. Es ist auch ein Risiko, was wir unternehmen, gemeinsam unternehmen, in der internationalen Politik.

Wir streben gemeinsam nach einer Stabilität der Entspannungspolitik in Europa. Ich bin eben vor einer Stunde aus einem kommunistischen Land auf dem Balkan zurückgekommen, aus Bulgarien. Sicher, das Gesellschaftssystem, das die Kommunisten in Bulgarien errichtet haben, das wollen wir nicht bei uns – *eine* Partei, und sonst hat niemand was zu sagen. Aber wir wollen gemeinsam mit den kommunistischen Regierungen – ob in Bulgarien oder

Ungarn, Jugoslawien oder Rumänien, der Tschechoslowakei oder der DDR, in Polen oder der Sowjetunion –, wir wollen gemeinsam mit ihnen dafür sorgen, dass keine Konflikte entstehen, aus denen ein Dritter Weltkrieg ausbrechen könnte.

Und dies ist in der Tat ein ganz besonderer Beitrag der deutschen Sozialdemokraten – und so habe ich auch Anker Jörgensen vorhin verstanden, der sich wünscht, dass hier in Deutschland bei den europäischen Wahlen die Sozialdemokraten obsiegen sollen –, denn unsere innenpolitischen Gegner hier in Deutschland, die haben die Entspannungspolitik, die von Willy Brandt über Walter Scheel bis auf den heutigen Tag durch Genscher und mich verfolgt wird, unsere innenpolitischen Gegner haben diese Entspannungspolitik immer nur abgelehnt, haben sie immer nur schlechtgemacht. Und wenn ich lese auf den Plakaten und höre, was Herr Strauß sagt, dass es angeblich bei dieser Wahl darum geht, ob Europa von Sozialisten regiert wird, ob es sozialistisch wird, oder ob es stattdessen frei bleibt – Sozialismus oder Freiheit sagen die: Welch unerhörte Anmaßung gegenüber den skandinavischen Staaten, die seit drei, vier Jahrzehnten von Sozialdemokraten regiert werden! Welch eine Selbstüberheblichkeit, wenn Herr Strauß als bayrischer Ministerpräsident oder Herr Stoltenberg als schleswig-holsteinischer Ministerpräsident uns einreden wollen, dass in Schleswig-Holstein oder in Bayern mehr Freiheit herrsche als in Anker Jörgensens Dänemark! Welch unerhörte Anmaßung!

Ich will deutlich sagen, dass zu der Entspannungspolitik, die wir gemeinsam führen, natürlich gehört, dass wir uns auf die beiden Säulen stützen, auf die Europäische Gemeinschaft, die sich im nächsten Monat ihr Parlament wählen wird, sowohl als auch auf das Verteidigungsbündnis, dem wir gemeinsam angehören, Dänemark genauso wie die Bundesrepublik Deutschland.

Wir arbeiten auch ansonsten in der Außenpolitik gut zusammen in zunehmender Weise, nicht nur gegenüber den Staaten Osteuropas und gegenüber der Sowjetunion, auch gegenüber den Konfliktherden im arabisch-israelischen Raum, in Südostasien, in Afrika und gegenüber den sich entwickelnden Völkern der ganzen Welt.

Die Europäische Gemeinschaft hat als erste und bisher einzige auf der Welt mit fünfzig Entwicklungsländern ein Abkommen geschlossen. Im Augenblick verhandeln wir über ein noch besseres Abkommen, das das erste ersetzen soll, mit Hilfe dessen die Exporte oder das, was die Entwicklungsländer verdienen an ihren Exporten, was sie verdienen an ihrem Zucker, den sie exportieren müssen, oder an ihrer Baumwolle, an den sonstigen tropischen und subtropischen Produkten, von deren Export sie leben, dass diese Entwicklungsländer dafür nicht jedes Jahr verschieden viel verdienen, einmal genug und einmal, wenn es eine Krise gibt am Weltmarkt, sehr viel weniger, und dann sind sie plötzlich auf dem trockenen. Wir haben ihnen die Exporterlöse stabilisiert, und ich glaube, dass dies der Weg ist, auf dem wir gemeinsam fortschreiten müssen.

Vielleicht soll ich noch etwas sagen zu den Parteien, die für das Europäische Parlament hier miteinander im Wettbewerb stehen. Ich sehe keinen Nachteil darin, kein Unglück, wenn etwa die deutschen Christdemokraten in Zukunft in Straßburg und in Luxemburg mit italienischen Kommunisten debattieren müssen. Ich meine, hier bei uns in Deutschland werden ja keine Kommunisten gewählt werden; hier hat ja jeder die Nase voll, aber es gibt andere Länder, da werden sie gewählt werden. Ich halte das nicht für ein Unglück. Es wird sich dann ja herausstellen, worin die Differenzen liegen. Es wird sich übrigens auch herausstellen, was Anker und ich schon wissen, dass Christdemokraten aus anderen europäischen Ländern mit dem Herrn Strauß nichts zu tun haben wollen. Das wird dann noch peinliche Situationen geben, aber das müssen sie dann selbst ausbaden, das ist nicht unser Bier.

Ich will in dem gleichen Zusammenhang unterstreichen, was mein Freund Hans-Joachim Seeler vorhin als erster Sprecher über einen deutschen CSU-Kandidaten gesagt hat, der da nach Straßburg gewählt werden möchte. Ich will das ganz deutlich sagen: Europa ist kein Abschiebegleis für den abgetakelten Hochadel. Dieser Mensch hat empfohlen, für Notzeiten müssten alle Gesetze außer Kraft treten, ein einziger Mann müsse die ganze Gewalt ausüben; ich kann nur sagen, dieser Otto von Habsburg, der hat sie nicht alle. Ich kann aber auch seinem Parteivorsitzenden, dem Herrn Strauß, nicht zustimmen, wenn der gesagt hat, der liebe Gott sei kein Sozialist, denn er hätte die Menschen ungleich geschaffen und deshalb habe es auch keinen Sinn, von Chancengleichheit zu reden. Ich denke mit dem Kopf und fühle vom Herzen her, dass nichts wichtiger ist als Gleichheit der Chancen für alle Menschen in Deutschland und in Europa! Und es ist besonders wichtig, überall Gleichheit der Chancen auch herzustellen für die Frauen.

Und ich will an dieser Stelle noch etwas einfügen, was mit der europäischen Wahl nichts zu tun hat und was ich überall, in jeder öffentlichen Rede sage. Im Sommer kommt ja wieder die Zeit, wo die jungen Leute aus der Schule kommen, und heute wird in vielen Familien schon darüber geredet, was die Jungs denn lernen sollen. Da wird schon gefragt, ob es hier eine Lehrstelle gibt oder da eine Lehrstelle, man rennt herum – es gibt Handwerksmeister, die sich Mühe geben, zusätzliche Lehrstellen zu schaffen, ebenso die Handwerkskammer und die Handelskammer; es gibt viele Betriebsräte und Personalräte, die sich Mühe geben, in ihren Unternehmen zusätzliche Lehrstellen zu schaffen, und die meisten der Jungs, die wirklich wollen, die kriegen auch eine Lehrstelle. Aber ich wende mich auch an die Mütter und an die Großmütter und an die Tanten, aber in Wirklichkeit auch an die Väter. Bitte kümmern Sie sich mit derselben Sorgfalt darum, dass auch Ihre *Töchter* eine Lehrstelle kriegen. Es wird nämlich nie etwas mit der Gleichberechtigung der Frauen, wenn an den 15-jährigen Mädchen gesündigt wird, weil man sagt, die braucht nichts zu lernen, die heiratet ja doch. Die meisten von ihnen können sich das ganze Leben von diesen Fehlern nachher nicht mehr erholen.

Und wenn wir für Gleichheit der Chancen sind in Europa, dann heißt das insbesondere auch, dass wir den bewussten Vertretern der Arbeitnehmerschaft, nämlich den Gewerkschaftern, einen Platz geben müssen im Europäischen Parlament, so, wie wir Sozialdemokraten das auch im Bundestag getan haben. Ich finde es unerhört, dass konservative und reaktionäre Kräfte hier in Europa das kritisieren und sich darüber lustig machen, dass auf der Liste der Sozialdemokratischen Partei Deutschlands hervorragende Vertreter der deutschen Gewerkschaftsbewegung kandidieren für das Europäische Parlament. Wenn aus allen europäischen Ländern hervorragende Gewerkschaftsvertreter dort in Straßburg zusammenkämen, dann wäre noch besser Gewähr dafür gegeben, dass dies weder ein Europa wird, in dem das große Geld zu sagen hat, noch dass es ein Europa wird, in dem die Gewerkschaften unterjocht werden durch die Einparteiendiktatur einer einzigen Partei.

Wir Sozialdemokraten sind unter den politischen Parteien Deutschlands diejenigen, die am längsten für eine europäische Vereinigung eingetreten sind. Im Jahre 1925, das war das Jahr, wo ich zur Schule kam, zwischen den beiden Weltkriegen, da haben die deutschen Sozialdemokraten, die damals für die Politik meiner Partei verantwortlich waren, die damaligen Delegierten eines Reichsparteitages, die haben damals die Vereinigten Staaten von Europa in das damalige Sozialdemokratische Parteiprogramm schon hineingeschrieben. Sonst hat es niemanden in Deutschland gegeben, keine politische Partei, die sich dafür eingesetzt hat. Heute treten wir nicht ein für die Vereinigten Staaten von Europa, aber für eine Gemeinschaft, die sich demokratisch selbst steuert, von neun Staaten, von neun Völkern. Und es werden ja demnächst die Griechen hinzukommen und, wie wir hoffen und wofür wir uns Mühe geben, auch die Spanier und auch die Portugiesen, dann werden es zwölf Völker sein.

Im Europäischen Parlament werden praktische Fähigkeiten und Kenntnisse gebraucht. Sie zeichnen unseren Hamburgischen Spitzenkandidaten aus, meinen Freund Joachim Seeler, der lange Jahre hier im Senat gute Arbeit geleistet hat, der als Finanzsenator solide Finanzen in dieser Stadt seinem Nachfolger hat übergeben dürfen, ein Mann der sachlichen Arbeit, der keine Sprüche klopft, ein Mann, auf den man sich verlassen kann.

Sie sind gut beraten, verehrte Damen und Herren, liebe Freunde, gut beraten, wenn Sie solchen Menschen Ihre Stimme geben werden, aber Sie haben noch ein paar Wochen Zeit, sich das zu überlegen. Keiner muss sich heute Nachmittag auf dem Gerhart-Hauptmann-Platz überreden lassen. Im Gegenteil: Ich bitte herzlich darum, dass Sie sich das überlegen und dass Sie möglichst viele Kolleginnen und Kollegen im Büro oder in der Fabrik, Kameraden im Turnverein oder im Sportverein, Gartennachbarn in der Kleingartenkolonie, dass Sie möglichst viele Leute dazu kriegen, mitzudenken und dann mitzutun.

Ich bedanke mich sehr für Ihre Aufmerksamkeit!

Europa braucht dringend einen Fortschritt *(1984)*

Am 28. Juni 1984, mehr als anderthalb Jahre nach dem Ende der sozialliberalen Koalition, sprach Helmut Schmidt zum ersten Mal wieder im Deutschen Bundestag – als einfacher Abgeordneter. Die neue Bundesregierung unter Helmut Kohl hatte in der Frage der europäischen Integration wenig zustande gebracht; »Europa ähnelt immer mehr einer verlassenen Baustelle«, klagte der französische Staatspräsident François Mitterrand Anfang Februar 1984. In seiner Rede machte Schmidt eine Reihe konkreter Vorschläge, wie Europa an politischem Gewicht in der Welt gewinnen könne. In den Mittelpunkt stellte er dabei den Gedanken einer gemeinsamen französisch-deutschen Verteidigungspolitik. Eine solche Initiative fördere nicht nur das deutsch-französische Verhältnis und die europäische Unabhängigkeit gegenüber Dritten – nicht zuletzt gegenüber den USA –, sondern sei auch ein großer Schritt auf dem Weg zu einer europäischen Union.

Frau Präsidentin! Meine Damen und Herren! Der Fontainebleau-Teil des Berichts des Herrn Bundeskanzlers hat einige erfreuliche Punkte enthalten. Gleichwohl besteht deswegen kein Anlass zu europäischer Zufriedenheit.

Seit den erfolgreichen Verhandlungen über den Beitritt Englands zur EG in der Ära Pompidou-Brandt-Heath hat es nun insgesamt dreimal weitere schwierige, lang dauernde Verhandlungsrunden über den britischen Finanzbeitrag gegeben. Die jetzige

Runde ist nach vier Gipfeln – zweimal in Brüssel, einmal in Stuttgart, einmal in Athen – nun durch bemerkenswerte Anstrengungen des französischen Präsidenten in Fontainebleau Gott sei Dank zum Abschluss gekommen. Allerdings kann man nicht sagen: Ende gut alles gut; denn weder ist alles gut, was dort beschlossen wurde – zum Beispiel ist nicht gut die milliardenschwere Verlagerung von EG-Agrarproblemen aus dem EG-Agrarhaushalt auf den deutschen Bundeshaushalt, die das direkte Gegenteil des von dieser Bundesregierung einst angekündigten Abbaus von Subventionslasten und ein Verstoß gegen Geist und Recht der Europäischen Gemeinschaft ist –, noch ist das schon das definitive Ende jener Verhandlungen. Vielmehr handelt es sich bloß um eine unbestimmt befristete Zwischenlösung; denn spätestens dann, wenn die jetzt beschlossene Abführung von 1,4 Prozent der Mehrwertsteuer erneut angehoben werden muss, wird man erneut verhandeln.

In Fontainebleau ist schon öffentlich davon geredet worden, dass ab 31. Dezember 1987 1,6 Prozent erhoben werden sollen. Dann gilt das alles nicht mehr, was jetzt mit England verabredet worden ist.

In dreieinhalb Jahren wird die ganze Sache also zum fünften Male aufgerollt werden. Das hat sich übrigens auch ergeben aus den gestrigen widersprüchlichen, nachträglichen Erklärungen zweier der dort beteiligten Regierungschefs.

Es handelt sich also tatsächlich nur darum, dass die für den Herbst dieses Jahres drohende teilweise Zahlungsunfähigkeit der Europäischen Gemeinschaft vorerst abgewendet worden ist. Nur darum handelt es sich. Aber das ist immerhin etwas. Es ist keineswegs ein Fortschritt. Es hat lediglich einen weiteren Rückschritt abgewendet.

Ich habe heute keineswegs die Absicht zu irgendwelcher Polemik und will gewiss auch niemanden provozieren. Aber es muss klar gesagt werden: Europa braucht nicht nur den Verzicht auf Rückschläge, sondern es braucht dringend den echten Fortschritt, zum Beispiel den Fortschritt zu einer großen gemeinsamen Anstrengung zur Schaffung von Arbeitsplätzen: Denn gegenwärtig, Herr Bundeskanzler, steigt die Arbeitslosigkeit, saisonbereinigt, in ganz Europa immer noch trotz Hochkonjunktur in den Vereinigten Staaten von Amerika. Gerade eben hat die Europäische Kommission in Brüssel für die ganze Europäische Gemeinschaft für 1984, und für 1985 gleich mit, den weiteren Anstieg der Arbeitslosigkeit angekündigt.

Europa braucht zum Beispiel den Fortschritt in Richtung auf kontinuierliche Modernisierung der Produktionsstrukturen auf diesem Kontinent; der Strukturen alter, weltweit nicht mehr wettbewerbsfähiger Industrien hin zu modernen, umweltfreundlichen industriellen Produktionsstrukturen, vor allem zu modernen, weltweit wettbewerbsfähigen Dienstleistungsproduktionen. Auf diesem Felde sind uns die Vereinigten Staaten von Amerika weit voraus. In Amerika entfallen von insgesamt hundert Arbeitsplätzen vier auf die Landwirtschaft – bei uns in Deutschland fünfeinhalb –, 28 auf die Industrie – bei uns in Deutschland 43 –, aber fast siebzig Arbeitsplätze von hundert entfallen in Amerika auf Dienstleistungen aller Art. Bei uns sind es nur etwa fünfzig.

Natürlich können diese fehlenden Arbeitsplätze nicht ohne Wachstum wiederhergestellt oder neu geschaffen werden; aber das Wachstum muss vor allem im Dienstleistungsangebot an die Welt liegen. Dazu gehören dann hohe Investitionen, ungehemmt durch die heutigen, noch nie da gewesenen Realzinssätze in der Welt, auch bei uns. Herr Bundeskanzler, Sie haben sich gerühmt, unsere Zinsen lägen niedriger als in USA. Das ist wahr; das war allerdings schon seit vielen Jahren so, und das muss auch so bleiben.

Und dazu gehört ein freier Weltmarkt. Aber gerade, was diese beiden Kardinalprobleme unserer europäischen Arbeitslosigkeit angeht – höhere Investitionen, niedrigere Zinssätze, freier Weltmarkt –, dazu hat die Europäische Gemeinschaft gegenwärtig weder das Konzept noch die Kraft. Sie hat auch auf dem Londoner Gipfel der sieben großen industriellen Demokratien die Interessen Europas nicht wirklich voranbringen können.

Nun sind Gipfeltreffen immer nützlich, auch wenn nichts beschlossen würde, weil man dort zuhören muss und nicht bloß für das Fernsehen reden kann. Noch nützlicher wären sie natürlich dann, wenn sie uns tatsächlich voranbrächten. Wenn uns nun der Herr Bundeskanzler auch manche liebenswerten Randdetails mitgeteilt hat, eines war in London wie schon vorher 1983 in Williamsburg, wie schon 1982 in Versailles, sehr klar zu erkennen: Europa verliert mangels eigener Einigkeit immer mehr sowohl an wirtschaftspolitischem als auch an strategisch-politischem Gewicht in der Welt. Dies konnten Sie gestern und vorgestern und können Sie heute nach Fontainebleau in der internationalen Presse nachlesen; das reicht vom »Wallstreet Journal« bis zur »Prawda«: das gleiche Urteil. Übrigens: Auch die Bundesrepublik Deutschland verliert zunehmend an internationalem Gewicht.

Unter diesem doppelten Gesichtspunkt der Wirtschaftspolitik und des strategisch-politischen Gewichts möchte ich heute Morgen die Lage Europas behandeln und für meine Person auch einige neue Vorschläge dazu einbringen. Ich will dem aber einen sehr positiv gemeinten Satz voranstellen, weil ich einen deutlichen Lichtblick erkennen kann. Ich begrüße nachdrücklich das gute persönliche Einvernehmen zwischen dem deutschen Bundeskanzler und dem französischen Staatspräsidenten. Hier wird an die Tradition der beiden vorangegangenen Staatslenker angeknüpft, und hier könnte auch ein Schlüssel gefunden werden.

Zunächst aber ein Wort zur wirtschaftlichen Lage Europas und der Welt. ...Weil die Vereinigten Staaten viel höhere Zinsen zahlen als wir, legen viele Leute ihr Geld in Dollars an. Dadurch wird die

Nachfrage nach Dollars und der Wechselkurs des Dollar weit über dessen tatsächliche Kaufkraft gesteigert. Japanische und europäische Waren sind deshalb in den USA künstlich verbilligt – deswegen verkaufen wir gegenwärtig so viel dahin –, aber amerikanische Waren sind in der ganzen Welt künstlich verteuert. Dies ist einer der Gründe für immer neue Maßnahmen zum Schutze der amerikanischen Industrie und ihrer Arbeitsplätze.

Ich schätze, dass heute eine Hälfte des ganzen Welthandels unter dem verzerrenden, starken Einfluss entweder von Protektionismus oder von Subventionen zugunsten der nationalen Industrien steht. Das reicht von der Milch bis zum Stahl und von den Textilien bis zu den Autos und zur Elektronik.

Jeder weiß, dass dies so nicht andauern darf, zumal ab 1985 die Vereinigten Staaten von Amerika auf diese Weise zu einem Nettoschuldnerstaat werden, der seinerseits seine Schulden nur bedienen kann, wenn er Handelsüberschüsse erzielt, nicht Handelsdefizite von 140 Milliarden Dollar im Jahr.

Aus all diesen Gründen ist eine schnelle und weitreichende Rückführung der alljährlichen und allmonatlichen Haushaltsdefizite in dieser wichtigsten Volkswirtschaft der Welt notwendig. Es wird aber gegenwärtig und bis zur Sommerpause nur ein symbolischer Schritt geschehen.

Die europäischen Regierungen haben sich mit ihrer Forderung nach Defizitsenkung und mit ihrer Forderung nach Zinssenkung in den USA in London abermals auch deshalb nicht durchsetzen können, weil sie auch ansonsten in London nicht einheitlich auftreten konnten.

Natürlich ist dies alles, was ich sage, keine Kritik an dem stabilen und zuverlässigen geldpolitischen Kurs der amerikanischen Notenbank, ganz im Gegenteil.

Es gibt übrigens in den Vereinigten Staaten von Amerika auch durchaus lobenswerte Beispiele, an denen wir Europäer uns orientieren sollten, zum einen eine sehr hohe unternehmerische Leistung: Viele Unternehmen sind mit völlig neuen Produkten und Dienstleistungen an den Markt gekommen, Millionen neuer Arbeitsplätze sind von Unternehmen geschaffen worden, die erst im Laufe der allerletzten Jahre für neue Produktionen neu gegründet worden sind; ein gutes Beispiel für uns in Europa, in Deutschland genauso wie in Frankreich und anderswo. Und zum anderen: eine sehr hohe Mobilität der Arbeitnehmer, von einem Beschäftigungsort zum anderen, von einer Branche in eine andere, von einem alten Arbeitsplatz in einen völlig anderen, neuen Arbeitsplatz mit völlig anderen Anforderungen. Aus diesen beiden Beispielen können die europäischen Unternehmer und die europäischen Arbeitnehmer manches lernen.

Mit Hass und mit Bitterkeit geführte Arbeitskämpfe helfen dabei wenig. Aber für die, die hier klatschen, sei gesagt: Natürlich muss auch einmal gestreikt werden, meine Damen und Herren. Eine Demokratie – wenn ich das der Christlich Demokratischen Union sagen darf – ohne jeden Streik ist vermutlich gar keine Demokratie. Sie müssen sich ins Bewusstsein heben, dass es sich bei den mit einem Streik verbundenen Schäden in Wirklichkeit um Verschleißkosten einer freiheitlich verfassten demokratischen Gesellschaftsordnung handelt.

Aber wenn dies gesagt ist, dann muss man hinzufügen dürfen: Eine Regierung durfte nicht und darf auch in Zukunft nie, Herr Bundeskanzler, mit all ihrer staatlichen Einflussmacht sich für die eine Seite eines Arbeitskampfes in die Bresche werfen, nachdem sie unmittelbar vorher der anderen Seite schon empfindlich und einseitig die Sozialleistungen gekürzt hatte, und dann noch hoffen, dass der Sozialdemokrat Georg Leber ihr die Kastanien aus dem Feuer holt.

Die Sozialdemokraten geben ihrem Freunde Leber recht: Seine Vorschläge anzunehmen, verlangt Mut von beiden Seiten; aber sie

110

abzulehnen erforderte noch unendlich viel mehr Mut – denn was käme wohl danach?

Übrigens, auch das an die rechte Seite des Hauses gesagt – es gibt in den USA – das wollte ich Ihnen sagen – natürlich auch eine Wirtschaftsstrukturpolitik.

Der neue Wirtschaftsminister, der soeben eingeschworen wurde [Martin Bangemann], sollte die Mahnung unseres scheidenden Bundespräsidenten Carstens ernst nehmen. Herr Carstens hat dazu aufgerufen, die wirtschaftliche Erneuerung des Ruhrgebiets für eine Reihe von Jahren zu einer nationalen Aufgabe zu machen. Das gilt doch nicht nur für die Ruhr. Ähnliches gilt doch für eine Hälfte Belgiens, für Nordfrankreich, für wichtige Teile Hollands, für Mittelengland ganz genauso. Die ganze Europäische Gemeinschaft muss begreifen, dass die strukturelle Erneuerung der Gebiete der alten Schornsteinindustrie mit ihren steigenden Arbeitslosenzahlen unendlich viel wichtiger wäre als die Reglementierung von Preisen für Hühner- und Schweinefutter.

Graf Lambsdorff hat gegenüber solchen Problemen immer die Marktwirtschaft hochgehalten, und er hat sich als Marktgraf wacker geschlagen.

In den letzten dreieinhalb Jahren, Graf Lambsdorff, habe ich Ihnen allerdings in zunehmendem Maße nicht mehr folgen können. Aber ich will übrigens auch sagen, dass ich heute genauso wenig Anlass sehe wie damals, an dem Brief zu zweifeln, den Sie als Bundesminister mir als Kanzler im Frühjahr 1982 geschrieben haben. Ich denke jedoch auch, dass Sie nicht erst bei Anklageerhebung und Einleitung des Verfahrens, sondern schon zu einem früheren Zeitpunkt Ihren Abschied hätten nehmen sollen.

Ich will mit drei Sätzen die Betrachtung der wirtschaftlichen Lage Europas zusammenfassen, wie sie sich aus dem Bericht des Bundeskanzlers zu London und zu Fontainebleau ergibt. Trotz schließlicher Einigung über den britischen Haushaltsbeitrag ist es bei den Schwächen der EG geblieben. Die Europäische Gemeinschaft hat nicht genug Eigengewicht, um die USA zu einer gemeinverträglichen Haushalts-, Wechselkurs- und Zinspolitik zu drängen. Eine gemeinsame Initiative der Staaten der EG zur Beseitigung oder zur Verringerung der Arbeitslosigkeit ist nicht erkennbar.

Dies Letztere haben die Wähler – mit zwei kleinen Ausnahmen – bei den europäischen Wahlen am vorletzten Wochenende genauso gesehen. Sie sind – erstens – nur in sehr geringer Zahl zur Wahlurne gegangen, weil sie von Europa gegenwärtig keine Hilfe in ihren wirtschaftlichen Sorgen erwarten. Und zweitens: Sie haben, soweit sie gewählt haben, die eigenen Regierungen und Regierungsparteien bestraft und die jeweiligen äußersten Oppositionsparteien belohnt, zum Beispiel die Rechtsradikalen in Frankreich, die Kommunisten in Italien oder die Grünen hier in Deutschland.

Ich will ein Wort zur strategischen Lage Europas hinzufügen, die in London und auch in Fontainebleau ebenfalls behandelt worden ist; der Bundeskanzler hat darüber Ausführungen gemacht. Die sieht nun allerdings keineswegs besser aus. In diesem Frühjahr haben zwei führende Amerikaner, der Republikaner Henry Kissinger und der Demokrat Senator Samuel Nunn, uns Europäern angedroht: Entweder ihr Europäer tut mehr für eure konventionelle Verteidigung oder wir Amerikaner werden unsere Truppen aus Europa in erheblichem Maße abziehen. Beide Personen haben große Autorität, und beide sind unbezweifelbar Freunde und überzeugte Anhänger des Bündnisses zwischen Nordamerika und Europa.

Gleichwohl haben beide in einigen wichtigen Punkten unrecht. Zum einen: Wer seine eigenen Freunde und Alliierten unter Nötigung setzt, gefährdet das gegenseitige Vertrauen. Zum anderen: Die Vereinigten Staaten von Amerika sind nicht die verteidigungspolitischen Wohltäter Europas, und wir Europäer sind nicht die Wohlfahrtsempfänger. Vielmehr bedürfen die USA als Seemacht des europäischen Kontinents auf der Gegenseite des Atlantiks, genauso wie wir Europäer des strategischen Rückhalts durch die USA bedürfen. Und drittens – für mich gegenwärtig am wichtigsten –: Eine Verringerung der Truppen in Europa führt zwangsläufig zu einer weiteren Absenkung der sogenannten nuklearen Schwelle. Sie würde im Verteidigungsfalle früher überschritten als heute beabsichtigt; das genaue Gegenteil, die Anhebung der nuklearen Schwelle, ist aber das, was notwendig ist.

Präsident Reagan hat diesen Antrag im Senat in der vorigen Woche abwehren können, aber er hat selbst wiederholt höhere Verteidigungsausgaben der Europäer verlangt. Geldausgeben an sich ist nach meinem Urteil noch keine Sicherheitsstrategie; das will ich deutlich sagen.

Wenn von Verteidigung die Rede ist, stehen für mich an erster Stelle vielmehr die Soldaten, die Männer in Uniform, sodann zählt ihre Motivation, und an dritter Stelle zählt ihre militärische Ausbildung, ihre Fähigkeit zum Entschluss und zu dessen Verwirklichung, und dann erst, an vierter Stelle, zählen Fahrzeuge, Flugzeuge, Schiffe, Waffen und Gerät. Das heißt, es geht nicht ohne Haushalt; vor allem aber macht das Ganze nur im Rahmen einer Gesamtstrategie Sinn, zu der auch die Rüstungskontrollpolitik gehört, die den Frieden bewahren hilft und die nicht etwa androht, das zu zerstören, was wir gemeinsam verteidigen wollen.

Deshalb haben jene Amerikaner und alle anderen recht, welche die nukleare Schwelle anheben wollen, damit nicht bei der Verteidigung das zerstört wird, was wir verteidigen wollen. Eine weitere Zuspitzung des gegenwärtigen zweiten Kalten Krieges zwischen Moskau und Washington ist durchaus denkbar. Damit wird dann auch eine weitere einseitige Konzentration auf nuklearstrategische Waffensysteme und auch ein weiteres Ausbleiben von Rüstungsbegrenzungs- und Abrüstungsverträgen durchaus denkbar; man kann das nicht ausschließen. Hier werden nun europäische Sicherheitsinteressen, strategische Interessen unmittelbar berührt. Insbesondere werden auch deutsche, holländische usw. Besorgnisse noch zunehmen, sofern es zum Beispiel militärstrategisch dabei bliebe, dass das deutsche Territorium nicht nur als das zentrale Gefechtsfeld angesehen wird, sondern sich auch das Schicksal Deutschlands und des westlichen Teils Mitteleuropas in zunehmendem Maße als abhängig von Entscheidungen darstellt, die zwischen Moskau und Washington fallen, und sofern es dabei bliebe, dass durch die offizielle Militärstrategie eines relativ frühen westlichen Erstgebrauchs von nuklearen Waffen – early first use – dem deutschen Volke die Vorstellung zunehmend bewusst wird, es habe nur zu wählen zwischen entweder dem Verzicht auf wirksame Verteidigung oder der nuklearen Zerstörung des eigenen Landes.

Deshalb hatte Präsident Mitterrand recht, als er vor vier Wochen in Straßburg sagte: Die Zeit ist allmählich vorbei, da Europa nur dazu bestimmt war, von anderen geteilt und zerschnitten zu werden, da er – ich zitiere wörtlich – von der »notwendigen Pflege jener zerbrechlichen Bindungen« sprach, die den Dialog zwischen dem Osten und dem Westen Europas aufrechterhält, und da er ganz offen von der Notwendigkeit gemeinsamer Verteidigung sprach, ohne die bei der gemeinsamen Verteidigung der Europäer noch zu überwindenden Schwierigkeiten zu verschweigen.

Europa ist immer noch kein eigenständiger Pfeiler der Allianz geworden, den Präsident Kennedy einst gewollt hat. Europa verfügt auch auf dem Felde der Sicherheit nicht über ein für seine eigenen Interessen ausreichendes Gewicht innerhalb unseres Bündnisses mit den Vereinigten Staaten und mit Kanada. Man kann die wirtschaftliche und die strategische Situation Europas, die ich skizziert habe, durchaus so zusammenfassen, wie das vor ein paar Tagen Flora Lewis in der »Herald Tribune« getan hat. Ich zitiere: »Europa hat keine Kraft mehr.« »Europe has run out of steam«, hat sie geschrieben. Weiter heißt es: »Die Paralyse Europas könnte Washington in Versuchung führen, allein zu handeln.« Natürlich widerrät diese Kolumnistin, einer solchen Versuchung nachzugeben, das ist klar.

Man kann, wenn man etwas weniger dramatisch formulieren will, zitieren, was vor vier Wochen Bundespräsident Carstens und König Juan Carlos in Aachen nacheinander gesagt haben. Der Erstere sagte: »Das Bild von der Europäischen Gemeinschaft hat Risse, die Gemeinschaft befindet sich in einer Krise.« Der spanische König fügte hinzu: »Müdigkeit, Mutlosigkeit und Skepsis haben sich breitgemacht.« So ist es in der Tat. So ist es am allerdeutlichsten übrigens in England. Mit Ausnahme der sozialdemokratisch-liberalen Allianz ist im übrigen für große Teile der politischen Kräfte Englands nach wie vor der Kanal breiter als der Atlantik.

Dies hat sich seit dem Beitritt Großbritanniens immer wieder gezeigt. Davon muss wohl leider auch für den Rest der achtziger Jahre ausgegangen werden. Ich fürchte, dass konkrete Integrationsfortschritte entweder am Beharrungsvermögen Englands scheitern könnten oder aber dass sie nur unter anfänglicher Nicht-Beteiligung Englands stattfinden, wie das zum Beispiel beim Europäischen Währungssystem schon einmal geschehen ist.

In dieser Lage Europas muss man bei Robert Schuman und bei Jean Monnet, bei Adenauer und de Gaulle wieder anknüpfen. So wie die Begründung der europäischen Integration historisch nur durch die französische Initiative zum Schumanplan möglich war, so wie alle Fortschritte seit der Messina-Konferenz Mitte der fünfziger Jahre nur durch enges Zusammenwirken von Paris und Bonn zustande gebracht werden konnten, so bedarf die Eigenständigkeit Europas, von der in Paris heute so viel die Rede ist, heute erneut französischer Initiative und sodann französisch-deutschen Zusammenwirkens.

Die Straßburger Rede des Staatspräsidenten vom 24. Mai bietet hierfür fruchtbare Ausgangspunkte. Das gilt zum Beispiel für die Vorschläge hinsichtlich der Elektronik des Weltraumes, des Verkehrswesens, der Kultur, aber ich will auch hinzufügen: Für die Funktionstüchtigkeit der Europäischen Gemeinschaft ist besonders dringlich die endliche Herstellung des gemeinsamen Binnenmarktes und der Ausbau des Europäischen Währungssystems einschließlich des Ausbaus des ECU zu einer internationalen Reservewährung.

Der Bundeskanzler empfindet sich als ein politischer Enkel von Konrad Adenauer. Wenn dem so ist, so sollte er den gleichen Weitblick aufbringen wie jener und entschlossen auf alle Vorschläge Mitterrands, die in Straßburg gemacht wurden, zugehen. Ich spreche zunächst von einer gemeinsamen deutsch-französischen wirtschaftspolitischen Initiative.

Sie sollte als erstes Kapitel einen positiven Aktionsplan für die Herstellung eines wirklichen gemeinsamen Binnenmarktes für alle Mitgliedsländer plus der beiden enthalten, die ab 1. Januar 1986 dazukommen.

Sie sollte im zweiten Kapitel die zweite Stufe des Europäischen Währungssystems herstellen. Hier muss nun unsere Bundesbank endlich ihren Widerstand aufgeben, der sie bisher nach dem Motto handeln ließ, der Starke sei am mächtigsten allein. Wir haben der Bundesregierung Kohl / Genscher die größten Devisenreserven aller Staaten der Welt hinterlassen, größer als die der USA, größer als die der Sowjetunion, größer als die Japans.

Wir haben sie nicht vorgefunden, als wir anfingen. Diese Devisenreserven müssen nun allerdings zum Nutzen der Gemeinschaft und zum Nutzen Frankreichs auch verfügbar gemacht werden.

Manche der hier anwesenden älteren Kollegen haben vielleicht vor knapp zwanzig Jahren gemeinsam mit mir von Alex Möller, der nicht mehr diesem Haus angehört, gelernt, dass Außenwährungspolitik zugleich auch immer Außenpolitik ist.

Das Endziel muss, wenn das Schuldenproblem in Südamerika, wenn das Haushaltsproblem in Nordamerika im Griff ist, darin gesucht werden, ein Dreieckssystem relativ stabiler Wechselkurse zwischen dem europäischen ECU, dem amerikanischen Dollar und dem japanischen Yen herzustellen. Nur der Ausbau des Europäischen Währungssystems erlaubte der Europäischen Gemeinschaft eine stärkere Unabhängigkeit von den USA und notfalls auch die Ausübung von Druck auf die amerikanische Haushalts- und Kredit- und Zinspolitik.

Im dritten Kapitel eines gemeinsamen deutsch-französischen Projekts müsste von Arbeitsplatzbeschaffung und Modernisierung die Rede sein, eben nicht nur auf militärischem Felde, sondern insbesondere auf den vier Feldern, die Mitterrand in Straßburg angegeben hat: Elektronikforschung, Erforschung und Nutzung des Weltraumes, Verkehrswesen – zum Beispiel ein Programm für die Ausrüstung der Hauptstrecken in Europa mit Hochgeschwindigkeitsverkehr wie etwa heute zwischen Paris und Lyon – und die von ihm genannte ganze Skala der kulturellen Zusammenarbeit. Ich unterstreiche einen Punkt, den der Bundeskanzler genannt hat:

Es müssen fünftens die gemeinsame Entwicklung und die wirtschaftliche Nutzung umweltfreundlicher Technologien dazukommen.

Im vierten Kapitel braucht die Europäische Gemeinschaft für die Beeinflussung der Weltmärkte und des Verhaltens des Internationalen Währungsfonds, der Weltbank etc. ein gemeinsames europäisches Konzept zur Entschärfung des Schuldenproblems der Entwicklungsländer.

Ich schließe das nächste Kapitel gleich an: Europa braucht ein gemeinsames Programm zur besseren Entwicklungshilfe für die am wenigsten entfalteten Entwicklungsländer, die sogenannten LLDCs, die so arm sind, dass sie gar nicht kreditwürdig waren, um im westlichen Bankensystem überhaupt einen Kredit zu bekommen. Öffentliche Entwicklungshilfe nützt unserer europäischen Industrie und unserer Beschäftigung weit mehr als immer neue Subventionen für landwirtschaftliche Überschussprodukte.

Ich füge sogleich einige Gedanken für eine gemeinsame französisch-deutsche Sicherheitsinitiative hinzu; ich wähle hier mit Absicht die Reihenfolge französisch-deutsch. Im ersten Kapitel – anders als in den USA und England – haben Franzosen und Deutsche die Wehrpflicht beibehalten. Sie verfügen deshalb in hoher Zahl über militärisch ausgebildete Personalreserven. Deutschland könnte heute nach Mobilisierung innerhalb einer Woche die stehenden konventionellen Streitkräfte der Bundeswehr auf das Zweieinhalbfache bringen. Jedenfalls könnten wir es beim Heer nach Mobilisierung von zwölf auf 18 Divisionen bringen. Frankreich könnte nach Mobilisierung seine stehenden konventionellen Streitkräfte fast auf die gleiche Zahl von Divisionen steigern und könnte nach Mobilisierung etwa zwölf Divisionen für die gemeinsame Verteidigung Europas vorsehen.

Dreißig französische und deutsche Divisionen zusammen reichen auf der Basis gemeinsamer operativer Pläne aus – solche Pläne gibt es ja doch seit 1969; damals war ich Verteidigungsminister und kenne daher die Materie – zur Verteidigung des westlichen Teils von Mitteleuropa und zur Abschreckung jedweden Angriffs, zumal wenn dann die holländischen und die belgischen Wehrpflichtverbände hinzugerechnet werden, außerdem jene amerikanischen und englischen Verbände aus Berufssoldaten, die wohl auch in späterer Zeit, wenn auch verringert, auf dem Kontinent verbleiben werden.

Im zweiten Kapitel muss man feststellen, dass für diese zusätzlichen Mobilmachungsdivisionen in Frankreich wie in Deutschland gegenwärtig viele Fahrzeuge, konventionelle Waffen, und auch moderne konventionelle Waffen zur Bekämpfung der gegnerischen Luftwaffe und konventionelle Munition fehlen. Das gilt für Frankreich in noch größerem Maße als für uns. Die Bereitstellung des fehlenden Materials würde vielleicht drei oder vier oder fünf Jahre dauern. Vor allem würde sie zusätzliche Finanzmittel erfordern.

Das führt zu dem dritten Kapitel. Die nötigen Finanzmittel wären auf deutscher Seite zu einem erheblichen Teil zu erwirtschaften durch Verzicht auf jedwede taktisch-nukleare Doppelbewaffnung unseres Heeres und auf weitestgehenden Abbau der nuklearen Doppelrolle der deutschen Luftwaffe.

Auch auf französischer Seite wäre eine gewisse Schwergewichtsverlagerung der Haushaltsaufwendungen von den nuklearen zu den konventionellen Ausstattungen wohl möglich und nötig. Im übrigen ist von deutscher Seite eine umfangreiche Mitfinanzierung für gemeinsame Waffenentwicklungen konventioneller Art und Produktion vorzusehen.

Natürlich kann bei alledem nach meiner Einsicht und meiner festen Überzeugung auf die Nordatlantische Allianz mit den Vereinigten Staaten, auf die amerikanische Aufklärungskapazität, auf die nuklearstrategische Abschreckung durch die USA wirklich nicht verzichtet werden. Wohl aber kann dann unter der Voraussetzung gemeinsamer Verfügbarkeit von dreißig französischen und deutschen Divisionen im Mobilmachungsfall tatsächlich die Präsenz amerikanischer Heeresverbände in Europa wesentlich verringert werden. Und in Klammern und leise füge ich hinzu: Und Europa könnte dann auch nicht mehr mit der Drohung amerikanischer Abzüge behelligt werden.

Das vorgestellte Konzept würde sich selbstverständlich im Rahmen des Nordatlantischen Vertrages bewegen, zugleich im Rahmen des WEU-Vertrages. Es bedürfte keines neuen völkerrechtlichen Vertragsinstruments; es bedürfte nur gemeinsamer Beschlüsse in Ausführung des Élysée-Vertrages. Die Benelux-Länder und Großbritannien könnten zur Beteiligung eingeladen werden. Zugleich könnten sie einige ihrer Truppen auf ihren heimatlichen Boden zurückverlegen.

Ich sage noch einmal: Dies geht alles selbstverständlich nicht ohne den Rückhalt durch die Vereinigten Staaten von Amerika, auch nicht ohne den Rückhalt durch Großbritannien. Der ist unentbehrlich.

Wenn sich Paris und Bonn zu solchen Reformen entschließen sollten, 35 Jahre nach Gründung der NATO, so würde – das zeigen die Meinungsumfragen in Frankreich wie in Deutschland – die öffentliche Meinung Frankreichs wohl zu zwei Dritteln positiv reagieren und die öffentliche Meinung der Bundesrepublik Deutschland wahrscheinlich zu drei Vierteln positiv reagieren. Die Aufnahme in Amerika wäre zunächst teilweise auch kritisch zu erwarten. Letztlich würde aber die amerikanische Regierung sehen, dass hier tatsächlich etwas Durchgreifendes zur Stärkung der konventionellen Verteidigung Europas geschieht, wie es die USA immer wieder verlangt haben, und dass hier tatsächlich die sogenannte nukleare Schwelle angehoben und damit ein nuklearer Krieg in Europa unwahrscheinlicher gemacht wird.

Die Aufnahme in England wäre vermutlich abwartend und zögerlich. Man würde sich dort vermutlich zunächst distanziert geben. Im Falle des Erfolges der französisch-deutschen Initiative würde man vielleicht später beitreten wollen. Die Aufnahme in der Sowjetunion wäre vermutlich zunächst propagandistisch kritisch zu erwarten: angebliche Aufrüstung Westeuropas, Vergleich mit den Heeren Hitlers oder Napoleons. Tatsächlich aber würde die sowjetische Führung die Anhebung der Nuklearschwelle innerlich begrüßen. Und sie würde auch wissen, dass dreißig mobilisierte Divisionen der Franzosen und der Deutschen zusammen zum Angriff auf die sowjetischen Truppenmassen viel zu schwach wären, weil sie gegenüber sowjetischer Mobilisierung zahlenmäßig weit unterlegen wären. Von einer Bedrohung der Sowjetunion könnte ernsthaft nicht die Rede sein.

Bei alledem muss die rüstungspolitische Zusammenarbeit zwischen Frankreich und Deutschland wie bisher bei Noratlas, Transall, Alpha-Jet, Larsaque, Hot, Milan, Roland und wie das alles heißt und die technologische Zusammenarbeit in der Luft- und Raumfahrt wie beim Airbus, Ariane und Symphonie weitergehen. Das ist alles bisher recht erfolgreich gewesen und müsste verbreitert werden.

Mir scheint: Die Zeit ist reif für einen französisch-deutschen gemeinsamen Ansatz auf dem Felde der Verteidigung. Und der würde dann zugleich der politischen Eigenständigkeit Europas dienen. Wenn die EG auf wirtschaftlichem Gebiet wirklich nicht vorankäme, so würde jedenfalls von der sicherheitspolitischen Seite her ein neuer Führungsanstoß möglich sein. Beides zusammen wäre umso besser. Europa würde dann endlich wieder an politischem Gewicht zunehmen.

An dieser Stelle – gegen Schluss – möchte ich eine kleine Abschweifung versuchen. Ich möchte versuchen, mich in die Lage des französischen Staatspräsidenten hineinzudenken.

Seine Presse in Paris interpretiert die Friedensbewegung und die Grünen in Deutschland – weitgehend wohl zu Unrecht – als tendenziell neutralistisch, als tendenziell integrationsfeindlich. Aber diese Bewegungen begegnen in Frankreich zunehmender Besorgnis.

Der Präsident weiß zugleich, dass die bisherige französische Nuklearstrategie die Deutschen hinsichtlich ihrer Verteidigung in ausschließlicher Abhängigkeit von den USA belässt. Er könnte also zu dem Schluss kommen, dass ein französisch-deutscher Ansatz zu gemeinsamer Verteidigung auch deutsches Selbstvertrauen festigen und den die Franzosen beunruhigenden, bei uns angeblich beobachteten Tendenzen einen wichtigen Teil des Wachstumsbodens entziehen kann. Er könnte deshalb zu dem Entschluss gelangen, dass die Aufgabenstellung der autonomen französischen Force de frappe durch einseitige Erklärung auch auf den Schutz Deutschlands erstreckt wird. Er würde uns Deutschen kein Mitspracherecht einräumen wollen, jedenfalls nicht ausdrücklich, sondern lediglich insofern, als etwa deutsches Territorium als Abschussbasis oder als Zielgebiet infrage käme, er gäbe Deutschen ausdrücklich weder einen Finger am Abzugshahn noch am Sicherungsbügel. Er könnte aber sagen: Ich erkenne an, dass wir Franzosen für die Sicherheit Deutschlands mitverantwortlich sind; denn umgekehrt haben ja die Deutschen längst schon Verantwortung auch für die Verteidigung Frankreichs an der Elbe übernommen.

Wenn aber Frankreich seine autonome Nuklearmacht auch auf die Abschreckung zugunsten Deutschlands erstrecken sollte, so müsste Deutschland dann allerdings für die anderen Teile des Programms seine Kapital- und Finanzkraft einbringen. Beide Seiten würden ihre soldatischen Fähigkeiten, Frankreich würde seine große geschichtliche Militärtradition in die gemeinsame Verteidigung einbringen.

Am Schluss ein Wort zur französischen Führung Europas. Frankreich ist zwar nicht wirtschaftlich und finanziell der Bundesrepublik Deutschland überlegen, wohl aber fünffach in anderer Beziehung.

Frankreich ist erstens eine autonome nukleare Macht. Frankreich ist zweitens Inhaber eines ständigen Sitzes mit Vetorecht im Sicherheitsrat der Vereinten Nationen. Frankreich ist drittens Schutzmacht für Berlin. Wir Deutschen hingegen sind Garantieempfänger hinsichtlich Berlins. Frankreich trägt viertens als Potsdamer Siegermacht Verantwortung für Deutschland als Ganzes. Fünftens ist Frankreich ungeteilt und es ist sich seiner historischen Identität gewiss. Deutschland hingegen leidet an der Teilung, es leidet an der Scham über Hitler und Auschwitz, und es gibt viele Ungewissheiten.

Eine Weltrolle Frankreichs an der Spitze eines französisch-deutschen Tandems ist möglich, jedenfalls würde ein solches Tandem de facto zugleich zur politischen Führung der Europäischen Gemeinschaft führen, auch wenn wir dabei keineswegs – ich stimme mit dem Bundeskanzler überein – von einem Europa à deux vitesses reden sollten.

Deutschland und Frankreich wollen beide in Frieden mit dem russischen Nachbarn leben. Wir wollen uns beide vor dem Nachbarn sicher fühlen. Aber auf der Grundlage dieser Sicherheit wollen wir beide mit diesem Nachbarn zusammenarbeiten, auf dem Felde der Rüstungsbegrenzung zumal, aber auch auf dem wirtschaftlichen und kulturellen Gebiet. Deswegen sollten wir zu keiner Zeit Kreuzzüge gegen diesen Nachbarn führen. Wir wissen, dass dieser Nachbar zahlreich und mächtig ist, dass er sehr nahe ist und dass er unser Nachbar bleiben wird.

Einer der größten Europäer dieses Jahrhunderts, Winston Churchill, hat in seiner berühmten Zürcher Universitätsrede 1946 gesagt: »Der erste Schritt bei der Neubildung der europäischen Familie muss sein: Zusammengehen zwischen Frankreich und Deutschland. Nur so kann Frankreich die moralische Führung in Europa erlangen. Es gibt kein Wiedererstehen Europas ohne ein geistig großes Frankreich und ohne ein geistig großes Deutschland.«

Herr Bundeskanzler, Sie haben vielfach Anspruch auf geistig-moralische Führung erhoben. Nach meiner Staatsauffassung ginge dies weit über die Aufgabe einer demokratischen Regierung hinaus.

Wohl aber wird *politische* Führung von Ihnen erwartet. Zur politischen Führung unseres Landes in der zweiten Hälfte der achtziger Jahre gehört es, die in Straßburg ausgestreckte Hand des französischen Präsidenten zu ergreifen. Sie beide können sich dabei auf

Winston Churchill berufen, der dann – ich zitiere ihn nochmals – »von der Rettung des einfachen Mannes in Europa« sprach, der Rettung vor Krieg und Tyrannei, und der dazu wörtlich gesagt hat: »Bei diesem so dringend notwendigen Werk müssen Frankreich und Deutschland zusammen die Führung übernehmen.«

Die drohende Spaltung Europas *(1984)*

Auf Einladung von Papst Johannes Paul II. tagte der Berge-
dorfer Gesprächskreis im Dezember 1984 im Vatikan. Das The-
ma der Tagung lautete: »*Ist die Spaltung Europas das letzte*
Wort?« *Die beiden Referenten waren der Erzbischof von Wien,*
Franz Kardinal König, und Helmut Schmidt, der in seinem
Vortrag die Entwicklung Europas unter global-strategischen
Gesichtspunkten analysierte. Die neue Eiszeit zwischen West
und Ost führte Schmidt nicht zuletzt darauf zurück, dass die
westeuropäische Integration nicht vorankam und deshalb von
Westeuropa auch keinerlei Impulse für die Entspannungspolitik
mehr ausgingen.

In den letzten Jahrzehnten haben Kardinal König und ich bisweilen Gespräche miteinander geführt, und ich habe es immer als
beglückend empfunden, dass wir meist weitgehende Übereinstimmung in unseren Ansichten erzielt haben. Das ist heute nicht anders, sodass ich direkt an das, was Kardinal König vorgetragen hat,
anschließen kann, so als ob ich es selbst gesagt hätte. Ich möchte
mich dabei allerdings mehr der global-strategischen Gegenwart
zuwenden.

Ein Fragezeichen bei seinen Ausführungen würde ich lediglich an einer Stelle setzen, ohne das jetzt zu vertiefen: Der Wort-
gebrauch »Europa vom Atlantik bis zum Ural«, der ja von de
Gaulle stammt, wirft erhebliche Probleme auf, insbesondere aus
sowjetischer Sicht. Man benötigt für die Wiederherstellung Euro-

pas als Ganzes eben auch ein erhebliches Maß an Duldung oder Kooperation von sowjetischer Seite. Die Aussage von Kardinal König am Schluss seines Referats war nicht so definitiv, wie er sie noch vor einiger Zeit in einem Aufsatz mit dem Titel: »Europa auf dem Wege zu sich selbst« vertreten hat. Darin war Europa als Ganzes angesprochen. Heute hat der Kardinal offengelassen, ob diese Möglichkeit, die er für gegeben hielt – ich auch –, verwirklicht werden kann oder nicht. Ich selbst halte es für durchaus fraglich – und bin darüber sehr in Sorge –, ob Europa heute tatsächlich auf dem Wege zu sich selbst ist. Vielleicht müssen wir eines späten Tages einmal erkennen, dass Europa in den achtzigern und neunziger Jahren seine politischen Chancen nicht genutzt hat und dass die machtpolitischen Grenzen, von denen Herr Körber eingangs sprach, so verfestigt worden sind, dass wir Europäer nicht einmal unsere kulturelle Kohärenz voll haben bewahren können.

Niemand weiß die Zukunft vorherzusagen. Es wird von uns Europäern in West und Ost, von dem, was wir in den nächsten Jahren tun und lassen, entscheidend abhängen, ob wir, und wenn ja, wie wir die europäische Kohärenz und Identität wahren und entwickeln können. Dabei können sowohl Hoffnung als auch Treue zur eigenen kulturellen Tradition durchaus eine wichtige Rolle spielen. Aber es gibt nur wenige Beispiele in der Geschichte der Kulturen – vielleicht ist das Judentum überhaupt das einzige Beispiel –, dass Treue zur Selbstbewahrung und Hoffnung allein schon ausreichen. Ich denke vielmehr, es bedarf darüber hinaus auch des eigenen zielgerichteten Handelns, um sich in der zukünftigen Geschichte behaupten zu können. Gegenwärtig erscheint mir die Selbstbehauptung Europas zumindest gefährdet. Wir können jedenfalls nicht ausschließen, dass die Spaltung Europas endgültig wird. Wir Europäer müssen also etwas tun, um dies zu verhindern. Dazu müssen wir die Bedingungen, die Grenzen und Chancen erkennen, das heißt unsere eigenen Handlungsspielräume richtig einschätzen. Diese Spielräume zu erkennen, hilft vielleicht ein kurzer geschichtlicher Rückblick auf die vierzig Jahre seit Hitlers Krieg. Ich würde dabei vier verschiedene Phasen europäischer Handlungsfreiheit beziehungsweise der Handlungsfreiheit europäischer Staaten unterscheiden.

Die erste sehr kurze Phase umfasste die Jahre 1946/47, also die unmittelbare Nachkriegszeit. Sie war gekennzeichnet durch den Baruch-Plan und den Marshall-Plan sowie durch die vorangegangenen Beschlüsse von Jalta und Potsdam. Eine Teilung Europas in Interessensphären war noch nicht greifbar. Baruch-Plan und Marshall-Plan waren Angebote der westlichen Führungsmacht an alle, die unter dem Krieg gelitten hatten, auch an die Sowjetunion und an die osteuropäischen Staaten, friedliche Bedingungen herzustellen (Baruch-Plan) und wirtschaftlichen Wiederaufbau zu ermöglichen (Marshall-Plan). Die europäischen Staaten – mit Ausnahme der Sowjetunion – verharrten während dieser kurzen Spanne in einer bloßen Objekt-Position; sie handelten nicht selbst. Diese Phase endete spätestens 1947, und zwar durch die sowjetische Ablehnung der beiden Pläne, durch die sowjetische Machtübernahme in Osteuropa und durch die Aufrechterhaltung einer sehr hohen sowjetischen Rüstung. Der Marshall-Plan wurde auf Westeuropa begrenzt.

Die zweite Phase ist charakterisiert durch das Berlin-Ultimatum, darauf Gründung des Nordatlantikpakts, Konzipierung der Strategie der massiven Vergeltung, Rüstungswettlauf, Kalter Krieg. Diese zweite Phase ab 1947/48 hat über ein Jahrzehnt gedauert. Sie fand ihren Höhepunkt und zugleich ihren Abschluss in der Berlin-Krise von 1961 und vor allem in der Kuba-Krise von 1962. In dieser Phase des Kalten Krieges gab es innerhalb Westeuropas Handlungsfreiheit, die aber nicht über die Grenze nach Osten hinausging. Es kam zur westeuropäischen Integration. Es entstand die europäische Gemeinschaft für Kohle und Stahl, vor allem kam es zum Abschluss der Römischen Verträge. Dies alles waren wichtige

Voraussetzungen für eine westeuropäische, nicht für eine gesamt-europäische Selbstbehauptung.

Zugleich wurden in Osteuropa – siehe 17. Juni 1953 in der DDR und Ungarn 1956 – die Staaten fest an die Kandare sowjetischer Machtpolitik gelegt, an sowjetische Ideologie und an die wirt-schaftsstrukturelle Übermacht der Sowjetunion gebunden. Mit einem Wort: Die Phase des Kalten Krieges hat die machtpolitische Spaltung Europas, die vielleicht in Potsdam und Jalta angelegt war, konsolidiert. Die Europäer haben sich dagegen nicht zur Wehr setzen können.

Ich erwähnte die Kuba-Krise des Jahres 1962 als Höhepunkt und Schlusspunkt der zweiten Phase, der Phase des Kalten Krieges. Schon vorher hatte im Westen das Nachdenken über die Verände-rung der strategischen Situation begonnen, nachdem die Sowjets inzwischen auch Atomwaffen, sogar Wasserstoffwaffen und Ra-keten besaßen, mit denen sie Amerika treffen konnten. Schon seit Mitte der fünfziger Jahre waren sie in der Lage gewesen, Paris und London mit Raketen zu bedrohen, was ja auch während der Suez-Krise 1956 zum Ausdruck gebracht wurde.

In Amerika begann man, über eine neue militärische Strategie nachzudenken; die bisherige Strategie der massiven nuklearen Vergeltung wurde mit Recht infrage gestellt. Ich erinnere in diesem Zusammenhang an den damaligen amerikanischen Generalstabs-chef, Maxwell Taylor, der dies als Erster in der Öffentlichkeit deut-lich machte. Die Erkenntnis des nuklear-strategischen Patts hat auf westlicher Seite – und damit bin ich jetzt schon in der dritten Pha-se – zu der neuen Militärstrategie, der »flexible response«, geführt. Sie wurde zwar erst 1967/68 offiziell im Bündnis akzeptiert, aber de facto schon ab 1961 eingeführt. Zugleich wurde man sich aber angesichts der veränderten militärstrategischen Situation sowohl in Moskau wie auch in Washington der Notwendigkeit bewusst, zu einer Verständigung zu gelangen. So kam es schon in den frühen sechziger Jahren zum ersten Atomteststopp-Vertrag und später dann zum Non-Proliferationsvertrag für nukleare Waffen.

1967 entstand auch der Harmel-Report, bei dem zum ersten Mal der eigene Handlungsspielraum der Europäer, wenn auch wiederum nur der Westeuropäer, deutlich wurde. Der Harmel-Report stützt die westliche Globalstrategie auf zwei Grundpfeiler: zum einen auf Verteidigungsfähigkeit und dadurch Abschreckung; und auf dieser Basis dann zum anderen auf Kooperation mit der Sowjetunion und mit Osteuropa auf wirtschaftlichem Gebiet, vor allem aber mit einer Perspektive auf Kooperation zur Begrenzung der Rüstungspolitik und schließlich auch mit der Hoffnung auf kulturelle Zusammenarbeit. Im Harmel-Beschluss wird zum ersten Mal das Schlüsselwort »Détente« in einem offiziellen Bündnis-Dokument verwendet.

Die dritte Phase trägt seitdem den Namen Détente- oder Entspannungsphase. Es war bisher die fruchtbarste Phase im Ost-West-Verhältnis. Ich erinnere an die Rüstungskontrollverträge, die zwischen Nixon und Breschnew abgeschlossen wurden, nämlich SALT-I- und ABM-Vertrag. Das waren im Vergleich zur Situation zehn Jahre zuvor unglaubliche Durchbrüche. Es folgten die Ostverträge der Bundesrepublik mit der Sowjetunion, mit Polen, mit der Tschechoslowakei und mit der DDR, das Viermächte-Abkommen über Berlin und schließlich der von Kardinal König mit Recht hervorgehobene Helsinki-Prozess. In den Vorbereitungen auf das Helsinki-Treffen des Jahres 1975 wurden zum ersten Male auch gewisse Handlungsspielräume der osteuropäischen Staaten erkennbar und von ihnen positiv genutzt. Außerdem haben die neutralen Staaten beim Zustandekommen der Helsinki-Schlussakte eine wichtige Rolle gespielt.

Die Entspannungsphase hat also fast allen europäischen Staaten Handlungsspielräume eröffnet, wie sie bis dahin nicht gegeben waren, und sie haben sie auch genutzt. Die Harmel-Doktrin, die europäischen Ursprungs war, wurde zur Grundlage für das ganze westliche Bündnis. Sie ist übrigens formal bis heute nicht widerrufen worden; sie wird von George Shultz gerade wiederentdeckt. Die Ostpolitik, die Helsinki-Akte, all dies waren europäische Erfindungen; sie gingen nicht von einer der beiden Großmächte aus. Die beiden Großmächte haben sich davon aber beeinflussen lassen. Auch in den osteuropäischen Staaten gab es einige Persönlichkeiten, die bewusst, wenn auch sehr vorsichtig, in dieser Phase eine gesamteuropäische Politik verfolgt haben.

Es hat während der Entspannungsphase auch schwere Rückschläge gegeben, zum Beispiel Prag 1968, zum Beispiel die Breschnew-Doktrin. Diese haben aber die Entspannungsphase letztlich nicht beendet. Gleiches gilt auch für die mit sowjetischer Hilfe herbeigeführte schwere Niederlage der USA in Vietnam.

Während der Entspannungsphase gab es indes auch zwei folgenreiche Missverständnisse, die wesentlich zum Ende der Entspannung beigetragen haben. Einmal das Missverständnis auf amerikanischer Seite, insbesondere auf der rechten Seite des amerikanischen politischen Spektrums, Entspannung in Europa und zwischen Washington und Moskau impliziere zugleich eine Garantie für sowjetisches Wohlverhalten in den übrigen Teilen der Welt. Dies hatten die Sowjets nie versprochen. Wenn jemand auf westlicher Seite das unterstellt hat, so haben sich die Sowjets jedenfalls nicht danach gerichtet.

Auch auf russischer Seite gab es ein schwerwiegendes Missverständnis. Nachdem man sich über vielerlei Fragen in Helsinki, bei SALT, ABM, NPT und so weiter geeinigt hatte, nahm man im Kreml an, nunmehr könne die Sowjetunion sich in allen Bereichen, die von solchen Verträgen nicht abgedeckt waren, politische und militärische (und damit potentiell zugleich auch politische) Vorteile verschaffen. Der schwerste Fehler war in diesem Zusammenhang der Aufbau der SS-20-Raketen-Flotte. Es sind aber auch andere, zum Beispiel geostrategische schwere Fehler gemacht worden: etwa die Erlaubnis an Vietnam, mit Hilfe der Sowjets Kambodscha zu erobern; später der Einmarsch in Afghanistan; die Ausdehnung sowjetischen militärischen und politischen Einflusses auf gewisse Staaten Afrikas und Zentralamerikas und so weiter.

Das sowjetische Missverständnis, als ob man eine Carte blanche für all das hätte, was durch Verträge nicht ausgeschlossen war, hat wiederum in Amerika eine tiefe Enttäuschung über die ganze Entspannungsphase ausgelöst, die alsdann in den späten siebziger Jahren stückweise zusammenbrach. Carter brachte zwar noch einen SALT-II-Vertrag zustande, der aber nicht mehr in Kraft trat.

Die vierte Phase seit Ende der siebziger Jahre brachte den Kalten Krieg zurück, zeitweise den kältesten Krieg. Es dominierte ein Rüstungswettlauf unter Einsatz größter ökonomischer Mittel. Diese vierte Phase des erneuten Kalten Krieges und des fast ungebremsten Rüstungswettlaufs hat zu einer weitgehenden Erosion all derjenigen Politiken der europäischen Staaten geführt, die auf Bewahrung der europäischen Identität gerichtet waren.

An dieser Stelle möchte ich einen kurzen Exkurs zur deutschen Politik machen. In der vierten Phase des neuen Kalten Krieges sind die Beziehungen zwischen den beiden deutschen Staaten natürlich in sehr viel höherem Maße von der Qualität der Beziehungen zwischen den beiden Supermächten abhängig, als das in der Entspannungsphase der Fall gewesen war. Wie groß diese Abhängigkeit ist, sieht man etwa an der Absage der Bonner Besuche von Honecker und Schiwkoff oder an der Notwendigkeit, dass Herr Genscher seinen Besuch in Polen absagen musste.

Diesen Beispielen ist eines gemeinsam: Auf westlicher wie auf östlicher Seite haben in letzter Zeit europäische Staaten ihre Handlungsspielräume zum Teil falsch eingeschätzt. Es war zum Beispiel eine Fehleinschätzung des Handlungsspielraums Ost-Berlins, wenn man der DDR zwei Milliardenkredite ins Haus trägt, ohne dass Moskau erkennen kann, für welche Gegenleistung diese eigentlich gegeben werden. Das musste dort tiefsten Argwohn auslösen. Sowohl Kohl als auch Honecker wollten die eingefahrene deutsch-deutsche Politik fortsetzen. Es war gute Absicht auf beiden Seiten; aber es hat an dem realistischen Augenmaß für das Mögliche und auch für das Notwendige gefehlt. Die eigenen Handlungsfreiheiten wurden überschätzt.

Nun sollte aber niemand daran zweifeln – das sage ich besonders für die anwesenden italienischen Teilnehmer –, dass die Deutschen auf beiden Seiten ihre deutsche Identität wahren wollen. Sie wissen aber, dass es wenig Sinn hat, heute von Wiedervereinigung im Sinne einer Wiederherstellung der nationalstaatlichen Einheit zu reden. Wir Deutschen müssen wissen, dass eigentlich alle übrigen Völker, vor allem deren Regierungen, Angst vor einer deutschen Wiedervereinigung haben. Eine endgültige Antwort auf die deutsche Frage kann zweifellos überhaupt nur gefunden werden im Zuge eines erfolgreichen Prozesses des Wiederzusammenwachsens von ganz Europa.

Ich möchte auch einen Exkurs über die Friedensbewegungen in Europa und Nordamerika einfügen. Die Friedensbewegungen, die manches idealistische Motiv antreibt und die auch manches Gute bewirkt haben, laufen Gefahr, einem sehr gefährlichen Missverständnis zu unterliegen. Sie hegen nämlich zum Teil die Erwartung, eine einseitige Teilabrüstung – zum Beispiel nuklear – auf westlicher, sogar nur auf westdeutscher Seite, werde Moskau zu entsprechenden Gegenleistungen bewegen oder gar zwingen. Einige hoffen sogar, Moskau werde dann den machtpolitischen und ideologischen Griff über Osteuropa lockern. Ich fürchte, das genaue Gegenteil ist wahrscheinlich. Einseitige Zugeständnisse werden dort nicht honoriert; es gibt kein Beispiel in den letzten vierzig Jahren, dass sie honoriert worden wären.

Ich glaube übrigens, dass sich der russische Expansionismus

geschichtlich über mehrere Jahrhunderte entwickelt hat und auch heute noch vital und ungebrochen ist. Ich sehe heute nur noch den sowjetischen Imperialismus, nachdem alle anderen Imperialismen zusammengebrochen sind: der spanische, der portugiesische, der englische, der französische, der halbherzige amerikanische Imperialismus, vor allem die verspäteten, besonders gewalttätigen Imperialismen der Japaner und der Deutschen in den dreißiger und vierziger Jahren dieses Jahrhunderts. Nur der großrussische Imperialismus ist noch virulent, er ist bisher nicht an seine endgültigen Schranken gestoßen. Ich halte ihn nicht für vorwiegend kommunistisch, bolschewistisch-ideologisch, sondern vielmehr zu Dreiviertel für großrussisch. Die kommunistischen Parteien in der Welt sind für Andrej Gromyko Instrumente der sowjetischen Außenpolitik, nicht Ziel und nicht Selbstzweck.

Weil das so ist, deshalb bleibt richtig, was George Kennan vor fast vierzig Jahren erkannt hat, nämlich die Notwendigkeit des »containments« der Sowjetunion. Das heißt: Wir brauchen ausreichende machtpolitische Gegengewichte gegen die sowjetische Macht. Genauer gesagt: Es ist ein Gleichgewicht der Macht nötig, wenn man verhindern will, dass die Sowjetunion auf Machtzuwachs ausgeht. Containment verlangt nach meinem Urteil keineswegs ein Übergewicht auf westlicher Seite, sondern lediglich ausreichende Gegengewichte.

Das Stichwort Übergewicht führt mich zur weltpolitischen Rolle der Europäer zurück. Die Europäer haben keinen bremsenden Einfluss auf die unerhörte SS-20-Überrüstung ausüben können, obschon man in den osteuropäischen Hauptstädten deren schlimme politische Konsequenz voller Sorgen vorhergesehen hat. Auf der anderen Seite haben auch die westeuropäischen Staaten die ab 1981 einsetzende Superioritätsrhetorik und Nuklearrüstung unseres wichtigsten Verbündeten nicht bremsen wollen, geschweige denn bremsen können.

Ich glaube, ein Hauptgrund für diese Entwicklung liegt in der tiefgreifenden Krise der westeuropäischen Integration. Europa ist seit dem zweiten Ölpreis-Schock von 1979/1980 von der Strukturkrise der Weltwirtschaft schwer getroffen. Die europäischen Regierungen denken immer noch, die Landwirtschaft sei das Wichtigste. Sie haben noch nicht begriffen, dass Europa nur 7,5 Prozent Landwirte, aber 11,5 Prozent Arbeitslose hat. Die Auswirkungen dieser Wirtschaftskrise bringen alle Regierungen, ob rechts, Mitte oder links, in Schwierigkeiten gegenüber ihrer eigenen, nationalen öffentlichen Meinung, gegenüber ihren Wählern und ihren Parlamenten. Sie sind voll beschäftigt mit nationalen Lösungen und Scheinlösungen für Probleme, die nach meinem Urteil tatsächlich national nicht gelöst werden können Es ist bei ihnen keine Kraft mehr für ein konzeptionelles Denken frei, das über die eigenen Grenzen oder gar über die Grenzen Europas hinausweist.

Europa ist uneinig. Aufgrund seiner Uneinigkeit finanziert es zum Beispiel zu einem wichtigen Teil den amerikanischen Staatshaushalt mit europäischen Ersparnissen. Aufgrund dieser Uneinigkeit ist auch jene operative Zusammenarbeit zwischen Paris und Bonn de facto zum Erliegen gekommen, die einige Integrationsfortschritte während der siebziger Jahre ermöglicht hatte. Selbst dort, wo vielleicht Handlungsmöglichkeiten bestehen, üben die europäischen Regierungen heute keinen wirklichen Einfluss auf die westliche Gesamtstrategie, geschweige denn auf Moskau aus.

Kardinal König hat in einem Aufsatz, in dem er von der Schwäche Europas in moralischer und religiöser Hinsicht und von einer entscheidenden Schwächung des Willens zum Leben geschrieben hat, richtig diagnostiziert, dass gegenwärtig die Vitalität in Europa nachlässt. Ich sehe das sehr ähnlich. Ob dieser Zustand anhält, weiß ich nicht. Aber mich erstaunt dieses zumindest vorübergehende Absinken der Vitalität nicht. Als in den frühen zwanziger Jahren Oswald Spenglers Buch mit dem Titel »Untergang des Abendlandes« erschien, haben viele Menschen geglaubt, dies sei der Schlüssel für das Verständnis der Zukunft Europas. Doch dann ist Europa immerhin zu einer unglaublichen Kraftanstrengung fähig gewesen, und sei es auch nur zum Zwecke, gegeneinander Krieg zu führen und sich zu töten. In diesem Zusammenhang dürfen wir auch die große Anstrengung des Wiederaufbaus in Europa nach dem Zweiten Weltkrieg nicht vergessen. Vielleicht findet nach alledem gegenwärtig in Europa nur eine Art Erholungspause statt.

Zurück zu der Notwendigkeit des Gleichgewichts und der strategischen Entspannung: Machtpolitisches Gleichgewicht gegenüber der Sowjetunion auf der einen Seite und, auf dieser Basis, Entspannung und Kooperation mit der Sowjetunion auf einer Reihe von Gebieten auf der anderen Seite. Ich sagte bereits, dass George Shultz zurzeit die Entspannung wiederentdeckt, und Ronald Reagan möchte als Friedensstifter in die Geschichte eingehen. Darin liegt eine Chance; sie zu nutzen, ist aber nur mit einem Minimum an sowjetischer Kooperation möglich. Wie man dies erreicht – und natürlich bekommt man diese Kooperation nicht umsonst, sondern muss dafür bezahlen –, diese Frage ist eines der vielen Themen, über die gegenwärtig in der westlichen Welt nachgedacht werden muss. Der neue Anfang, der sich zwischen Washington und Moskau seit dem Oktober 1984 anbahnt, enthält auch für die Europäer die Chance auf eigene Handlungsspielräume.

Aber der neue Anfang birgt zugleich auch große Gefahren. Es besteht die Gefahr, dass die gesamteuropäische Schiene, die von Helsinki über Madrid nach Stockholm geführt hat – an der alle europäischen Regierungen beteiligt sind und außerdem die Amerikaner, Kanadier und die Russen –, jetzt zwischen dem Kreml und dem Weißen Haus zurückgedrängt wird als eine Nebensächlichkeit, auf die es nicht ankommt. Denn die Themen, die in Stockholm zur Debatte stehen, sind weder aus Moskauer noch aus Washingtoner Sicht von erster oder zweiter Rangordnung. Auf diese Weise könnte dieser gegenwärtig einzige gesamteuropäische Ansatz an den Rand gedrängt werden.

Es gibt eine zweite, vielleicht noch größere Gefahr, dass sich nämlich Washington und Moskau, zum Beispiel bei »Star-Wars«, bei START oder SALT III, ohne Rücksicht auf europäische Interessen einigen, das heißt also auf unsere Kosten. Allgemeiner und weniger holzschnittartig ausgedrückt: Die Gefahr besteht, dass von den beiden Supermächten eine weitergehende stillschweigende Aufteilung der Welt in Interessensphären vorgenommen wird, wie das bisher schon für Europa der Fall war.

Eine Aufteilung in Interessensphären könnte die Spaltung Europas machtpolitisch noch stärker befestigen, als das schon im ersten Kalten Krieg geschehen ist. Es ist also notwendig, aber auch möglich, dass die Europäer auf eine heute denkbare neue Entspannungsphase Einfluss nehmen. Dazu sind die Westeuropäer eher in der Lage als die Osteuropäer. Wir müssen Einfluss nehmen sowohl in Washington als auch in Moskau, damit die neue Entspannungsphase überhaupt zustande kommt – denn bisher ist sie ja nur angedeutet! – und damit in diesem Prozess die Interessen der europäischen Völker und ganz Europas berücksichtigt werden. Es geht darum, dass die Europäer wie schon in der Entspannungsphase der sechziger und siebziger Jahre erneut Handlungsspielräume gewinnen, die sie im Interesse der Wiederherstellung der europäischen Identität und der Beziehungen untereinander nutzen können.

Zu alledem gehört politische Führung in Europa. Hier sind große Zweifel angebracht. Ich sehe gegenwärtig keine politische Führung, die aus Europa kommt; mir fällt niemand auf, den man in dem Zusammenhang nennen könnte. Symbolische Handlungen ersetzen das nicht; Händedrücke über Gräbern sind etwas menschlich Notwendiges, aber sie ersetzen nicht in die Zukunft Europas gerichtete politische Führung.

Nach meiner Überzeugung bedürfte es einer starken französischen Rolle; die wird gegenwärtig nicht gespielt. Es bedarf der Beteiligung aus Italien oder Skandinavien, und sodann auch aus Polen, Ungarn und so weiter. Jedweder deutsche Alleingang würde zu schlimmen Enttäuschungen und Rückschlägen führen. Alle, die sich um Führung in dieser Richtung bemühen, müssen sich immer bewusst bleiben, dass man in Moskau nicht Ängste und Soupçon auslösen soll, sondern dass es hier – ich wiederhole es – eines hohen Minimums sowjetischer Duldung, wenn nicht sowjetischer Kooperation bedarf.

Lassen Sie mich meine Überlegungen in acht Sätzen zusammenfassen:

1. Die heutige Spaltung Europas muss nicht das letzte Wort bleiben.

2. Aus Gründen der Machtpolitik anderer kann diese Spaltung durchaus endgültig werden.

3. Wenn wir Europäer diese Endgültigkeit verhindern wollen, kommt es für uns darauf an, die Kraft, die Weitsicht und die beschränkende Vernunft zu entfalten, unsere eigenen Handlungsspielräume zu erkennen und zu nutzen, um die europäischen Interessen eigenständig zu verfolgen. Die Frage ist offen, ob wir dazu in der Lage sind.

4. Es bedarf dazu auch der Kooperationsbereitschaft durch die Sowjetunion. Es ist ungewiss, ob diese selbst bei umsichtigstem Verhalten gegenüber Moskau und seinen Interessen erreicht werden kann. Dabei darf man weder die machtpolitische Zielsetzung der Sowjets unterschätzen, noch dürfen wir glauben, der Westen könne machtpolitisch die Sowjetunion aus Europa verdrängen. Beide Irrtümer könnten zu katastrophalen Konsequenzen führen.

5. Wir bedürfen eines Gleichgewichts der in Europa vorhandenen und von außen auf Europa einwirkenden machtpolitischen Faktoren, um auf der Basis des Gleichgewichts gesamteuropäische Entspannung, gesamteuropäische wirtschaftliche und kulturelle

Kooperation voranzutreiben und dadurch die gesamteuropäische Identität zu bewahren.

6. Gleichgewicht ist verlässlich nur durch Rüstungsbegrenzungsverträge zu erreichen.

7. Damit bei den anstehenden Rüstungsbegrenzungsverhandlungen gesamteuropäische Interessen bewahrt werden, bedarf es gemeinsamer westeuropäischer operativer Einflussnahme auf diese Verhandlungen. Das gilt auch für die weitere Zukunft; nur nachhaltige Einflussnahme durch eine verhandlungsfähige Gemeinschaft der westeuropäischen Staaten kann sicherstellen, dass neue Spielräume geschaffen und auch tatsächlich zur gesamteuropäischen Kooperation genutzt werden können.

8. Mit einem Wort, es ist ein nachhaltiges Engagement sowohl unserer amerikanischen Verbündeten als auch des Westens insgesamt gegenüber dem Osten nötig. Ich betone: ein nachhaltiges Engagement. Ohne den Willen zum Engagement gegenüber dem Osten kann dies alles nicht von viel Hoffnung begleitet sein. Ohne den Willen zum Engagement mit dem Osten wird der Weg Europas zu sich selbst das Ziel verfehlen.

Europa muss jetzt handeln *(1985)*

Zwei Wochen nach der Tagung des Bergedorfer Gesprächskreises in Rom legte Helmut Schmidt in der ZEIT vom 4. Januar 1985 eine Agenda für die zweite Hälfte der achtziger Jahre vor, die helfen sollte, den Stillstand sowohl in der Entspannungspolitik als auch in der europäischen Integrationspolitik zu überwinden.

Kurz nach seinem Amtsantritt fragte mich Jimmy Carter: »Können wir beide gemeinsam nicht die Mauer beseitigen?« Natürlich müssen Staatslenker in privater Unterhaltung durchaus auch umstürzende Fragestellungen miteinander erörtern; trotzdem war ich sehr verblüfft. »Auf welchem Wege?«, fragte ich zurück, Carters Antwort: »Ich dachte, Sie hätten doch wohl ein Rezept dafür.« Natürlich hatte ich es nicht.

Ich habe die Episode deshalb nicht vergessen, weil sie mich in drei Minuten erleben ließ, wie wenig mein Gegenüber von der Lage des gespaltenen Europas verstanden hatte. Ähnliche Eindrücke musste man gewinnen, als später vom »Reich des Bösen« und von der notwendigen und erreichbaren militärischen »Überlegenheit« des Westens wortreich und erschreckend die Rede war.

Allerdings: Zu Beginn der neuen Amtsperiode Ronald Reagans sieht 1985 die amerikanische Attitüde gegenüber Moskau deutlich realistischer aus als vor zwei oder drei Jahren – dank Außenminister George Shultz. Und sogar das Politbüro hat etwas hinzugelernt: Alle sowjetischen Anstrengungen, europäische und nordamerikanische Wähler zu beeinflussen, sind fehlgeschlagen; weder das deutsche noch das italienische noch das britische Parlament haben den Beginn der Raketenstationierungen verschoben. Diese Enttäuschung, zusammen mit der sicheren Erwartung der Wiederwahl Reagans und der Aussicht auf einen kostspieligen Rüstungswettlauf im Weltraum haben Andrej Gromyko schon im Oktober ins Weiße Haus geführt; ausführliche Gespräche mit Shultz werden nächste Woche in Genf folgen.

Zu Beginn des neuen Jahres erscheint also die Luft erheblich weniger eisenhaltig. Eine Beruhigung auch für uns Europäer! So weit, so gut. Aber es ist noch gar nicht gewiss – sofern es 1985 zu Rüstungsbegrenzungsverhandlungen kommt –, dass dabei auch die Sicherheitsinteressen der Völker und Staaten Westeuropas ausreichend berücksichtigt werden, von den Interessen der nichtsowjetischen Osteuropäer ganz zu schweigen. Zwar werden alle Europäer jedwede Begrenzung nuklear-strategischer Rüstung begrüßen. Aber wir wollen nicht bloß mehr Sicherheit für die beiden Großmächte voreinander, wir wollen auch mehr Sicherheit für uns selbst!

Wir haben auch ein vitales Interesse daran, dass die beiden strategischen Supermächte nicht stillschweigend die Welt in Interessensphären zwischen sich aufteilen und dadurch die Spaltung Europas (und Deutschlands) noch vertiefen. Deshalb wollen wir auch keine Abwertung des 1975 in Helsinki begonnenen, später in Madrid und heute in Stockholm fortgesetzten gesamteuropäischen Prozesses der Vertrauensbildung.

Nur wenn die Regierungen Westeuropas gemeinsam auftreten, können sie wirksam Einfluss darauf nehmen, dass eine neue Entspannungsphase zustande kommt; dass dabei nicht (wie schon zweimal, bei Salt II und bei der Ablehnung des Waldspaziergang-Kompromisses für die Mittelstreckenraketen) Europas Interessen unter den Tisch der Großen gekehrt werden; dass die neue Phase erneut Handlungsspielräume für die Staaten des europäischen Kontinents eröffnet.

Hier liegen 1985 die operativen Aufgaben für Mitterrand, Thatcher, Kohl, Craxi. Einzeln ist ihr Gewicht unzureichend, aber gemeinsam können sie vieles bewirken. Sie haben das Glück, in Lord Carrington als Generalsekretär des Atlantischen Bündnisses einen Mann von erwiesenen Fähigkeiten zur Verfügung zu haben. Die Gesamtstrategie des Westens muss neu definiert werden; schließlich sind seit dem Harmel-Report fast zwei Jahrzehnte vergangen, und die Präsidenten, Regierungschefs und Außenminister haben seit 1968 viele Male gewechselt. Die heutigen Amtsinhaber müssen wissen, wir brauchen zweierlei:

Erstens nachhaltige Sicherheit vor der Sowjetunion durch Verteidigungsfähigkeit und damit Abschreckung plus beiderseitiger Begrenzung der Rüstung.

Zweitens nachhaltiges Engagement zur Zusammenarbeit mit der Sowjetunion durch Rüstungsbegrenzung, durch wirtschaftlichen und kulturellen Austausch, durch die Bildung von Vertrauen – und alles dies zur Förderung der Rechte und der Wohlfahrt der Menschen in ganz Europa.

Tatsächlich haben wir vor zehn Jahren mehr gesamteuropäische Zusammenarbeit gehabt als heute. Tatsächlich hatten wir auch – bis zum Beginn der tiefen weltwirtschaftlichen Strukturkrise vor fünf Jahren – mehr westeuropäische Integration als heute. Damals schufen wir das inzwischen überaus erfolgreiche gemeinsame Europäische Währungssystem EWS. Heute dagegen streiten sich die Staatslenker höchstpersönlich über das Recht, ihren Wein zwar zu verzuckern, ihr Bier aber rein zu halten. Welch ein Abstieg! »Euro-Sclerosis«, europäische Verkalkung, so sagt man mitleidig in den USA.

Der gegenwärtige Stillstand der Europäischen Gemeinschaft kann nicht geleugnet werden. Aber das muss 1985 nicht so bleiben;

denn es gibt in keinem größeren Lande nationale Wahlen, auf die Regierungen sonst meist ungebührliche Rücksicht nehmen. Und außerdem erweckt der Start des neuen EG-Kommissionspräsidenten Jacques Delors durchaus Hoffnungen. Man muss Delors helfen. Vor allem Frankreich sollte dies tun; jeder französische Staatspräsident besitzt eine höhere europäische Legitimation als fast jeder englische, italienische oder deutsche Staatsmann.

Frankreich kann sein Ziel einer Weltrolle nur im Tandem mit den Deutschen verwirklichen. Deutschland hingegen kann sein besonderes Interesse an der Milderung der Auswirkungen der Spaltung nur verfolgen, wenn und soweit wir darin von Frankreich gestützt und legitimiert werden. Deshalb brauchen dann auch Engländer, Italiener, Holländer, Belgier, Dänen, Russen, Polen, Tschechen keine Sorgen vor einem angeblichen deutschen Revanchismus zu haben. Dies gilt gleicherweise auch dann, wenn über eine gemeinsame de-facto-Führung in der Europäischen Gemeinschaft hinaus auch die französischen und deutschen Verteidigungsanstrengungen eng zusammengeschlossen würden: Westeuropa (und zwangsläufig mit ihm auch das nicht-sowjetische Osteuropa) würde stärker; keiner in Europa brauchte zu befürchten, er würde dabei verlieren.

Nach siebenjähriger enger Zusammenarbeit zwischen einem französischen Präsidenten und einem deutschen Bundeskanzler ist es ein erneuter Glücksfall, wenn sich heute Präsident Mitterrand und Bundeskanzler Kohl gut verstehen. Nach zwei verlorenen Jahren könnte ihnen 1985 eine Chance bieten, die nicht bald wiederkehren wird; denn 1986, 1987 und 1988 wird es abwechselnd in beiden Ländern entscheidende Wahlen geben. Mitterrand und Kohl sollten das Jahr 1985 besonders in ökonomischer Hinsicht nutzen:

Erstens geht es um den Eintritt in eine zweite Stufe des Europäischen Währungssystems – auch um so das währungspolitische Gewicht Europas zu vergrößern und auf die Budget- und Zinspolitik der Vereinigten Staaten Druck auszuüben. Die Arbeitslosigkeit Europas, die 1985 abermals steigen wird, kann ja nicht abnehmen, solange wesentliche Teile des europäischen Kapitals in die Vereinigten Staaten abfließen und deshalb in Europa Investitionstätigkeit und Beschäftigung weit zurückbleiben.

Zweitens geht es darum, in Richtung auf einen wirklichen Gemeinsamen Markt voranzukommen – beispielsweise durch Entnationalisierung aller staatlichen Beschaffungen und Ausschreibungen, ob bei Eisenbahnen, Telegraphenverwaltungen oder Streitkräften (außer bei nuklearen Waffen), das heißt: Öffnung der staatlichen Ausschreibungen für alle Unternehmen aus denjenigen Staaten, die an diesem Schritt teilnehmen wollen. Es wird nämlich höchste Zeit, den Binnenmarkt der über dreihundert Millionen Westeuropäer endlich wirksam werden zu lassen.

Beide Schritte lägen im Rahmen der Römischen Verträge. Sie verlangen kein ratifikationsbedürftiges Abkommen. Sie wiesen endlich wieder nach vorn. Viele der EG-Staaten würden sich an einem solchen Abkommen beteiligen, insbesondere dann, wenn sie positive Beschäftigungseffekte davon erwarten. Präsident Mitterrand sollte die Initiative und die Führung ergreifen; die Straßburger Rede Mitterrands wäre ein guter Anknüpfungspunkt, Kanzler Kohl sollte ihm unmittelbar assistieren. Viele andere politische Kräfte würden dabei folgen – nicht zuletzt die deutschen Sozialdemokraten.

Ob es sich um die Vertretung europäischer Sicherheitsinteressen oder um die Stärkung der Europäischen Gemeinschaft handelt: Europa leidet heute zugleich an einem Überfluss an Ministersitzungen und den dazugehörigen Papieren, zugleich an einem Mangel an Führung. 1985 wird sich erneut erweisen: Nur aus gemeinsamem Handeln fließt europäische Identität. Aber nur dann wird gemeinsam gehandelt, wenn einer die Initiative ergreift und sie mit Augenmaß und mit klarem Willen verfolgt. Kanzler Kohl hat am 7. Dezember vor dem Bundestag gesagt, im kommenden Jahr schlage für die Europäische Gemeinschaft »die Stunde der Wahrheit«. Wir können ihm und uns allen nur wünschen, dass den guten Vorsätzen die Taten folgen.

Plädoyer für eine Währungsunion *(1989)*

Im Sommer 1989 wurde Helmut Schmidt von dem Europaabgeordneten Otmar Franz um einen Beitrag zu einem Sammelband über die Idee einer Europäischen Zentralbank gebeten. Jacques Delors, der Präsident der EG-Kommission, hatte im Juni den sogenannten Delors-Bericht vorgelegt, der einen schrittweisen Ausbau der Wirtschafts- und Währungsunion in drei Stufen vorsah, allerdings ohne konkrete zeitliche Vorgaben. Zweieinhalb Jahre bevor die Gründung der EZB im Vertrag von Maastricht beschlossen und ihre Aufgaben festgelegt wurden, bekannte sich Schmidt leidenschaftlich zu einer gemeinsamen Währung, die zu dieser Zeit noch ECU, nicht Euro genannt werden sollte.

Mit der Einheitlichen Europäischen Akte haben sich die EG-Mitgliedsstaaten 1987 vertraglich verpflichtet, bis zum Jahre 1992 den gemeinsamen Binnenmarkt in Europa schrittweise zu verwirklichen. Das Ziel war, in Europa einen Raum ohne Binnengrenzen zu schaffen, in dem der grenzüberschreitende Verkehr von Waren, Personen, Dienstleistungen und Kapital nicht mehr behindert werden sollte.

Die EG wollte von Anfang an und seit 1957 ausdrücklich mehr als ein Zollverein sein. Die Errichtung des gemeinsamen Marktes ist seit 1957 vertraglich erklärtes Ziel der Europäischen Gemeinschaft. Mit dem gemeinsamen Europäischen Parlament, dem schrittweise immer mehr Kompetenzen übertragen werden, mit dem gemeinsamen Binnenmarkt und mit einer Währungsunion hätten die Mitgliedsstaaten eine Chance, in Weltwirtschaft und -politik eine eigenständige Rolle im Sinne eines gleichberechtigten Partners gegenüber den USA und Japan zu übernehmen.

Die Geschichte lehrt, dass es in der Welt einen größeren Binnenmarkt – der diesen Namen auch verdient – ohne eine gemeinsame Währung bisher noch nicht gegeben hat. Ohne eine gemeinsame Währung bliebe auch die EG nur ein Zollverein mit einigen zusätzlichen gemeinsamen Regelungen und Organen.

Die Staats- und Regierungschefs hatten schon 1969 den Luxemburger Pierre Werner beauftragt, Vorschläge für eine Wirtschafts- und Währungsunion in Europa auszuarbeiten. Der Zusammenbruch des Weltwährungssystems – auch Bretton-Woods-System genannt – und der festen Wechselkurse zu Anfang der siebziger Jahre und die tektonischen Verwerfungen in der Preisstruktur aller Volkswirtschaften infolge der beiden Ölpreisschocks 1973/74 und 1979/80 haben den sogenannten Werner-Plan fast vergessen lassen.

Ein Jahrzehnt nach dem Auftrag an Werner beschlossen die Staats- und Regierungschefs im Jahre 1978 auf französisch-deutsche Initiative die Errichtung des Europäischen Währungssystems (EWS) mit festen, aber durch einvernehmliche Beschlüsse der Teilnehmer änderbaren Wechselkursen zwischen den Währungen der Teilnehmerstaaten. Nach Jahren mit weltweit starken Wechselkursschwankungen sollte durch enge währungspolitische Zusammenarbeit wenigstens in Europa eine stabile Währungszone geschaffen werden. Dieser Beschluss war im Stadium der Vorbereitung auf starke Bedenken der Fachleute fast aller Zentralbanken gestoßen, es hatte erheblicher Anstrengungen durch die politisch verantwortlichen Regierungschefs bedurft, um diese zu überwinden. Großbritannien hat sich – wie zu erwarten – nicht beteiligt.

Rückschauend hat aber das Wechselkurssystem des EWS auch

nach Auffassung aller damaligen Kritiker während der ersten zehn Jahre seines Bestehens sehr erfolgreich gewirkt. Die Inflationsraten in allen Mitgliedsstaaten haben sich in dieser Zeit deutlich verringert. Die Schwankungen der Wechselkurse zwischen den am EWS teilnehmenden Ländern untereinander haben sich im Vergleich mit der einstmaligen »Währungsschlange«, vor allem aber im Vergleich zu den nicht beteiligten Währungen, besonders zum US-Dollar, aber auch zum Sterling, deutlich vermindert.

Der ECU (European Currency Unit) ist heute schon weit mehr als eine bloße Verrechnungseinheit und auch mehr als nur ein Embryo der zukünftigen einheitlichen Währung der EG. Denn er ist zu einer international begehrten privaten Anleihewährung und zum Bestandteil von Verträgen mit Geschäftspartnern auch außerhalb der EG geworden; der ECU steht mittlerweile an fünfter Stelle aller Währungen der Welt, in denen internationale Verträge abgeschlossen werden. Im Durchschnitt werden täglich Beträge in einer Größenordnung von 15 bis zwanzig Milliarden ECU zwischen Banken verrechnet.

Die Stabilität der Wechselkurse der im EWS zusammengeschlossenen Währungen hat einen überragenden politischen Grund. Da Wechselkursänderungen von den Regierungen förmlich beschlossen werden müssen, trifft diese auch die volle öffentliche Kritik und Verantwortung dafür. Wer seine eigene Währung abwertet, setzt sich dem Vorwurf eines zusätzlichen Inflationsschubs durch höhere Importpreise aus. Das ruft die Gewerkschaften auf den Plan. Die Scheu davor hat die Regierungen sanft aber wirksam zu größerer budgetärer Zurückhaltung und zur Disziplinierung ihres economic policy mix geführt, ohne dass es dazu irgendeines Eingriffs der EG in die nationale Budgethoheit bedurft hätte.

Dies zu erreichen, war eines der Hauptziele der Urheber des EWS. Die stark defizitäre Haushaltspolitik der französischen Regierung nach dem Mai 1981, als man im Alleingang eine Wachs-

tumspolitik zulasten der Stabilität betreiben wollte und infolgedessen mehrfache Abwertungen des Francs und Vertrauensverlust
drohten, wurde deshalb alsbald durch die gleiche Regierung kor-
rigiert. Das Beispiel demonstriert eindringlich, wie das EWS zur
freiwilligen Harmonisierung der ökonomischen Politik führt.

Obgleich das EWS den zweiten Ölpreisschock 1979/80 fast
mühelos bewältigt hatte, ist nach den Regierungswechseln in Paris
1981 und in Bonn 1982 lange Zeit keine ernsthafte Anstrengung
zur Verwirklichung der damals vorgesehenen und schon zeitlich
terminierten weiteren Stufen des EWS unternommen worden.

Erst auf Initiative des EG-Kommissions-Präsidenten Jacques
Delors hat der Europäische Rat der Staats- und Regierungschefs
1988 einen erneuten Anlauf zum weiteren Ausbau des EWS unternommen. Man beauftragte eine Arbeitsgruppe unter seinem Vorsitz,
darunter alle Zentralbankpräsidenten, mit der Ausarbeitung konkreter Vorschläge zur stufenweisen Realisierung der Wirtschafts-
und Währungsunion. Der EG-Gipfel hat im Juni 1989 in Madrid
die Vorschläge dieser Arbeitsgruppe erörtert und die Einleitung der
ersten Stufe der sogenannten Delors-Vorschläge beschlossen. Die
nächsten Schritte sollen zu einem späteren Zeitpunkt – nach Vorbereitung durch entsprechende Arbeitsgruppen – beraten und anschließend beschlossen werden.

Positiv ist zu dem Delors-Bericht anzumerken, dass er auf dem
heute vorhandenen und funktionierenden EWS aufbaut. Ein weiterer Vorzug ist die Einstimmigkeit, mit der die Beteiligten den Bericht verabschiedet hatten; da die Mehrheit aus den Zentralbankpräsidenten der EG-Staaten bestanden hat, kann deren Konsens
sich noch als sehr wertvoll für das weitere Prozedere herausstellen.
Die Selbstbindung der Zentralbankpräsidenten, die in Sachen
EWS bisher immer wieder erhebliche Probleme und Schwierigkeiten vorgetragen haben, ist ein wichtiger Fortschritt.

Andererseits sind des erstrebten Konsenses wegen im Delors-Bericht einige Fragen nur vage beantwortet worden; dadurch ist viel Spielraum für zukünftige Kontroversen offengeblieben. So kann sich eine empfindliche Schwäche allein aus dem Fehlen zeitlicher Vorstellungen für das Durchlaufen der ersten und der zweiten Stufe ergeben. Der Eintritt in die erste Stufe ist zwar für den 1. Juni 1990 vorgesehen. Für die Errichtung einer vollen Währungsunion und einer einheitlichen Währung gibt es aber überhaupt noch kein Datum. Hier sollte der Empfehlung des Wirtschaftsausschusses des Europäischen Parlaments gefolgt werden, der als Datum den 1. Januar 1995 vorgeschlagen hat.

Die Unwilligkeit des Delors-Komitees und des Madrider EG-Gipfels, sich hinsichtlich der endgültigen Phase eindeutig für den ECU als einzige Währung in der EG und für den vollständigen Ausbau einer Europäischen Währungsunion zu entscheiden – gleich ob im Sinne eines Systems der Europäischen Zentralbanken oder einer anderen Organisationsform – ist eine andere klare Schwäche der Madrider Entscheidungen. Damit bleibt weiterhin die Möglichkeit offen für eine unbegrenzte Fortführung der zwölf nationalen Währungen. Die Frage, wie dabei eine irreversible Festlegung der Wechselkursparitäten erreicht werden kann, bleibt ungelöst.

Dies ist nicht nur aus Gründen der Behinderung der weiteren Integration innerhalb der EG ein schwerwiegendes Versäumnis. Denn darüber hinaus bedürfen die inzwischen globalisierten Finanzmärkte dringend eines starken europäischen Zentralbanksystems und einer starken europäischen Währung. Die weltweite Spekulation hat unübersehbare Risiken mit sich gebracht: von den Offshorebanken, die wie Pilze aus dem Boden geschossen sind, um den heimatlichen Bank- und Steuergesetzen und den nationalen Aufsichtsbehörden zu entgehen, oder der immer weiter um sich greifenden Praxis der Abfall-Anleihen (junk bonds) bis zur Las-Vegas-Mentalität vieler Investment-Banken bei der Finanzierung von raubfischartigen Firmenankäufen. Wer außerdem die durch keinerlei reale Wertunterschiede gerechtfertigten, wilden Dollar-Wechselkursschwankungen der letzten zehn Jahre in Erinnerung hat, der muss dringend wünschen, dass dem Dollar und dem Yen eine einzige und deshalb gewichtige europäische Währung und ein einziges europäisches Zentralbanksystem als stabiler Anker gegenübergestellt werden. Dafür sollte allerdings nicht die D-Mark in Betracht kommen, sondern vielmehr der ECU. Wer jedoch stattdessen die D-Mark als Stabilitätsanker propagiert, der ist unter außen- und europapolitischem Aspekt ein Narr! Man kann nicht oft genug wiederholen: Währungspolitik ist immer zugleich auch Außenpolitik.

Alle wirtschaftsgeschichtlichen Erfahrungen sprechen für eine einzige Währung in der EG. Man stelle sich den Binnenmarkt der USA mit fünfzig verschiedenen einzelstaatlichen Währungen vor: Der inneramerikanische Markt hätte niemals die Bedeutung und Dimension erreicht, welche die USA heute zur stärksten Wirtschaftsmacht der Welt haben aufsteigen lassen. Ähnliches gilt für die Sowjetunion. Schon im klassischen Römischen Reich war der gemeinsame Markt selbstverständlich nur deshalb so effektiv, weil von Spanien bis Palästina ein und dieselbe Währung gegolten hat.

Zu den Vorzügen des Delors-Berichts gehören die vorgeschlagene föderative Struktur des europäischen Zentralbanksystems, die den Modellen der deutschen Landeszentralbanken und der Deutschen Bundesbank oder der föderativen Struktur des amerikanischen Federal Reserve Systems nachempfunden ist, und das klare Bekenntnis zur politischen Unabhängigkeit des zukünftigen Zentralbanksystems. Nur ein von Weisungen unabhängiges Zentralbanksystem kann die Geldmenge innerhalb eines gemeinsamen Marktes so steuern, dass das Preisniveau relativ stabil bleibt.

Wir Deutschen haben spätestens seit 1919 (und die Sowjets seit Gorbatschows Perestrojka) begriffen: Ein Staat, der zusätzliches

Geld druckt oder entstehen lässt, ohne dass in gleichem Maße am Markt zusätzliche Ware zur Verfügung steht, verursacht Preissteigerungen. Dasselbe gilt ähnlich auch für Lohnerhöhungen, die nicht durch Produktivitätsfortschritte oder durch Senkung der übrigen Kosten aufgefangen werden können: Wenn in einem solchen Fall die Zentralbank die Geldmenge nicht vergrößert, so entsteht die Gefahr von Absatzstockungen und Arbeitslosigkeit; wenn aber die Zentralbank deshalb die Geldmenge erhöht, so führt dies zur Inflation.

Inflation entsteht auch, wenn ein Staat durch kreditweise Finanzierung seines Haushaltsdefizits einen zu hohen Anteil der Geldmenge und infolgedessen des Sozialprodukts beansprucht und wenn in solchem Falle die Notenbank veranlasst wird, mehr Geld freizugeben, als für die Aufrechterhaltung des bisherigen Preisniveaus zuträglich ist. Beispiele dafür haben wir in Europa vielfältig erlebt.

In Deutschland haben wir in und nach beiden Weltkriegen schlimme Erfahrungen mit Inflationen gemacht. Als der Deutsche Bundestag im Jahre 1957 das Bundesbankgesetz verabschiedete, wurde deshalb der Bundesbank weitestgehende Autonomie in geldpolitischer Hinsicht eingeräumt; deshalb kann sie souverän über eine große Zahl von binnen- und außenwirtschaftlichen Instrumenten verfügen. Es gibt auf der Welt nur ganz wenige Staaten, deren Notenbanken eine ähnlich große, unabhängige Handlungsfreiheit besitzen. Die binnenwirtschaftliche Preisstabilität der D-Mark ist im internationalen Vergleich der Inflationsraten seit langen Jahrzehnten eindrucksvoll. Hieraus leitet sich das Hauptargument zugunsten der Unabhängigkeit eines zukünftig föderativen Europäischen Systems der Zentralbanken ab.

Gegen die Unabhängigkeit werden auch Einwände vorgetragen. So fürchtet beispielsweise die englische Premierministerin Margaret Thatcher Kompetenzverluste, da sie an die überkommene

Abhängigkeit der Bank of England von der britischen Regierung gewöhnt ist; dabei kleidet sie ihre Ablehnung in das Argument vom angeblich unzumutbaren nationalen Souveränitätsverzicht. Es handelt sich um das fast schon traditionelle britische Zögern vor jeder Integrationsschwelle in Europa. England wird einer weitergehenden Integration in Europa immer erst dann beitreten, wenn deren Erfolg unverkennbar geworden ist und wenn deshalb eine weitere Enthaltung dem Vereinigten Königreich unverkennbar mehr Nach- als Vorteile einbringt.

Die Tatsache, dass die Nichtteilnahme am heutigen EWS überdurchschnittliche Wechselkursschwankungen des Sterling bei gleichwohl hoher britischer Arbeitslosigkeit nicht verhindert hat, spricht eindeutig gegen Margaret Thatchers Argument. Wer die relative Instabilität des Sterling-Wechselkurses oder die relativ hohen englischen Inflationsraten vor Augen hat, der kann von Frau Thatchers Argument kaum beeindruckt sein. Für viele englische Bankfachleute und Politiker ist deshalb der Zeitpunkt für den Beitritt zum EWS in seiner jetzigen, noch unfertigen Gestalt angesichts dessen unbestreitbaren Erfolges schon heute gekommen. Die übrigen Staats- und Regierungschefs täten nicht gut daran, Englands Beitritt durch Zugeständnisse erkaufen zu wollen, die den EWS-Prozess verzögern oder gar verwässern könnten; denn das Vereinigte Königreich wird ohnehin über kurz oder lang aus eigenem Interesse beitreten.

Der andere Einwand gegen die Unabhängigkeit des Europäischen Zentralbanksystems hat bisher in Frankreich eine gewisse Rolle gespielt. Danach hat sich die Bundesbank durch ihre Unabhängigkeit zu einer ausschließlichen Fixierung auf das Ziel der binnenwirtschaftlichen Preisstabilität und zur Vernachlässigung der anderen im Vertrag von Rom festgelegten gesamtwirtschaftlichen Ziele verführen lassen: nämlich hohen Beschäftigungsstand und außenwirtschaftliches Gleichgewicht herzustellen. In Deutschland kann nach der Überwindung der beiden Ölpreisschocks, also seit Anfang der achtziger Jahre, in der Tat von hoher Beschäftigung keine Rede sein. Auch das Ziel des außenwirtschaftlichen Gleichgewichts ist bei uns seit Jahren missachtet worden. Die unerhörten deutschen Leistungsbilanzüberschüsse sind außenpolitisch gefährlich und weltwirtschaftlich widersinnig. Angesichts der hohen weltwirtschaftlichen Verflechtung der EG wären ähnliche Auswirkungen einer unabhängigen Europäischen Zentralbank für die ganze EG abträglich. Ihnen sollte deshalb durch vertragliche Definition der Aufgabenstellung des Systems – im Sinne des sogenannten magischen Drei- oder Vierecks – vorgebeugt werden. Am Prinzip der Unabhängigkeit des Systems der europäischen Zentralbanken sollte aber auf jeden Fall festgehalten werden.

Einige der beteiligten Regierungen zögern noch, zumeist unter dem Einfluss ihrer nationalen Zentralbank. Dies gilt vor allem für die Bundesbank. Die große Mehrheit der Mitglieder ihres Zentralbankrates wäre im zukünftigen System nicht mehr einer souverän entscheidenden Ebene zugehörig; sie haben also Zuständigkeiten zu verlieren. Hierin liegt der Hauptgrund für ihren Widerstand gegen jeden Ausbau des EWS. Ihre Vertreter argumentieren dabei national-ökonomisch und nicht international-ökonomisch.

Für die weltpolitische, die gesamteuropäische, den langfristigen deutschen Interessen dienende Qualität der EG fehlen manchen der beteiligten deutschen Politiker leider noch die Weitsicht und die Fähigkeit zur Gewichtung der von der Bundesbank vorgetragenen Argumente, die tatsächlich deren Kompetenz entspringen. Die negativen Argumente der Bundesbank sind nicht besser als diejenigen der britischen Premierministerin, beide dürfen politisch nicht durchschlagen.

Das Delors-Komitee hat nicht überzeugend begründet, warum es eine Zwischenphase ablehnt, während welcher der ECU als Parallelwährung neben die nationalen Währungen tritt, um diese schrittweise zu verdrängen. Diese Ablehnung schließt einen praktischen Weg aus, den die internationalen Anleihemärkte schon längst gegangen sind.

Zu den Nachteilen des Delors-Berichts gehört die künstliche Unterscheidung zwischen der Wirtschaftsunion und der Währungsunion. Tatsächlich kann die erste ohne die letztere nicht voll funktionsfähig werden. Die theoretische Unterscheidung ist ein deutliches Echo auf die sogenannte Krönungstheorie, die von einigen Mitgliedern des Frankfurter Zentralbankrates vertreten wird. Wenn die Währungsunion erst als »Krönung«, also erst nach Abschluss aller anderen integrativen Schritte in Europa in Kraft treten soll, so wird das bedeuten, diesen Schritt möglichst spät zu tun, vielleicht gar erst am Sankt-Nimmerleins-Tag. Das würde aber dann ebenso die Herstellung des gemeinsamen Marktes auf unbestimmte Zeit verschieben. Denn ein gemeinsamer Markt mit zwölf verschiedenen Währungen ist keiner!

In Brüssel besteht die Gefahr allzu vieler, allzu detaillierter, allzu bürokratischer Regulierungen. Damit allein kommt man nicht weit. Im Jahre 1993 wird sich daher mancher fragen, worin denn nun eigentlich 1992 der qualitative Sprung gelegen hat; und mancher wird voraussichtlich den Unterschied zwischen 1992 und 1993 gar nicht bemerken.

Die Schaffung einer gemeinsamen Währung muss deshalb ökonomisch, politisch und psychologisch ein vorrangiges Ziel der EG sein. Was immer an den Delors-Vorschlägen zu kritisieren ist: Der Eintritt in die erste Phase muss zum 1. Juli 1990 vollzogen und die weiteren Schritte und Stufen müssen terminiert werden. Die Bürger, die Unternehmer, die Banker und die Steuerzahler haben einen Anspruch darauf zu wissen, wie und wann es mit Europa weitergeht.

Deutschlands Rolle im neuen Europa *(1991)*

Im September 1991, drei Monate vor den entscheidenden Be-
ratungen der europäischen Staats- und Regierungschefs in
Maastricht, sprach Helmut Schmidt vor der Deutschen Gesell-
schaft für Auswärtige Politik in Bonn-Bad-Godesberg über die
Konsequenzen, die sich aus der deutschen Vereinigung für den
Fortgang des europäischen Integrationsprozesses ergaben.

Die Lage in Europa ist gegenwärtig verworren und unüber-
sichtlich. Ihre Entwicklung ist nicht zu prognostizieren – wie
das eigentlich immer der Fall ist beim Verfall eines Imperiums.
Wir haben in diesem Jahrhundert bisher den Verfall von fünf
Weltreichen erlebt, oder sagen wir etwas bescheidener: von fünf
Imperien.

1918 ging endgültig das Osmanische Reich zugrunde, dessen
Verfall zu Beginn des 19. Jahrhunderts angefangen hatte. Sie werden sich an Bismarcks Berliner Kongress im Jahre 1878 erinnern.
Vor dem Ausbruch des Ersten Weltkriegs redete schon jedermann
vom kranken Mann am Bosporus, 1918 kam das Ende. Heute sehen
wir immer noch die Folgen und die Konflikte im Mittleren Osten
und auf dem Balkan, die aus dem Untergang des Osmanischen
Reiches herrühren. Vieles an Konflikten, was wir in diesen beiden
Regionen erleben, hätten wir in der heutigen Form bestimmt nicht
erlebt, wenn es das Osmanische Reich noch gäbe. Ähnliches gilt
für das Ende des Österreichisch-Ungarischen Reiches der Habsburger. Seine Folgen im Osten Mitteleuropas und auf dem Balkan,

auch in Jugoslawien, die virulenten Streitigkeiten zwischen den Nationen und Nationalitäten, wären so möglicherweise nicht eingetreten, wenn es das Österreichisch-Ungarische Reich noch gäbe. Schauen wir drittens auf Hitlers Großdeutsches Reich und viertens auf das japanische Imperium, beide kurzlebig mit totaler Gewalt errichtet, sodann in einem totalen Krieg total besiegt, zerstört und total zerbrochen. Auch in diesen beiden Fällen sind die Folgen heute noch nicht überwunden, obwohl fast ein halbes Jahrhundert seither vergangen ist – weder in Korea noch in China, weder in der Isolierung Japans noch in Mitteleuropa, ich denke dabei besonders an die Besorgnis vieler Europäer vor einer Wiederkehr deutscher Großmannssucht. In allen diesen vier Fällen – übrigens ähnlich wie zu Beginn des 19. Jahrhunderts beim Zusammenbruch des kurzlebigen napoleonischen Imperiums – war der Kollaps der Großreiche die unmittelbare Folge eines verlorenen Krieges, für dessen Beginn die imperialen Machthaber allerdings selbst verantwortlich oder mitverantwortlich gewesen waren.

Dies war anders in dem fünften Fall des Niederganges eines Imperiums im 20. Jahrhundert, ich spreche von dem Niedergang des British Empire. Die Briten haben ihr Kolonialreich nach 1918 langsam und schrittweise, mit viel Pragmatismus und britischem Common Sense aufgelöst. Sie haben die Dominions, die Kolonien, die Mandatsgebiete selbständig und souverän werden lassen und ein Commonwealth daraus geformt; heute reden sie vom United Kingdom. Aber auch der britische Pragmatismus hat nicht verhindern können, dass später Teile des ehemaligen British Empire in militärische Konflikte miteinander geraten sind, beispielsweise Indien und Pakistan.

Jetzt sind wir ein sechstes Mal in unserem blutigen Jahrhundert dabei, den Verfall eines Großreiches mitzuerleben. Kein Krieg, keine Niederlage gegen einen äußeren Feind ist der Auslöser hierfür; sondern stattdessen handelt es sich um den inneren Zusammenbruch der Sowjetunion. Gleichwohl: Die Folgen für die Bürger und die bisherigen Teile des Stalinschen Großreiches, die Folgen für die Nachbarn und für die Welt insgesamt werden – so vermute ich – ebenso langwierige, ebenso gefährliche, weil konfliktschwangere Prozesse auslösen wie die vorhergenannten fünf Fälle des Machtverfalls von Großreichen.

Ehe ich auf die epochale Bedeutung des Kollapses der bisherigen Sowjetunion näher eingehe, zunächst zwei Vorbemerkungen zur Themenstellung des heutigen Abends. Mir war aufgegeben worden, vom »neuen Europa« zu sprechen. Mich bringt dieser euphemistische Begriffsname in einige Schwierigkeiten. Welches Europa ist eigentlich gemeint? Zu meiner eigenen Lebenszeit – ich bin 1918 geboren – hat es vielerlei verschiedene Europa-Begriffe gegeben. Zum Beispiel das Europa vom Atlantik bis zum Ural; Charles de Gaulle hat diese Formel in den frühen sechziger Jahren noch einmal postuliert, die im 19. Jahrhundert und bis 1945 – jedenfalls zu meiner Schulzeit – allgemein akzeptiert war. Aber nach 1945 hatten wir eigentlich doch verstanden, dass auch die Vereinigten Staaten von Amerika eine europäische Macht geworden waren. Auf der Helsinki-Konferenz im Jahre 1975 (KSZE) hatte auch die Sowjetunion unter Leonid Breschnew die Vereinigten Staaten von Amerika als europäische Macht akzeptiert, übrigens auch Kanada.

Heute eignet sich der KSZE-Teilnehmerkreis, der damals in Helsinki und später in Paris drei Dutzend Staaten umfasste, inzwischen sind die drei baltischen Republiken hinzugekommen, kaum als ein Europa-Begriff. Das KSZE-Europa hat uns gerade eben im Falle Serbien/Kroatien ins Bewusstsein gerufen, dass dieses KSZE-Europa einstweilen keine Einheit ist, dass es keine Exekutive besitzt, dass praktisch jede Regierung eines Mitgliedsstaates ein Vetorecht hat, das nicht überwunden werden kann. Früher, nach dem letzten Krieg, hatte es einmal einen ökonomisch definierten

Europa-Begriff gegeben, das war die OEEC, die Organization for European Economic Cooperation. Sie machte aber nur den Westen aus; inzwischen ist sie schon lange in die OECD übergegangen, welche heute auch Australien, Kanada und Japan umfasst.

Ich muss hier nicht weiter begründen, warum die politisch und auch ökonomisch durchaus handlungsfähigen transnationalen Zusammenschlüsse, die für Europa eine gewisse Rolle spielen, wie die NATO oder wie der eben verstorbene Warschauer Pakt oder wie die Europäische Gemeinschaft oder wie der RGW (auch COMECON genannt) – jeder für sich genommen – keineswegs Europa bedeuten konnten und auch nicht bedeutet haben – auch wenn wir Bonner häufig von Europa geredet haben, wenn wir nach Straßburg oder nach Brüssel zu reisen pflegten.

Die Frage ist also: Was meinen wir eigentlich, wenn wir von Europa sprechen? Michail Gorbatschow hat vor einigen Jahren den – übrigens schon von Leonid Breschnew benutzten – Begriff vom gemeinsamen europäischen Haus verwendet, aber der sollte auch Sibirien bis zur Beringstraße einschließen. Gegenwärtig sind wir meilenweit entfernt von einem solchen gemeinsamen Haus. Deswegen mache ich den Vorschlag, dass wir es im Ergebnis bewusst bei der Unklarheit belassen, was eigentlich gemeint ist mit dem politischen Begriffsnamen: Europa.

Wir wissen nicht, wie lange die Sowjetunion in ihren bisherigen äußeren Grenzen bestehen bleibt. In unsere europäischen Vorstellungen können wir schon mal die westlichen Republiken der Sowjetunion einfließen lassen, zum Beispiel mit Gewissheit die drei baltischen Republiken, aber auch Weißrussland, die Ukraine; bei der russischen Republik bleibt die Frage, ob bis nach Kamtschatka; ich weiß sie nicht zu beantworten. Schon bei den transkaukasischen Republiken kommen uns wahrscheinlich Zweifel, ob wir sie einschließen sollen, also Georgien, Armenien, Aserbaidschan, Zweifel erst recht bei den zentralasiatischen muslimischen

Republiken wie Kasachstan, Kirgisien, Turkmenistan, Tadschikistan und Usbekistan. Darüber hinaus kann man sich fragen, ob wir gegenwärtig Albanien oder Rumänien oder die Türkei in einen politischen Europa-Begriff einschließen können, ganz zu schweigen von den sechs Republiken plus zwei autonomen Gebieten des gegenwärtigen Staates Jugoslawien. Die jugoslawische Situation ist teilweise mit der Lage in der Sowjetunion vergleichbar, denn es handelt sich in beiden Fällen um den Zusammenbruch eines kommunistischen Regimes, um starke zentrifugale Kräfte plus der Gefahr einer Ausbreitung von Bürgerkriegen. Ich muss also meinen Ausführungen vorwegschicken, dass ich nicht von einem zukünftigen Europa als von einer Wesenseinheit sprechen kann. Stattdessen werde ich über verschiedene heute vorhandene Staaten oder Gruppen einige Bemerkungen machen.

Meine zweite Vorbemerkung bezieht sich auf Deutschland. Ich möchte nämlich schon vorweg daran erinnern, dass in der Vorstellung fast aller unserer näheren und weiteren Nachbarn das größer gewordene Deutschland eingebunden sein soll sowohl in die Europäische Gemeinschaft als auch in die Atlantische Allianz. Wer über die zukünftige »Rolle« unseres Staates nachdenkt, inzwischen ein Nationalstaat von nahezu achtzig Millionen Menschen – zum Vergleich: Großbritannien weniger als sechzig Millionen, Frankreich ebenfalls weniger als sechzig Millionen, auch Italien unter sechzig Millionen, Polen unter vierzig Millionen –, der darf um Gottes willen nicht vergessen, dass unsere Mitgliedschaft in der Europäischen Gemeinschaft wie auch in der Allianz in der Vorstellung unserer Nachbarn immer zwei Ziele zugleich hatte: zum einen die Sicherung vor sowjetischem Imperialismus und vor kommunistischer Verführung und zum anderen Sicherung vor Deutschland selbst. Sie finden das Letztere am klarsten ausgedrückt in Winston Churchills Rede in Zürich im Jahre 1946. Weil er ein Brite war, hat er schon damals Großbritannien ausgenommen aus den Vereinigten Staaten von Europa. Heute möchte niemand unter unseren Nachbarn – weder Frankreich noch Großbritannien, weder Holland noch Polen oder die Tschechoslowakei – dieses zweite Ziel der Sicherung vor Deutschland aufgeben, auch wenn dies in den Reden der Ministerpräsidenten und Staatspräsidenten öffentlich nicht angedeutet wird. Dieses Ziel der Sicherung vor Deutschland erscheint vielen unserer Nachbarn heute, nachdem Deutschland so groß geworden ist, sogar noch wichtiger als damals zu Beginn der fünfziger Jahre, also zu einer Zeit, wo die damalige Bundesrepublik noch nicht einmal fünfzig Millionen Menschen umfasste.

Wer über die Rolle Deutschlands nachdenkt, der darf nie vergessen, dass die Franzosen und die Polen unsere wichtigsten Nachbarn sind und es auch bleiben werden – kraft Geschichte und kraft Geographie.

Unser so unklar umschriebenes Europa wird gegenwärtig mit einem Katarakt von Ereignissen konfrontiert, die sich aus der Implosion, aus der Schwäche der Sowjetunion und aus dem Kollaps des europäischen Kommunismus ergeben.

Dieser Katarakt der Ereignisse hat alle europäischen Führungseliten unvorbereitet getroffen. Einige haben richtig und schnell gehandelt. So hat Bundeskanzler Helmut Kohl im Frühjahr 1990 die Chance zur Vereinigung der beiden deutschen Staaten erkannt und genutzt. Das ist ein großes Verdienst. Leider sind dann aber seit dem Juli des vorigen Sommers viele und sehr große Fehler gemacht worden. Man musste vorhersehen und wissen, dass die Industrie in der DDR – ebenso wie die Industrie in Prag oder Pilsen oder in Krakau – ihre sowjetischen und anderen COMECON-Kunden verlieren würde, dass aber darüber hinaus die Industrie der DDR auch ihre einheimischen Kunden verlieren würde. Dieses alles war vorherzusehen. Jeder von uns wusste, was ein Trabant wert war, nämlich weniger als ein gebrauchter Volkswagen, der schon drei oder vier Jahre alt war. Infolgedessen konnte nach der

Währungs- und Marktunion kein Trabant mehr verkauft werden, infolgedessen konnten die Werke die Löhne nicht mehr bezahlen, die Leute mussten also entlassen werden. Der Trabant ist nur eines von vielen Beispielen. Sie selber kennen andere Beispiele. Dieser ruinöse Wettbewerb betraf sogar die landwirtschaftlichen Produkte, wie beispielsweise Obst und Tomaten. Weil die Holländer ihre Tomaten viel besser vermarkten konnten, nämlich appetitlicher anboten, deswegen kauften die Leute in Potsdam holländische Tomaten, obwohl ihr heimatliches Obst und Gemüse von hervorragender Qualität ist, nur war es nicht so gut vermarktet worden; das ist inzwischen besser geworden.

Ich hoffe, dass die Polen, die Tschechen, die Slowaken, die Ungarn, die Esten, Letten und Litauer einige der Fehler deutlich erkennen, die wir in den letzten zwölf Monaten in der ehemaligen DDR gemacht haben, und dass sie daraus für sich die Lehren ziehen. Dass sie beispielsweise der Rückerstattung von enteigneten Fabriken oder enteigneten Firmen oder Gebäuden, also der Rückerstattung von Eigentum insgesamt an die Söhne oder die Schwiegersöhne oder die Enkel auf keinen Fall Vorrang geben dürfen.

Vielmehr müssen die Grundstücke, Gebäude und Firmen in die Hände von Unternehmern gegeben werden, die investieren und modernisieren wollen, die wettbewerbsfähige Produkte herstellen wollen und die damit Arbeitsplätze und verdiente Löhne schaffen. Die Söhne und die Enkel können später in Geld entschädigt werden; sie haben so lange gewartet, jetzt kommt es auf drei, vier oder fünf Jahre auch nicht mehr an.

Ich bin auch sicher, dass die Regierungen in den östlichen Staaten Mitteleuropas erkennen werden, dass es kein guter Weg ist, sämtliche bisher nominell dem Volk gehörenden, in Wirklichkeit aber der kommunistischen Bürokratie gehörenden Betriebe mit vielen Millionen Arbeitnehmern einer einzigen, aus dem Boden gestampften Holding-Gesellschaft – genannt Treuhandanstalt –

zu übergeben und diese dann zu gleicher Zeit drei verschiedenen und teilweise sogar konfligierenden Zielsetzungen zu unterwerfen: nämlich Privatisierung, Sanierung und neuerdings auch noch sozial- und ausbildungspolitischen Zielen, ich nenne hier nur das Stichwort Beschäftigungsgesellschaften. Ich sehe voraus, dass die Treuhandanstalt und Frau Birgit Breuel bald von allen Seiten zum Prügelknaben gemacht werden wird. Ich sage heute schon, ich werde sie dann verteidigen; denn die gleichzeitige Erfüllung all dieser Aufgaben ist unmöglich. Die Osteuropäer sind gut beraten, diese Fehlkonstruktion nicht nachzuahmen. Allein die Belegschaften der Firmen, die der Treuhandanstalt unterstehen, sind so groß wie die Belegschaften der dreißig größten Konzerne der Vereinigten Staaten von Amerika zusammengerechnet. Es gibt niemanden auf der Welt, der solch einen riesigen Treuhandkonzern effizient führen kann.

Unser größter Fehler aber war, dass wir am 3. Oktober des vorigen Jahres, im Augenblick des großen Enthusiasmus und der fast maßlosen Freude, auf den großen Solidaritätsappell verzichtet haben und dass wir nicht gleichzeitig die notwendigen Opfer vom Steuern zahlenden Volk abverlangt haben. Ich habe im Sommer und im Herbst 1990 zehn oder zwölf öffentliche Vorträge in Städten der DDR gehalten. Ich habe dort nicht anders geredet als gegenwärtig, aber ich habe immer mit innerer Überzeugung hinzugefügt – und ich sehe eigentlich keinen Grund, warum ich heute, ein Jahr später, von meiner Überzeugung etwas abstreichen soll –: »Das dauert ungefähr zehn Jahre, aber Ihr werdet es schaffen!« Ich bin noch heute davon überzeugt. Vielleicht sollten wir aber sagen: »Wir werden es schaffen« und nicht: »Ihr werdet es schaffen«. Das setzt allerdings voraus, dass wir im Westen, in den alten Bundesländern, unsere Verantwortung erkennen.

Gegenwärtig sehe ich die deutliche Gefahr, dass infolge westdeutscher Arroganz der seelische Graben sich zunächst noch vertieft.

Ich habe Leute hier in Westdeutschland reden gehört: »Mir wird das alles zu teuer.« Diesen Leuten muss man antworten: Wenn der eigene Bruder, der zu Unrecht lange Jahre im Gefängnis gehalten worden ist, schließlich und unerwartet vor unserer Tür steht, dann bittet man ihn herein, dann teilt man brüderlich mit ihm und fragt nicht als Erstes, was es denn wohl kostet.

Mir ist eine andere Attitüde westdeutscher Arroganz begegnet, nämlich wenn Leute sagen: »Die Ossis, die sollen doch erst mal richtig arbeiten, die wissen gar nicht, was Arbeit ist.« Denen muss man antworten: Die da drüben in den neuen Bundesländern, die haben nun seit 1933 oder 1934 – also fast sechzig Jahre lang – unter den Bedingungen von Diktaturen gelebt und gearbeitet, sie mussten sich anpassen und sie mussten sich durchschlängeln, so wie viele bei uns sich zwischen 1933 und 1945 auch durchschlängeln mussten. Aber gleichwohl haben sie besser gearbeitet und haben in der alten DDR bessere Ergebnisse erzielt als die Menschen in allen anderen kommunistischen Diktaturen während desselben Zeitraums. Die Menschen in der DDR haben deshalb durchaus auch Grund zu einem kleinen Stolz.

Eine dritte Attitüde westdeutscher Arroganz ist mir begegnet, wenn Menschen meinten, der Nationalstaat sei doch eigentlich etwas für das 19. Jahrhundert gewesen, das sei doch eigentlich etwas Überholtes. Für unsere Zeit seien vielmehr andere Prinzipien geboten, wie zum Beispiel die »multikulturelle« oder die »multinationale« Gesellschaft. Die Vorgänge in Jugoslawien, im Baltikum, in der ganzen Sowjetunion zeigen jedoch, dass derjenige, der glaubt, die Menschen könnten auf ihre nationale Identität verzichten, sich irrt. Wahrscheinlich können nur einige Intellektuelle sich diesen Verzicht abfordern, die große Mehrheit der Menschen kann das nicht und will es auch keineswegs! Es gibt kein Volk in Europa, das auf seine nationale Identität verzichten wollte. Wer als Intellektueller oder als Wohlstandsbürger – oder Wohlstandskleinbürger – auf die Einheit der Nation verzichten will, der begibt sich außerhalb der geschichtlichen Kontinuität der europäischen Völker.

Meine vierte These zur westdeutschen Arroganz ist: Wer den Zusammenbruch von Absatz, Produktion und Beschäftigung in der ehemaligen DDR allein auf das Konto der sogenannten kommunistischen Misswirtschaft schreiben will, auch der irrt sich. Wenn 1988 noch fast neun Millionen Menschen in der DDR durch eigene Arbeit ihr Brot verdienen konnten und wenn dies 1992 nur noch fünf Millionen sein werden, so ist dieser Beschäftigungsverfall nicht allein Erich Honecker und seinen Genossen zur Last zu legen. Diese Entwicklung ist vielmehr weitgehend den Fehlern zuzurechnen, die wir seit dem Juli 1990 und seit dem 3. Oktober 1990 in Bonn gemacht haben.

Die fünfte Attitüde westdeutscher Arroganz ist die Vorstellung, allein die Ossis müssten sich ändern. Richtig ist, sie müssen sich ändern. Aber wir im Westen, wir müssen uns auch ändern! Die Vorstellung, dass nur sie sich anzupassen hätten und alles gefälligst so zu machen haben, wie wir es bisher vierzig Jahre lang gewohnt sind, halte ich für oberflächlich, anmaßend und insgesamt abwegig. Nur wenn wir von beiden Seiten aufeinander zugehen, nur dann werden wir seelisch abermals ein Volk sein, wie das im November 1989 die Demonstranten in Leipzig gehofft und gerufen haben.

Natürlich ist es wahr, dass die Ostdeutschen vielerlei zu lernen haben, viel mehr als wir. Ich will aber hier vor einem westdeutschen Publikum nicht all die Punkte aufzählen, die ich normalerweise in den neuen Bundesländern vorzutragen pflege. Immerhin will ich gerne bekennen, dass ich mich unbändig darüber gefreut habe, wie Hansa Rostock während der ersten Spieltage der Fußball-Bundesliga-Saison erst einmal alle westdeutschen Mannschaften abgehängt hat. Da habe ich den Rostockern die Freude nachempfinden können; übrigens auch vielen anderen, die gar nicht in Rostock wohnen, sondern in Magdeburg oder in Halle.

Es gibt natürlich auch östliche Arroganz in Richtung Westen. Das zeigt aber alles nur: Wir bleiben ein gefährdetes Volk. Nicht, weil uns äußere Gefahr so sehr bedroht, die ist zurzeit wohl geringer als in den letzten Jahrzehnten. Sondern wegen unserer Neigung zu Aufgeregtheit, zu Überheblichkeit, zu Angst und zu Gefühlsüberschwang. Diese Neigungen haben uns im Laufe der letzten Generationen schon mehrfach in die Irre geführt. Ohne Ideale wären wir ganz gewiss arm. Aber unser Idealismus darf nicht umschlagen in Romantik, und Idealismus darf nicht umschlagen in Besserwisserei.

Ein Beispiel für Romantik: Manche meinen, wir Deutschen seien nunmehr besonders berufen zur Brückenfunktion zwischen Ost- und Westeuropa. Das macht unseren Nachbarn Angst; darüber hinaus würde es unsere Kräfte überfordern. Ein Beispiel für Besserwisserei: Die westdeutsche Haushalts- und Währungspolitik müsse angesehen werden als der bei weitem überragende Maßstab für die Vertiefung der Europäischen Gemeinschaft. Das seit 1979 sehr gut funktionierende Europäische Währungssystem in seiner heutigen Gestalt ist ein Gegenbeispiel für diesen deutschen Maßstabsanspruch, den wir nun seit zwei oder drei Jahren zunächst aus der Bundesbank und neuerdings auch aus dem Bundesfinanzministerium immer wieder hören und lesen.

Ich will etwas hinzufügen, was vielleicht als unpopulär angesehen werden mag. Die D-Mark ist im Augenblick nicht sonderlich stark. Wir haben heute unsere Leistungsbilanzüberschüsse praktisch auf null vermindert, vielleicht werden wir im nächsten und übernächsten Jahr sogar ein Netto-Kapitalimportland werden. Das ist aber nicht so schlimm; da wir vielleicht schon in zehn Jahren die Wirtschaft in der alten DDR etwa auf das westdeutsche Produktivitätsniveau und den Reallohn auf westdeutsches Niveau gehoben haben werden, so wird dann die D-Mark wieder eine sehr harte Währung sein. Sie wird sich darüber hinaus auf die bei weitem größte Sparsumme und Kapitalbildung der europäischen Volkswirtschaften stützen können. Ich bin besorgt, dass dann zwar nicht militärische Arroganz der Deutschen, wohl aber finanz- und währungspolitische Arroganz der Deutschen verhindern kann, dass es in der EG zu einer einzigen gemeinsamen Währung und zu einer einzigen Zentralbank kommt.

Es ist auch ein anderer Verhinderungsgrund denkbar: wenn wir nämlich zu lange warten und weiterhin die Zeit vertun, ehe es zu einer einzigen Währung der EG und zu einem einzigen Zentralbanksystem kommt. Wir werden bald – spätestens kurz nach der Jahrhundertwende – nicht mehr nur zwölf Mitgliedsstaaten in der EG sein, sondern möglicherweise zwanzig, vielleicht sogar noch mehr. Es wird sehr schwierig, vielleicht unmöglich sein, so viele Staaten unter einen währungspolitischen Hut zu bringen, von denen die Hälfte sich überhaupt erst mühsam an gemeinsame Beschlussfassung und an die Aufgabe soeben erst gewonnener, souveräner Gestaltungsrechte wird gewöhnen müssen. Wer die währungspolitische Vertiefung der EG auf die lange Bank schieben will, der will bewusst in Kauf nehmen, dass sie auf den Sankt-Nimmerleins-Tag verschoben wird!

Diesem Verdacht hat sich seit eh und je London ausgesetzt, aber in den letzten Jahren zunehmend auch die Bundesbank und in ihrem geistigen Gefolge die Bundesregierung. Die Bundesregierung hat früher das Ziel der Wirtschafts- und Währungsunion in der EG propagiert – selbstverständlich zu Recht. Heute aber liest man, dass einige Mitglieder der Bundesregierung die Währungsunion von einer gleichzeitigen »Politischen Union« abhängig machen wollen. Ich halte das für ganz falsch; es ist nur ein nachgeschobenes Verhinderungsargument. Jeder weiß, dass wir von einer politischen Union mit gemeinsamer Außen- und Sicherheitspolitik noch sehr, sehr weit entfernt sind!

Ich denke, wir Deutschen sollen am Willen zur Vertiefung der EG festhalten! Wir sollen ebenso festhalten am Willen zur Kooperation mit den Franzosen! Und wir müssen die Kooperation mit den Polen wollen! Ich will offen bekennen: Ich war bedrückt, als im November 1989 der Bundeskanzler ein Zehn-Punkte-Programm mit dem Ziel der Vereinigung der beiden deutschen Staaten dem deutschen Parlament vortrug, ohne zuvor ein Wort mit dem französischen Präsidenten gesprochen zu haben. Allerdings waren danach die verärgerten Reaktionen in Paris auch nicht angemessen. Allein dies eine Beispiel zeigt: Je größer und stärker und reicher wir Deutschen werden, umso wichtiger ist es, auf unsere Nachbarn Rücksicht zu nehmen. Es war auch zweifellos kein Ruhmesblatt, dass die Bundesregierung wegen des Gezeters der Vertriebenenverbände bis zur allerletzten Minute die Anerkennung der deutsch-polnischen Grenze verweigert hat. Auch dies wirkt natürlich nach! Unsere heutige Scheckbuch-Diplomatie hat ebenfalls psychologisch ihre negativen Seiten – ganz abgesehen davon, dass sie sowohl in Moskau als auch in Washington die irrige Vorstellung ausgelöst hat, bei uns sei noch viel mehr Geld zu holen.

Ich denke, wir sollten nicht von einer eigenständigen Rolle Deutschlands sprechen und wir sollten auch diese Idee nicht hegen. Wir sollten dies weder im Falle Sloweniens, Kroatiens oder Estlands, Lettlands, Litauens tun, oder wo auch immer akute schwierige Fragen in Europa oder weltweit auftreten. Wir sollten in keinem dieser Problemfelder uns vorstellen, dass wir eine eigenständige deutsche Rolle zu spielen hätten oder dass wir uns erlauben dürften, sie zu spielen. Wir sollten vielmehr unsere Rolle im Rahmen der Europäischen Gemeinschaft und im Rahmen der Nordatlantischen Allianz wahrnehmen.

Wir Deutschen haben mehr unmittelbare und mittelbare Nachbarn als irgendein anderes Volk in Europa. Die Skandinavier wohnen auf einer Halbinsel, die Briten leben auf einer Insel, die Italiener auf einer Halbinsel, ebenso die Spanier, die Portugiesen; auch die Franzosen haben es geopolitisch sehr viel leichter als wir, gutnachbarschaftliche Verhältnisse zu schaffen. Wir Deutschen leben, gemeinsam mit den Polen, in einem schmalen Korridor zwischen der Ostseeküste und den Alpen, durch den seit der Völkerwanderung immer wieder Völker hin- und hergezogen sind: die einen von Ost nach West, die anderen – Napoleon etwa – von West nach Ost. Es gab immer wieder zentripetale Kräfte, die in das Zentrum hineinstießen, der Dreißigjährige Krieg könnte hier genannt werden; aber immer wieder gab es auch – jedenfalls in den letzten Generationen – zentrifugale Vorstöße aus Deutschland heraus in Richtung Polen, in Richtung Frankreich, in Richtung Balkan. Unsere wichtigste Rolle ist und bleibt, gute Nachbarn zu sein! Das ist ganz besonders dann schwer, wenn man so viele Nachbarn hat.

Es gibt gegenwärtig keine umfassenden Zukunftskonzepte für Europa. Ich glaube nicht, dass dieser Tatbestand jemandem vorzuwerfen ist. Denn auf den Katarakt von Ereignissen der allerletzten Jahre war niemand vorbereitet. Es konnte auch niemand darauf vorbereitet sein. Der Katarakt ist offenkundig noch nicht an seinem Ende angekommen. Deswegen sollten wir festhalten an dem, was wir haben und was sich bewährt hat. Das ist zum ersten die Allianz, die unter den gegenwärtigen Umständen sicherlich ihren Rüstungsaufwand wesentlich abbauen darf, und zwar Zug um Zug und im Gleichgewicht mit dem Abbau auf der anderen Seite. Das ist zum anderen die Europäische Gemeinschaft. Auf diesen beiden vorhandenen Fundamenten sollten sich die weiteren Entwicklungen vollziehen, die weitere Evolution der Idee der KSZE beispielsweise, später vielleicht auch ein neues System kollektiver Sicherheit in Europa. Das verlangt alles nach unserer tätigen Mitarbeit, es verlangt keineswegs nach einer deutschen Führungsrolle.

Die Europäer, wir alle Europäer gemeinsam, wir werden es noch schwierig genug finden, zu einem neuen, anerkannten Gleichgewicht auf unserem kleinen Kontinent zu kommen. Wir sehen heute, wie die Polen am liebsten Mitglieder der NATO würden, gleiches gilt für die Tschechen und die Slowaken und die Ungarn – aus Gründen, die ich gut verstehen kann. Dies wäre aber heute in der Tat keinem Regierenden in Moskau zuzumuten. Wir sehen auch, dass die gleichen Länder am liebsten heute schon Mitglieder der Europäischen Gemeinschaft werden wollen. Auch ökonomisch wird es schwierig werden, ein neues Gleichgewicht zu finden. All dies wird sich erst schrittweise herausbilden.

Es wird auch schwierig sein für uns Europäer, zu einem anerkannten Gleichgewicht des Respekts zu gelangen. Ich meine den Respekt gegenüber den völkerrechtlichen Prinzipien, den moralischen Prinzipien, zu denen wir uns bekennen, die sich aber zum Teil überlagern und zum Teil miteinander im Konfliktverhältnis stehen. Nehmen wir das Prinzip der Souveränität. Träger der Souveränität sind die diplomatisch anerkannten Staaten. Nehmen wir dazu das andere Prinzip des Selbstbestimmungsrechts. Wer ist Träger des Selbstbestimmungsrechts? Wir können hier die Völker meinen, manche meinen die Nationen; aber wie ist das eigentlich mit den nationalen Minderheiten? Und wie stehen dazu drittens die Menschenrechte? Träger der Grundrechte ist das Individuum, die einzelne Person, wohl auch eine Gruppe von Personen. Wann ist es im Interesse der Grundrechte von Menschen innerhalb eines Staates erlaubt, von außen die Souveränität dieses Staates zu verletzen, um zugunsten dieser Menschen einzugreifen? Erst im Falle des Genozids, dann, wenn Menschen massenweise umgebracht werden? Oder schon früher?

Das sind neuartige Fragen, mit denen sich die Welt in den letzten 45 Jahren und seit der Gründung der Vereinten Nationen nur selten hat beschäftigen müssen. In diesem Jahre blitzte die Fragestellung zuerst auf, als die Amerikaner das Kurdenproblem entdeckten. Wie sollen wir uns aber verhalten, falls es zu einer blutigen Vergewaltigung der Kroaten käme? Die Außenminister der EG haben sich zunächst wochenlang auf den Standpunkt gestellt, die Souveränität Jugoslawiens dürfe nicht angetastet werden. Was darf aber alles passieren, ehe sich die moralische Überzeugung durchsetzt, dass die Souveränität eines Staates keinen unbedingten Vorrang hat vor dem Selbstbestimmungsrecht, vor dem Menschenrecht, vor dem Schutz von Menschenleben?

Ich will noch eine weitere Frage hinzufügen: Was bedeutet eigentlich die Stabilität des Systems souveräner Staaten, ein Schlüsselbegriff für die Außenpolitiker in fast allen westlichen Staaten? Sind damit stabile Verhältnisse im Inneren oder die Stabilität im Verhältnis der Staaten zueinander gemeint? Hat das Stabilitätsprinzip Vorrang vor Menschenrechten? Zur Zeit von Jimmy Carter, der die Menschenrechte propagierte, haben wir Europäer fast alle der Stabilität den Vorrang gegeben. Ich frage mich aber, ob wir dabei bleiben werden, nachdem ich voraussehe, dass viele alte, geschichtlich überkommene nationale Konflikte und Nationalitätenkonflikte in den vom Kommunismus befreiten Teilen Europas wieder aufbrechen, möglicherweise sehr leidvoll und sehr opferreich. Ich kann keine Antworten geben. Ich will nur erkennbar machen, dass wir in Europa auch eine Evolution des internationalen Rechts nötig haben.

Am Schluss meines Überblickes über die heutigen Fragen Europas und Deutschlands möchte ich eines festhalten: Für mich gibt es eine große – und wie ich denke –, den meisten Europäern weitestgehend gemeinsame Hoffnung. Sie gründet sich auf den gemeinsamen Willen zur Freiheit der Menschen, gleich welcher Sprache, welcher Nation oder welcher Region in Europa. Der Wille zur

Freiheit, wie er sich in Lissabon und in Madrid, in Danzig und Warschau, in Prag, in Leipzig und in Berlin beiderseits des Brandenburger Tores, in Wilna oder Riga oder Tallinn, und wie er sich zuletzt in Moskau und Leningrad durchgesetzt hat, dieser Wille ist für mich eine ganz große Hoffnung. Dieser Wille zur Freiheit hat enorme Kräfte freigesetzt. Diese Kräfte haben neue Tatsachen geschaffen, sie haben alten Beton zum Einsturz gebracht. Ich sehe dies als den Beginn einer Wiedergeburt der kulturellen Gemeinsamkeiten, des kulturellen Kontinuums unseres alten Kontinents. Diese kulturelle Gemeinsamkeit schließt – so hoffe ich – die politische Kultur der Demokratie ein. Sie wird – so hoffe ich – schrittweise auch die am Markt orientierten Wirtschaftsordnungen einschließen. Dies alles wird Jahre und Jahrzehnte beanspruchen, aber die Anfänge dazu sind überall schon gemacht.

Eine großartige Chance für Europa *(1992)*

Eine Woche vor der Unterzeichnung des Maastrichter Vertrags über die Europäische Union am 7. Februar 1992 rief Helmut Schmidt in der ZEIT dazu auf, den Zusammenbruch der Sowjetunion und den mit Maastricht beschlossenen Neuanfang in Westeuropa dazu zu nutzen, Ostpolitik und Entspannungspolitik, Integrationspolitik und Menschenrechtspolitik neu auszutarieren.

D ie berühmt gewordene Formel vom »Wandel durch Annäherung« habe ich nie benutzt – nicht etwa deshalb nicht, weil ich ein Gegner der Ostpolitik gewesen wäre, ganz im Gegenteil; sondern weil ich bis zu Gorbatschows Kampagnen für Glasnost und Perestrojka – Schlagworte, die über zwanzig Jahre nach Egon Bahrs Wortprägung auf die Welt gekommen sind – weder einen wesentlichen Wandel des Kommunismus für möglich gehalten noch an eine wesentliche Annäherung zwischen Ost-Berlin und Bonn geglaubt habe. Mindestens die Breschnew-Doktrin, vor allem aber die innere Natur des sowjetischen Großreiches stand dem entgegen.

Inzwischen haben der durchschlagende Erfolg von Glasnost und der totale Misserfolg von Perestrojka gemeinsam jede Hoffnung auf einen inneren Wandel des sowjetischen und des sowjetisch indoktrinierten Kommunismus zerschlagen. An die Stelle der Hoffnung auf Reform der kommunistischen Diktaturen ist deren Zusammenbruch getreten.

Gleichwohl hat die deutsche Ostpolitik der späten sechziger, der siebziger und der achtziger Jahre eine bedeutende, geschichtswirksame, positive Rolle gespielt. Die Ostpolitik hat der Verständigung zwischen dem deutschen Volk und unseren Nachbarvölkern gedient; sie hat Ängste vor Deutschland und vor angeblichem deutschen »Revanchismus« abgebaut; und sie hat die damalige Bundesrepublik als zuverlässigen Vertragspartner zum Frieden ausgewiesen. Zugleich hat die Ostpolitik die Vereinigung der deutschen Nation unter einem gemeinsamen Dach in allen Verträgen und Erklärungen rechtlich offengehalten und die Hoffnung darauf im Bewusstsein bewahrt.

Die Ostpolitik hatte mehrere Wurzeln. Unter ihnen sei erinnert an das Denken deutscher Katholiken und deutscher Protestanten, die in der Mitte der sechziger Jahre für eine realistische Beurteilung der inzwischen geschaffenen Tatsachen eintraten – einschließlich einer Anerkennung der Endgültigkeit der Oder-Neiße-Grenze zu Polen.

Eine andere Wurzel lag in der deutschen Sozialdemokratie. So bin ich selbst im Sommer 1966 einer der ersten deutschen Politiker gewesen, die in Warschau, in Prag und in Moskau die Möglichkeiten zur Verständigung sondiert haben. Inzwischen war an die Stelle des machteuphorischen, polternden und drohenden Vabanque-Spielers Chruschtschow der etwas umgänglichere Breschnew getreten.

Eine wichtige Legitimation erfuhren die ostpolitischen Ansätze der Regierung dann in den Jahren der Großen Koalition durch die Harmel-Doktrin des Jahres 1967. Auf Initiative des belgischen Außenministers Fierte Harmel beschloss der Ministerrat der NATO eine doppelte Strategie gegenüber Moskau und dem Warschauer Pakt: einerseits Abschreckung einer etwaigen Aggression oder Pression durch Moskau mittels ausreichender Verteidigungsfähigkeit des Westens; andererseits Angebot von Entspannung, besseren

Beziehungen und Zusammenarbeit, um Fortschritte bei der Lösung der »grundlegenden politischen Fragen« im geteilten Europa zu ermöglichen. Der deutsche Außenminister Willy Brandt und seine Mitarbeiter hatten daran ihren Anteil.

Man durfte allerdings in die Ostpolitik keine übertriebenen Hoffnungen setzen. Das zeigte sich im nächsten Jahr, als Moskau den Prager Frühling militärisch zerschlug und durch die zugleich verkündete Breschnew-Doktrin jedermann zu verstehen gab, man werde im Machtbereich Moskaus keinerlei Revision des kommunistischen Diktatur-Systems zulassen. Trotz aller Empörung darüber blieb die Harmel-Doktrin des Westens in Kraft. So konnte die Ende 1969 gebildete Bundesregierung der sozial-liberalen Koalition unter Willy Brandt innerhalb weniger Jahre mit der Sowjetunion, mit Polen und der ČSSR Gewaltverzichtsverträge aushandeln und mit der DDR den Grundlagenvertrag zustande bringen – übrigens alle gegen den Widerstand der CDU/CSU-Opposition im Bonner Bundestag.

Die deutsche Ostpolitik jener frühen siebziger Jahre stieß nicht nur auf harte innenpolitische Kritik der CDU/CSU, sondern auch auf erhebliche Zurückhaltung bei unseren wichtigsten westlichen Bündnispartnern, vor allem in Washington. Eine betonte Klarheit und Durchsichtigkeit in der sorgfältigen Erfüllung unserer im westlichen Bündnis schon seit Adenauer übernommenen Pflichten zur militärischen Verteidigung waren deshalb für die außenpolitische Sicherung unserer westlichen Flanke genauso geboten wie unsere tatkräftige Mitwirkung an der Vertiefung der Europäischen Gemeinschaft und ihrer Erweiterung durch sechs zusätzliche Mitglieder, vor allem durch den Beitritt Großbritanniens unter Ted Heath.

Indessen stieß die tatkräftige deutsche Mitwirkung an der politischen und diplomatischen Vorbereitung der Helsinki-Konferenz und ihrer Schlussakte nicht nur abermals auf starke Ablehnung durch die innenpolitische Opposition (inzwischen unter Führung Helmut Kohls), sondern auch auf erhebliche Skepsis und Zurückhaltung bei Henry Kissinger (damals amerikanischer Außenminister). Schließlich war ja – nicht nur den Skeptikern – deutlich erkennbar, wie sehr die Breschnew-Leute darauf hofften, die Helsinki-Schlussakte werde zur Legitimierung ihrer Satellitenstaaten und deren Grenzen beitragen.

In Bonn hingegen setzten wir auf die psychologische und politische Wirkung, die innerhalb der kommunistisch regierten Staaten Europas vom Korb III der Helsinki-Schlusserklärung ausgehen würde, genauer gesagt: von der Unterschrift der kommunistischen Diktatoren unter die detaillierte Darlegung von Grund- und Menschenrechten der einzelnen Person. Es gelang uns 1975, unsere eigenen Verbündeten zu überzeugen, dass diese Erwartung gerechtfertigt war; Präsident Gerald Ford gab dabei den Ausschlag.

Schon wenige Jahre nach der Verabschiedung der Schlussakte in Helsinki im Sommer 1975 zeigte sich, dass Menschen wie Sacharow, Walesa oder Havel und Bewegungen wie Solidarność oder Charta 77 durch den Korb III der Helsinki-Schlussakte eine starke Ermutigung und ebenso eine überaus nützliche taktische Hilfe erfuhren. In fast allen kommunistisch regierten Staaten Europas regten sich die Dissidenten unter dem Banner der Menschenrechte und der Freiheit; ihr späterer Durchbruch bereitete sich überall vor.

Gleichzeitig aber verfolgte Moskau auch nach Helsinki mit Macht seine imperialistische Strategie: in Afrika und im Mittleren Osten; mit enormen Waffenlieferungen in vielerlei Himmelsrichtungen; durch den schnellen Aufbau einer gewaltigen Flotte von nuklearen Mittelstreckenraketen (dem Massenvernichtungsmittel SS-20, das zur Hauptsache auf Deutschland gerichtet war, aber auch auf China); schließlich mit dem militärischen Einmarsch in Afghanistan.

Es hat in der zweiten Hälfte der siebziger Jahre langer Überzeugungsarbeit bedurft, um die Administration Jimmy Carters zur Einsicht zu bewegen, dass das Risiko, mittels der sich anbahnenden hohen sowjetischen Überlegenheit auf dem Felde der nuklearen Mittelstreckenwaffen genötigt, erpresst oder gedemütigt zu werden, für Deutschland und seine Menschen unannehmbar war. Washington war damals mit einem ungefähren Gleichgewicht bei nuklearen Langstreckenwaffen (»strategischen Waffen«) zufrieden; die Waffen von Mittelstreckenreichweite konnten amerikanische Städte nicht gefährden. Erst die Mit-Betroffenheit Frankreichs unter Giscard d'Estaing und Großbritanniens unter James Callaghan führte 1979 auf Guadeloupe zum sogenannten NATO-Doppelbeschluss. Er bot erstens den Sowjets Verhandlungen an zum Ziele der beiderseitigen Reduzierung und schließlichen Beseitigung nuklearer Mittelstreckenwaffen; er kündigte zweitens an, der Westen werde, falls nach Ablauf von vier Jahren kein Verhandlungsergebnis erzielt sei, westlich der europäischen Trennlinie zusätzlich nukleare Mittelstreckenraketen (im wesentlichen Pershing II) stationieren.

Die sowjetische Führung unter Breschnew lehnte zunächst alle Verhandlungen darüber ab und hoffte, die deutsche Friedensbewegung und die linke außerparlamentarische Opposition in Deutschland würden die Ausführung des zweiten Teils des NATO-Doppelbeschlusses verhindern. Tatsächlich aber haben diese Kräfte sich nicht durchsetzen können. Sie haben lediglich zum Sturz der sozial-liberalen Koalition in Bonn einiges beigetragen. Danach haben auch Brandt, Bahr und große Teile der Sozialdemokratie öffentlich ihre Ablehnung des Doppelbeschlusses bekundet.

Breschnews Nachfolger Andropow, 1982 ins Amt gekommen, wäre möglicherweise in den Verhandlungen flexibler und eher kompromissbereit gewesen; aber er lebte nur noch anderthalb Jahre. Deshalb konnten die konservativen Kader im Politbüro und im Militär noch bis Mitte der achtziger Jahre bei ihrer nach Überlegenheit strebenden Linie bleiben – auch dann noch, als nach 1983 der Westen angesichts der Ergebnislosigkeit der Verhandlungen die zweite Hälfte des Doppelbeschlusses verwirklichte.

Erst Gorbatschow gewann schließlich die Einsicht, dass die seit Jahrzehnten anhaltende enorme Überforderung aller sowjetischen Ressourcen und der seelischen, physischen und ökonomischen Kräfte der Völker der Sowjetunion durch einen den ganzen Erdball umspannenden Imperialismus beendet werden müsste. So kam es zum INF-Vertrag (intermediate nuclear forces) mit den Vereinigten Staaten und damit zur beiderseitigen Verschrottung aller nuklearen Mittelstreckenraketen, die ich seit 1979 angestrebt hatte. Dieser Vertrag war der erste echte Abrüstungsvertrag der Weltgeschichte, der zwischen zwei gleichberechtigten Partnern ausgehandelt worden ist. Der INF-Vertrag wurde zum abrüstungspolitischen Durchbruch; ihm sind seither weitere weitreichende Abrüstungsverträge gefolgt.

Gorbatschow wollte das kommunistische System der Sowjetunion reformieren, um es zu revitalisieren. Beides ist inzwischen total misslungen. Dabei hatte Gorbatschows Beginn durchaus Erfolgsaussicht. Man tut ihm (und Schewardnadse) gewiss nicht unrecht, wenn man sagt, die Freigabe der Autonomie und dann der Souveränität der Staaten im Osten Mitteleuropas sei nicht bloß humanitären Motiven entsprungen. Vielmehr war in den zehn Jahren seit Helsinki der Gärungsprozess in diesen Ländern schon so weit fortgeschritten, dass er – nach der Einführung der Meinungsfreiheit in der Sowjetunion – nur noch unter flagranter Verletzung des von Gorbatschow selbst verkündeten Glasnost-Prinzips und nur noch unter Einsatz militärischer Gewalt hätte gestoppt werden können.

Nachdem der Kreml zugelassen hatte, dass die demokratischen Kräfte in Polen, in Ungarn und in der Tschechoslowakei Handlungsfreiheit erhielten, war es fast zwangsläufig, dass er auch die

DDR freigab. Dabei ist die Zulassung der Vereinigung der beiden deutschen Staaten gewiss auch von der Erwartung massiver westdeutscher Finanzhilfen gefördert worden. Gorbatschow hat versucht, aus der Not eine Tugend zu machen. Jedenfalls dies ist ihm gelungen – zum Glück unserer Nation, zum Glück auch Helmut Kohls.

Die Meinungsfreiheit in den Republiken der bisherigen Sowjetunion ist heute größer, als sie jemals gewesen ist – seit den Zeiten Iwans des Schrecklichen. Man darf der Schlussakte von Helsinki einen großen Anteil daran zumessen.

Dagegen nähert sich die ökonomische und soziale Entwicklung der katastrophalen Situation am Ende der beiden Weltkriege. Einer der beiden Hauptgründe dafür ist der bodenlose ökonomische Dilettantismus, mit dem die wirtschaftliche Perestroika – bei enormen strukturellen und ideologischen Widerständen – ins Werk gesetzt wurde. Der andere Hauptgrund liegt in einer irrsinnigen Geldpolitik, die nur noch mit einigen lateinamerikanischen Fällen vergleichbar ist – überall in den Republiken wird das Geld in ähnlichem Tempo gedruckt und in Umlauf gebracht wie bei uns die Morgenzeitungen.

Die staatspolitische Transformation der Sowjetunion in einen Staatenbund (oder Commonwealth oder was auch immer) wirft aber nicht nur die Frage auf, wie zukünftig die Wirtschaft funktionieren soll und wie die wirtschaftliche Zusammenarbeit der Republiken zu bewerkstelligen ist. Sie stellt auch eminent verfassungspolitische Fragen. Zum Beispiel die Frage, wer denn das sowjetische Vetorecht im UN-Sicherheitsrat erben soll oder darf – und die überlebenswichtige Frage nach der Kontrolle über fast 30 000 nukleare Waffen, die über viele der Republiken verteilt sind.

Der Kollaps einer Weltmacht kann Auswirkungen nach außen haben, die sich über eine Reihe von Jahrzehnten erstrecken. Dies zeigen mindestens sechs große Kriege im Mittleren Osten seit dem endgültigen Ende des Osmanischen Reiches vor heute über siebzig Jahren; ebenso der Krieg innerhalb des bisherigen Bundesstaates Jugoslawien, siebzig Jahre nach dem Ende der Habsburger Doppelmonarchie; ebenso die gefährdete und beargwöhnte Isolation Japans, mehr als vier Jahrzehnte nach der totalen Niederlage des japanischen Militär-Imperiums. Auch die totale Zerschlagung von Hitlers »Drittem Reich« hat Wunden, Ängste und Ressentiments bei unseren Nachbarn und in unserem eigenen Volk hinterlassen, die noch keineswegs vollständig verheilt oder überwunden sind.

Es bedarf nicht allzu großer Voraussicht, um nach dem Zusammenbruch des sowjetischen Imperiums ähnlich langdauernde und ähnlich weitreichende Wirkungen zu erwarten. Freilich sind diese gegenwärtig noch kaum abzuschätzen oder einzuordnen.

Immerhin sind heute aber drei gewaltige Veränderungen zum Besseren zu konstatieren:

1. Die Angst vor einem großen Krieg zwischen Ost und West ist fast ganz verschwunden.

2. Auch gegenseitiger Hass ist auf dem tiefsten Stand seit fast einem halben Jahrhundert.

3. In Ost und West gibt es nun eine früher ungeahnte Bereitschaft zur Zusammenarbeit.

All dies zusammen bedeutet eine große Chance – sowohl für Gorbatschows Nachfolger Jelzin, Krawtschuk und andere an der Spitze der Republiken als auch für die Staatsmänner des Westens.

Aber ebenso ist aus mehrerlei gewichtigen Gründen Vorsicht geboten. Denn das gegenwärtig sich noch vertiefende ökonomische und soziale Desaster in allen Republiken der ehemaligen Sowjetunion kann zu politischen Explosionen führen. Es kann Neid und Eifersucht zwischen den Republiken des künftigen Commonwealth auslösen. Als Folge sind weder kleinere noch größere bewaffnete Konflikte auszuschließen, ebenso wenig größere Wanderungsbewegungen von Wirtschaftsflüchtlingen. Es gibt fast unzählbare Minderheitsprobleme in allen Republiken. Vor allem können religiös-kulturelle Konflikte mit den mindestens fünfzig Millionen Muslims entstehen, die vornehmlich in Kasachstan, Kirgistan, Usbekistan, Tadschikistan und Aserbaidschan leben. Es gibt religiöse Affinitäten zu türkischen und iranischen Glaubensbrüdern, Sunniten wie Schiiten. Mehrere muslimisch geprägte Staaten des Mittleren Ostens und Südwestasiens entdecken bereits ihre Interessen an den zentralasiatischen Republiken der früheren Sowjetunion – auch daraus können Konflikte entstehen.

Schließlich sind politische Konflikte zwischen den Nachfolge-Republiken nicht auszuschließen, zumal Russland mit seinem Territorium vom Pazifischen Ozean (Wladiwostok) bis zur Ostsee (St. Petersburg, Königsberg) und mit seinen rund 150 Millionen Menschen ein von allen anderen beargwöhntes Übergewicht besitzt. Die Ukraine hingegen (gut fünfzig Millionen Menschen) hat bisher aufgrund ihrer herausragenden Produktivität fast alle anderen Republiken mitversorgt und erscheint diesen deshalb als unentbehrlich. Staatsstreiche, die Errichtung von Diktaturen oder Versuche dazu sind nirgendwo endgültig auszuschließen.

Angesichts solcher denkbaren Gefahren bleibt also westliche Vorsicht die Mutter der Porzellankiste. Es ist möglich, dass die Staaten westlich der bisherigen Sowjetunion deshalb zu einer mehr klassischen europäischen Gleichgewichtspolitik nach Vorbildern des 19. Jahrhunderts zurückkehren; dazu mag dann auch die auf Jahrzehnte als unruhig zu erwartende Lage auf der Balkan-Halbinsel beitragen.

Zu wünschen ist jedoch, dass die Europäische Gemeinschaft – schon heute das ökonomische Gravitationszentrum Europas – zum politischen Stabilitätsanker unseres Kontinents wird. Dies würde eine gemeinsame Währung voraussetzen und die schrittweise Entfaltung einer gemeinsamen Außen- und Sicherheitspolitik einschließen, also auch: gemeinsame Streitkräfte, selbstverständlich unter dem Dach des Verteidigungsbündnisses mit den USA und Kanada. Die EG würde alle jene Staaten Nord- und Ostmitteleuropas aufnehmen, welche dies wünschen und zugleich in puncto demokratische und wirtschaftlich-soziale Ordnung sowie in puncto Menschenrechte alle Anforderungen erfüllen, welche die EG als selbstverständlich verlangen muss.

Solche Entfaltung und Erweiterung der EG hätte mehrere Ziele zugleich zu verfolgen:

1. Schaffung eines großen europäischen Wirtschaftsraumes, der nicht nur dem Namen eines gemeinsamen Markts tatsächlich gerecht wird, sondern der vor allem den Menschen in allen Mitgliedsstaaten einen großen Anstieg ihres Wohlstandes ermöglichen wird.

2. Wirtschaftliche Zusammenarbeit mit der ganzen Welt, besonders auch mit den Republiken der bisherigen Sowjetunion.

3. Nach wie vor Abschreckung von militärischer Pression und Aggression durch Bereitschaft und Fähigkeit zur gemeinsamen Verteidigung.

4. Sicherheitspolitische Zusammenarbeit mit den europäischen Staaten außerhalb von EG und NATO, vor allem zum Zweck weiterer Rüstungsverminderung. Heute ist der Eintritt der Republiken in die rechtliche Nachfolge hinter der Sowjetunion als Unterzeichner sowohl bereits bestehender als auch fertig ausgehandelter, aber noch nicht in Kraft getretener Abrüstungsverträge (so des 1990 ausgehandelten Vertrages über konventionelle Abrüstung in Europa – KSE-Vertrag) für den Westen wichtiger als die Frage, wer die von der Sowjetunion eingegangenen Auslandsschulden und ihre daraus resultierenden Zahlungsverpflichtungen übernimmt; diese werden ohnehin Not leidend.

5. Einbindung des Achtzig-Millionen-Staates Deutschland, vor dessen Größe und Einfluss bei vielen unserer Nachbarn in West

und Ost ein größerer Argwohn besteht, als uns Deutschen und besonders der Bundesregierung (und Bundesbank) bewusst ist.

6. Schaffung eines Gegengewichts gegenüber der ansonsten unerreichbaren finanzwirtschaftlichen, ökonomischen und strategischen Übermacht der uns befreundet und verbündet bleibenden Vereinigten Staaten. Nur bei einigermaßen gleichgewichtigen Größenordnungen wird auf die Dauer eine partnerschaftliche Zusammenarbeit möglich bleiben. Dies gilt mutatis mutandis auch für die Kooperation der EG mit der finanziellen und wirtschaftlichen Supermacht Japan.

Im Lichte der Vergangenheit wie der Zukunft erscheinen nicht nur das Nordatlantische Bündnis und seine Gleichgewichtsstrategie gerechtfertigt, sondern auch unsere in die EG eingemündete europäische Integrationspolitik. Die Harmel-Doktrin und die deutsche Ostpolitik, die Helsinki-Schlussakte, der KSZE-Prozess und die darin beharrlich verfolgte Ausbreitung der Menschenrechte sind gerechtfertigt, ebenso die Menschenrechtskampagne des ansonsten strategisch unglücklich operierenden Präsidenten Jimmy Carter. Es gibt keinen erkennbaren Grund zu einer fundamentalen Revision dieser politischen Grundlinien. Sie bleiben allesamt auch in Zukunft notwendig. Allerdings müssen sie jetzt ausgebaut und an die neu entstehenden Umstände angepasst werden.

Vor der kommunistischen Ideologie braucht sich niemand mehr zu fürchten. Wohl aber müssen wir aufpassen, dass sich im Westen nicht der irreführende Irrtum ausbreitet, »der Kapitalismus« habe gesiegt. In Wahrheit hat der Wille zu Freiheit und Menschenrechten die Macht der Sowjetunion zum Einsturz gebracht. Es kommt nicht darauf an, Kapitalismus über die Welt auszubreiten; vielmehr ist es nötig und möglich, am Markt und ebenso an sozialer Gerechtigkeit orientierte, demokratische Wirtschafts- und Staatsordnungen aufzubauen.

In ihrer zukünftigen Zusammenarbeit werden alle Staaten gemeinsam noch Jahre brauchen, bis die Fortentwicklung des internationalen Rechtes eine Harmonie gefunden hat – genauer: eine praktikable Kompatibilität zwischen dem Prinzip der Unverletzbarkeit souveräner Staaten (und des Gewaltverzichtes à la Helsinki und deutscher Ostpolitik), dem Prinzip der Selbstbestimmung ethnischer, sprachlicher und religiöser Minderheiten und den Prinzipien der Menschenrechte. Gegenwärtig scheint nicht einmal ein Fall von Völkermord eine Intervention von außen zu rechtfertigen.

Am Ende dieses blutigen Jahrhunderts hat fast der ganze Kontinent sich der Freiheit zugewandt. Das Bewusstsein von der Gemeinsamkeit der europäischen Kultur, zu der – einzigartig in der Weltgeschichte – die Völker verschiedenster Herkunft und Sprache beigetragen haben, tritt allenthalben hervor. Welch eine großartige Chance! Gemeinsam können wir in Europa Zentimeter für Zentimeter jene Umstände und Haltungen beseitigen, aus denen vermeidbares menschliches Leiden erwächst.

Europa in der Krise

Fehler und Versäumnisse
seit dem Vertrag von Maastricht

Europa und die Deutschen in einer
sich ändernden Welt *(1994)*

Im November 1994 hielt Helmut Schmidt auf dem Forum der Zeitschrift »Internationale Politik und Gesellschaft« eine Rede, in der er im Zusammenhang mit unbedachten Äußerungen und sich häufenden Ungeschicklichkeiten der Regierung Kohl nachdrücklich vor deutscher Überheblichkeit warnte. Bereits die damals vielzitierte Formel vom »Europa der verschiedenen Geschwindigkeiten« berge enorme Gefahren für die Integration des Ganzen. Wilhelminischer Größenwahn schließlich könne leicht zu Koalitionsbildungen unter unseren Nachbarn und zu einer gefährlichen Isolation Deutschlands führen. Und schon zu diesem frühen Zeitpunkt – ein Jahr nach Inkrafttreten des Maastricht-Vertrages, den er einen »Kraut-und-Rüben-Vertrag« nannte – sprach Schmidt von einer »Post-Maastricht-Krise«.

Europa in einer sich ändernden Welt und die Deutschen in einer sich ändernden Welt, das ist ein Doppelthema. Man könnte getrennt sowohl die zukünftige Rolle Europas als auch die zukünftige Rolle Deutschlands diskutieren. Die Verknüpfung dieser beiden Themen macht aber durchaus Sinn. Ich hoffe, dies deutlich machen zu können. Aber die Verknüpfung zwingt auch zur Weglassung wichtiger Aspekte und Gedanken.

Ein Wort will ich jedoch ganz klar und sehr deutlich voraus-

schicken: Ich kann weder allgemein außenpolitisch noch europapolitisch, noch weltpolitisch eine besondere Verantwortung der
gegenwärtigen Bundesregierung erkennen, die sich von der Verantwortung der Opposition unterscheidet. Das Gleiche gilt für die
deutsche Publizistik und für die Medien. Wir Deutschen insgesamt
stehen gegenüber unseren Nachbarn, gegenüber dem Prozess der
europäischen Integration und gegenüber der Welt alle in der gleichen Verantwortung.

Aber unsere Verantwortung ist heute ungleich größer, als sie
noch vor fünf Jahren gewesen ist. Weil erstens Deutschland mit
über 80 Millionen Menschen nach Russland heute – gemessen
an der Bevölkerungszahl – der größte Staat Europas geworden
ist; und weil zweitens inzwischen der Kollaps des sowjetischen
Imperiums wie auch die Befreiung einer Reihe von Staaten, die
bisher direkt oder indirekt von Moskau aus beherrscht gewesen
sind, stattgefunden haben. Die unter dem Ost-West-Gegensatz bis
1989/90 sehr einfach zu verstehende Bipolarität Europas und der
Welt ist abgelöst worden durch eine schwer zu durchschauende
und noch schwieriger zu prognostizierende Vielfalt. Es ist deshalb
in meinen Augen kein besonderes Wunder, dass sich die Regierungen in Paris oder in London oder in Bonn oder auch in Washington
in einer Situation der Unklarheit befinden; auch ihre Außenpolitik
ist entsprechend unklar. Jedermann grübelt, und jedermann tastet
sich ganz vorsichtig an Problemlösungen heran. Auch meine Überlegungen hier werden nichts anderes sein als ein sehr vorsichtiges
Vorantasten.

Ich beginne mit dem Zusammenbruch des sowjetischen Großreiches und dem Zusammenbruch seines auf Europa gerichteten,
aber auch auf Asien, auf Afrika und selbst auf Mittelamerika gerichteten expansiven Imperialismus. Nach meiner Einschätzung
wird es mehrere Generationen dauern, bis auf dem Boden der
früheren Sowjetunion sowohl geordnete, konsolidierte politische

Verhältnisse als auch konsolidierte ökonomische Verhältnisse entstanden sind; 25 Jahre, ja selbst fünfzig Jahre würden mich dabei nicht überraschen.

Wenn eine Großmacht kollabiert oder wenn eine Großmacht eliminiert wird, so dauern Konsolidierung und Nachwirkungen sehr, sehr lange. Man denke an den endgültigen Zusammenbruch des Osmanischen Reiches im Jahre 1919. In Bosnien ist die Konsolidierung heute noch nicht eingetreten. Man denke an das Ende der österreichisch-ungarischen Doppelmonarchie im selben Jahre. Man schaue sich Kroatien an oder Slowenien. Bis heute ist dort eine endgültige Konsolidierung nicht eingetreten. Oder man denke an die schnell zusammengeraubten Militärreiche Hitlers oder Japans, beide 1945 zum Ende gebracht. Bis heute sind weder die politischen noch die psychischen Folgen ihrer Beseitigung wirklich ausgestanden oder überwunden. Oder ein anderes Beispiel: das British Empire der Königin Victoria – mit englischer Staatsklugheit schrittweise demontiert! Aus den Kolonien wurden zuerst Dominions, dann bekamen die Dominions eine gewisse Selbständigkeit, dann wurden sie souveräne Staaten. Aber auch englische Staatsklugheit hat nicht verhindern können, dass Teile des früheren British Empire sich anschließend gegenseitig in den Haaren lagen – um einen sehr vorsichtigen Ausdruck zu gebrauchen –, sich gegenseitig umklammerten, gegeneinander Kriege führten, so in Schwarzafrika und so insbesondere in Südasien.

Es kann also auch auf dem Boden der früheren Sowjetunion sehr, sehr lange dauern, bis eine gewisse Ordnung erreicht wird und bis für die Regierungen, die mit den Nachfolgestaaten zu tun haben, prognostizierbare Entwicklungen eintreten. Das gilt besonders auch für die Russische Föderation: 160–165 Millionen Menschen und beinahe hundert Nationalitäten. Bei alledem bleibt Russland trotz seiner offenkundigen gegenwärtigen politischen und ökonomischen Schwäche eine Weltmacht: aus Gründen der regionalen Ausdehnung, aus Gründen der ungeheuren Bodenschätze, auch aus Gründen seiner militärischen Macht. Noch heute liegt die Zahl der auf dem Boden der ehemaligen Sowjetunion vorhandenen nuklearen Waffen beispielsweise weit, weit über 10 000. Damals gab es nur die eine Nuklearmacht Sowjetunion. Jetzt gibt es davon vier: nämlich Russland, die Ukraine, Kasachstan und Weißrussland.

Eine der Folgen des Zusammenbruchs des sowjetischen Imperialismus sehen wir auf dem Balkan. Für Tito war es eines seiner Herrschaftsinstrumente, mit dem er den künstlichen Vielvölkerstaat zusammenhalten konnte, der damals Jugoslawien geheißen hat, dass er immer hinweisen konnte auf die latente sowjetische Drohung der Invasion.

Eine andere Folge sehen wir im sogenannten Nahen Osten. Der Handschlag zwischen Rabin und Arafat wäre niemals möglich gewesen, wenn es die Sowjetunion und ihr häufiges Veto noch gäbe.

Oder man schaue nach Zentralasien, wo wir konkurrierende Einflussnahmen durch die Russen, durch die Türken, durch die Chinesen, durch die Pakistanis und durch die Iraner erleben werden.

Ich werde auf Russland später noch einmal zurückkommen und möchte mich zunächst mit Deutschland befassen, dessen Vereinigung, ebenso wie der Zusammenbruch der Sowjetunion, die Welt verändert hat.

Wenn wir in der deutschen Geschichte zurückschauen, etwa über zehn Jahrhunderte, seit dem allerersten Anfang der Nationbildung in Deutschland – der ja ungefähr gleichzeitig in Deutschland stattgefunden hat wie in Polen, wie in England, wie in vielen europäischen Nationen –, etwa zur Zeit Ottos I.; wenn wir also zurückblicken über diese Spanne von mehr als zehn Jahrhunderten, dann hat die ungewöhnliche und im Grunde schicksalhaft unglückliche geopolitische Lage Deutschlands in der Mitte dieses schmalen

Kontinents über all die Jahrhunderte eine Folge von kriegerischen Auseinandersetzungen mit sich gebracht.

Wenn die Deutschen sich stark fühlten, stießen sie aus dem Zentrum in die Peripherie Europas vor: im Mittelalter überwiegend nach Italien, später im Zusammenspiel mit Russen und Österreichern gegen die Polen, wiederum später gegen die Dänen, gegen die Österreicher, gegen die Franzosen, erneut im Zweiten Weltkrieg gegen die Franzosen, aber nicht nur gegen sie, sondern so ziemlich gegen alle Völker rundherum um Deutschland, sogar nicht nur gegen die uns unmittelbar benachbarten Völker. Umgekehrt: Wenn die Deutschen schwach zu sein schienen, dann sind von den Rändern Europas her die Vorstöße ins Zentrum erfolgt. Die Türken sind zweimal bis Wien gekommen; die Ungarn kamen etwas weiter. Die Schweden haben während des Dreißigjährigen Krieges unter Gustaf Adolf auf das schlimmste hier gehaust. Die Franzosen sind unter Ludwig XIV. vorgestoßen, erneut unter Napoleon.

Andere Völker waren sehr viel glücklicher dran, sie haben weniger Nachbarn. Gegenwärtig haben wir Deutschen neun unmittelbare Nachbarn; dabei habe ich die Russen und die Engländer noch gar nicht mitgezählt, obwohl sie über die Jahrhunderte in der deutschen Geschichte eine ganz große, wichtige Rolle für und gegen uns gespielt haben. Es gibt unter den europäischen Nationen nur ein Volk, das sich in ähnlich unglücklicher Lage befindet; das sind die Polen, sie haben gegenwärtig sieben unmittelbare Nachbarn. Die Polen haben unter ihrer unglücklichen geopolitischen Situation noch schlimmer gelitten als wir Deutschen, wenn wir die polnische Geschichte zurückdenken bis ins Mittelalter.

Wenn wir mit polnischen Augen das heutige Deutschland betrachten, so kommt es uns schrecklich groß vor. Polen hat rund vierzig Millionen Einwohner, die Deutschen sind aber über achtzig Millionen. Wenn wir mit tschechischen Augen das heutige

Deutschland betrachten, so kommt es uns ebenfalls schrecklich groß vor. Tschechien hat rund zehn Millionen Menschen, die Deutschen sind aber über achtzig Millionen. Mit holländischen Augen betrachtet, gibt es mehr als fünfmal so viele Deutsche als die etwas über 15 Millionen Holländer. Wenn wir mit französischen Augen das heutige Deutschland betrachten, dann ist es beinahe eineinhalb mal so groß wie Frankreich – nicht am Territorium gemessen, aber an Menschen. Ähnlich sieht es aus, wenn wir das heutige Deutschland mit italienischen oder englischen Augen betrachten – ganz zu schweigen von unseren kleineren Nachbarn.

Ich nehme einen Satz an dieser Stelle vorweg, auf den ich später noch zurückkommen möchte: Wegen dieser unglücklichen geopolitischen Zentrallage und wegen der aus dieser Lage geschichtlich entstandenen unzählbaren Konflikte und unzähligen Millionen von toten, verstümmelten und ermordeten Menschen auf allen Seiten liegt es im dringenden, im vitalen deutschen Interesse, uns, unsere Nation, unseren Staat willentlich einzubinden in eine größere Gemeinschaft, in die Europäische Union.

1946 hielt Winston Churchill in Zürich eine große Rede, seine französischen Kriegskameraden adressierend und an sie appellierend, sie mögen sich doch bitte mit den Deutschen versöhnen, damit die Vereinigten Staaten von Europa möglich würden. (Ich will an dieser Stelle nicht unerwähnt lassen, dass er – weil er Engländer war – ganz klarmachte, dass England nicht zu diesem Vereinigten Europa gehören würde.) Churchill verfolgte mit diesem Appell zwei Motive gleichzeitig. Das eine war: Dieses gefährliche Deutschland – das waren damals nur einige vierzig Millionen Westdeutsche, aufgeteilt in drei westliche Besatzungszonen – einzubinden in eine größere Gemeinschaft, von ihm damals »Vereinigte Staaten von Europa« genannt. Und sein anderes Motiv war: eine Barriere zu bauen gegen ein weiteres Vordringen des Stalinschen Imperialismus. Für diese Barriere brauchte man den deutschen Boden und die deutschen Soldaten. Beide strategischen Motive passten ineinander und gingen Hand in Hand.

Es hat anschließend ein paar Jahre gedauert, bis einige weitsichtige Franzosen auf diesen Appell eingegangen sind. Jean Monnet war der geistige Urheber des Schuman-Plans vom Mai 1950. Dieser Plan enthielt den Vorschlag, dass Frankreich, die drei Benelux-Staaten, Italien und Deutschland ihre damals für entscheidende Schlüsselindustrien gehaltenen Branchen Kohle, Eisen und Stahl in einer Gemeinschaft zusammenschließen sollten. Es war der Vorschlag für eine Europäische Gemeinschaft für Kohle und Stahl (EGKS). Das Motiv von Jean Monnet und das Motiv von Robert Schuman war ein doppeltes, genauso wie bei Churchill: erstens Deutschland einzubinden, zweitens eine Barriere zu bauen gegen weiteres sowjetisches Vordringen. Die Sowjets hatten ja kurze Zeit vorher ihre Militärmacht vorgeschoben bis an die Elbe, sie hatten 15 Millionen Polen aus ihren angestammten Heimatgebieten vertrieben und anschließend diese Gebiete der Sowjetunion einverleibt.

Mir scheint, dass die deutschen Politiker bisher nicht mit ausreichender Klarheit unserem eigenen Volk gesagt haben, dass wir nicht aus europäischem Idealismus für eine Europäische Union eintreten, sondern aus vitalem eigenen Interesse der Deutschen. Wenn außerdem noch Idealismus hinzukommt, so schadet dies nicht. Es tut mir weh, wenn ich gegenwärtig deutsche Politiker reden höre oder deutsche Journalisten lese, die von einer Führungsrolle Deutschlands oder von einer Brückenfunktion Deutschlands zum Osten sprechen oder ein Buch schreiben unter dem Titel »Zentralmacht Deutschland«. Dies alles tut uns nicht gut, weder in den Augen der Franzosen noch der Polen, noch der Holländer, noch der Tschechen.

Wenn ich sagte, es liegt in unserem eigenen Interesse, mit all diesen Nachbarn gute Nachbarschaft zu halten, uns eng mit ihnen zu verzahnen, und zwar unauflöslich, dann kann ich das vitale deutsche Interesse auch noch anders definieren. Nämlich: Es liegt in unserem vitalen Interesse, zu vermeiden, dass wir durch unser eigenes Verhalten gegen uns Koalitionen schmieden.

Wilhelm II. war ein großer Meister darin, unbeabsichtigterweise eine Koalition gegen Deutschland zusammenzubringen. Diese hat dann vier Jahre gebraucht, um Deutschland im Ersten Weltkrieg zu besiegen. Hitler hat Ähnliches nicht unbedacht getan, sondern vielmehr blutig erzwungen: eine Koalition fast aller Europäer gegen die Deutschen. Es hat dann abermals mehr als vier Jahre gedauert, bis diese Koalition gegen uns den Zweiten Weltkrieg gewonnen hatte.

Manchmal bin ich ein wenig besorgt, wenn ich heute sehe oder lese oder höre, wie manche bei uns – ähnlich unbedacht wie Wilhelm II. – Äußerungen tun, Handlungen vornehmen, die geeignet sind, psychologische Affinitäten herzustellen zwischen unseren Nachbarn, die gegen uns gerichtet sind oder gar psychische Koalitionen gegen uns Deutsche auszulösen.

Es war ein schwerer Fehler, dass im Herbst 1989 Bundeskanzler Kohl seinen Zehn-Punkte-Plan zur deutschen Vereinigung verkündete und Präsident Mitterrand davon zuerst aus der Zeitung oder aus dem Fernsehen erfuhr. Der französische Staatspräsident hat darauf allerdings auch nicht sonderlich klug reagiert, das soll hier nicht unerwähnt bleiben. Er machte nämlich einen demonstrativen Besuch in der damaligen DDR und einen zweiten demonstrativen Besuch in der Sowjetunion. Diese Irritation schien nach ein paar Jahren, wenn nicht geheilt, so doch wenigstens überwunden zu sein.

Ein anderes Beispiel war das Ratifikationsverfahren hinsichtlich des Maastrichter Vertrages. In Frankreich – und nicht nur in Frankreich – gab es dafür ein Referendum. In Deutschland wurde diese Frage aber durch ein hohes Gericht entschieden, in Karlsruhe. Dieses Gericht hat dann auch noch lauter überflüssige Sachen in sein Urteil hineingeschrieben. Es hat eine Reihe von Bedingungen formuliert, die erfüllt sein müssen, damit die entstehende Europäische Union mit dem deutschen Grundgesetz in Übereinstimmung sei. Dies war überflüssig; denn danach war nicht gefragt worden. Alles sehr deutsch! Beinahe schon ein bisschen wilhelminisch! Noch schlimmer: Der Deutsche Bundestag selbst – einschließlich der Opposition – hat zum Maastrichter Vertrag anlässlich der Ratifikation einen Beschluss gefasst: Es gilt zwar, dass in diesem Vertrag drinsteht, vier Bedingungen müssen erfüllt sein, damit ein Mitgliedsstaat an einer gemeinsamen europäischen Währung teilnehmen kann, damit überhaupt die Europäische Währungsunion und die gemeinsame Europäische Zentralbank zustande kommen, aber wir, der Deutsche Bundestag, behalten uns vor, später immer noch ja oder nein sagen zu können. Alles ein bisschen wilhelminisch! Der deutsche Finanzminister setzte noch einen Punkt obendrauf und sagte:»Ja, aber wir machen das überhaupt nicht, wenn nicht die Europäische Zentralbank nach Frankfurt kommt.« Auch ein bisschen wilhelminisch!

Ich erinnere darüber hinaus an den Fall, wo ein Botschafter unseres wichtigsten Nachbarlandes sich möglicherweise irgendwo im Ton vergriffen hatte und er dann durch den deutschen Außenminister »einbestellt« wurde – wie der hochfahrende terminus technicus heißt – und mit Fleiß dann dem eigenen Pressereferenten aufgegeben wurde, diese Einbestellung öffentlich kundzutun. Alles ein bisschen wilhelminisch!

Oder denken Sie an das Begehren der gegenwärtigen Regierung – oder korrekterweise des Außenministers, ich will den Kanzler hier nicht reinziehen, er hat sich da sehr zurückgehalten –, Deutschland müsse in Zukunft ein ständiges Mitglied des Sicherheitsrates der Vereinten Nationen sein. Seitdem die Charta der Vereinten Nationen geschaffen wurde, gibt es fünf ständige Mitglieder, das sind die damaligen und heute noch einzig anerkannten Atommächte der Welt: nämlich USA, Russland, China, Frankreich und England. Sie haben auch alle fünf in diesem Gremium ein Vetorecht. Nun wollen wir Deutsche das auch. Wozu eigentlich? Wahrscheinlich um die Franzosen zu erfreuen oder um die Engländer zu erfreuen? Und wie ist das mit dem Vetorecht? Wollen wir davon irgendwann einmal Gebrauch machen? Wie verträgt sich dieses Verlangen eigentlich mit den Interessen der Inder, über neunhundert Millionen Menschen? Oder mit denen der Indonesier, beinahe zweihundert Millionen Menschen? Oder mit den Pakistanis oder Bangladeschis oder mit den Nigerianern oder den Brasilianern? Alles Staaten mit einer weit größeren Bevölkerungszahl als wir. Was soll das? Zu wessen Freude wird das in die Welt hinausposaunt? Ganz abgesehen davon, dass die Wahrscheinlichkeit, dass zwei Drittel der 184 Mitgliedsstaaten der Vereinten Nationen gemeinsam dafür die Charta der UN ändern wollen, mir nicht sonderlich hoch erscheint. Auch ein bisschen wilhelminisch!

Aus der Entstehungsgeschichte des europäischen Integrationsprozesses – der anfängt mit dem französischen Angebot durch Monnet und durch Schuman, aus dem sich die EGKS, die Römischen Verträge, die Europäische Wirtschaftsgemeinschaft und später die Europäische Union entwickelt haben – muss eigentlich jeder Deutsche lernen, dass nichts wichtiger ist für den ganzen Integrationsprozess und für die Einbindung der Deutschen in die Integration als die enge Kooperation mit Frankreich. Ich beeile mich hinzuzufügen: und in Zukunft die enge Kooperation mit Polen. Denn das sind unsere beiden wichtigsten Nachbarn.

Mir kommt es reichlich töricht vor, wenn in dieser Lage deutsche Politiker davon schreiben, dass es verschiedene Geschwindigkeiten geben werde bei der weiteren europäischen Integration und dass Deutschland die »Führungsmacht« sein werde für einen mitteleuropäischen Kern der Union und Frankreich die Führungsmacht für einen lateinischen oder mittelmeerischen Kern der Europäischen Union. Dies hieße, Deutschland und Frankreich einander gegenüberzustellen. Ganz abgesehen davon, dass es sicherlich nicht zur Freude der Italiener oder der Spanier gerät, wenn sie das lesen, und nicht zur Freude der Tschechen oder Polen. Das alles, genauso wie das von uns nicht höflich, aber hörbar zurückgewiesene Angebot des amerikanischen Präsidenten zu einer Kooperation »in leadership« – als wenn wir das wichtigste Land in Europa wären und die Führung auszuüben hätten – macht mich besorgt.

Für jemanden, der die europäische Entwicklung verfolgt hat in den letzten 45 Jahren, ist es nichts Neues, dass die Integration sich mit verschiedenen Geschwindigkeiten entwickelt hat. Das muss man nicht ausdrücklich bestätigen, es war so. Sogar der Maastrichter Vertrag sieht ausdrücklich verschiedene Geschwindigkeiten für verschiedene Politikbereiche vor. Im Maastricht-Vertrag steht, einige Staaten können unter bestimmten Bedingungen ein gemeinsames Währungssystem ins Werk setzen, und andere Staaten können daran noch nicht teilnehmen, weil sie die Bedingungen noch nicht erfüllen. Warum muss man aber darüber räsonieren?

Die europäische Integration hat seit 1950 einen langen Prozess hinter sich. Wir haben im Laufe dieser 44 Jahre immer wieder Rückschläge, sogar große Krisen erlebt. Die erste große Krise kam schon wenige Jahre nach dem Schuman-Plan, als das französische Parlament die Europäische Verteidigungsgemeinschaft abgelehnt hat, dies war 1954. Die nächste Krise kam ein halbes Jahrzehnt später, als de Gaulle sagte: »Nein, wir wollen euch Engländer nicht drinnen haben.« Die nächste Krise kam in der Mitte der sechziger Jahre, als de Gaulle seinen Ministern verbot, an den EG-Ratssitzungen teilzunehmen, die Politik des sogenannten leeren Stuhls; und so weiter und so fort. Wir haben alle diese Krisen überwunden. Wir haben darüber hinaus gleichzeitig doch auch immer wieder Fortschritte zustande gebracht und uns sowohl anzahlmäßig erweitert als auch institutionell vertieft.

Der vorläufig letzte Schritt – jedenfalls scheint es so – dieser institutionellen Vertiefung ist der Maastrichter Vertrag. Es ist eigentlich ein Kraut-und-Rüben-Vertrag. Ich habe mich aber für die Ratifikation dieses Vertragswerkes eingesetzt, weil ich mich, seit ich Jean Monnet Ende der vierziger Jahre kennengelernt habe, immer dafür ausgesprochen habe, dass wir die europäische Integration vorantreiben. In meinen Augen wäre es ein schwerer Rückschlag geworden, wenn wir Deutschen den Vertrag nicht ratifiziert hätten. Aber nachdem er ratifiziert worden ist, darf man ruhig laut sagen: Das ist ein Kraut-und-Rüben-Vertrag. Da ist von irgendwelchen Bürokraten alles mögliche Zweit- und Drittrangige hineingeschrieben worden. Zum Schluss haben dann die großen Staatsmänner ein paar große Linien noch darübergeschrieben, zu diesem Vertrag das einzig Vernünftige. Die große Linie der Anerkennung des Prinzips der Subsidiarität stimmt allerdings mit den anderen 150 Seiten des gedruckten Textes in keiner Weise überein.

Das hat also nun gegenwärtig eine Post-Maastricht-Krise, eine psychologische Krise ausgelöst. Aber damit werden wir auch fertigwerden. Ich bin durchaus optimistisch in diesem Punkt (dazu später). Gleichzeitig erleben wir, dass sich abermals die Zahl der Mitglieder der Europäischen Union vermehrt. Finnland, Österreich und Schweden streben die EU-Mitgliedschaft an. Es wird dabei ja nicht bleiben. Jedenfalls hoffe ich, noch erleben zu können, dass die Polen und die Tschechen und die Ungarn auch Vollmitglieder der Europäischen Union werden. Vielleicht noch der eine oder andere mehr.

Aber nun wieder zurück zu Russland: Die Russen müssen wissen, wo der Weg der Europäischen Union und der übrigen europäischen Einrichtungen – zum Beispiel die Westeuropäische Union – hinführen soll. Sie müssen auch wissen, wo die Grenzen der NATO sein sollen. Der Westen, zu dem wir gehören, hat ein Interesse daran, dass es später nicht wieder zu einer russischen Westexpansion kommt. Der Westen, zu dem wir gehören, hat auch ein Interesse daran, dazu beizutragen, dass Konflikte der Russen mit den baltischen Staaten oder Konflikte der Russen mit anderen Staaten der ehemaligen Sowjetunion, den sogenannten GUS-Staaten, vermieden werden.

Andererseits ist es wohl klug, wenn der Westen die Interessensphären der Russen anerkennt. Die Russen haben gegenwärtig noch keine für den Westen klar erkennbare außenpolitische Strategie entfaltet. Das hängt zusammen mit dem vorhin apostrophierten Ausbleiben einer staatlichen Konsolidierung, einer politischen Konsolidierung. Mir scheint, dass die Tendenz in Moskau darauf hingeht, eine Wiederherstellung staatlicher Einheit mit der Ukraine und auch mit Weißrussland zu betreiben. Für die Ukraine ist dies ein sehr schwieriges Problem; denn in der östlichen Ukraine leben immerhin zwölf Millionen Russen. In der westlichen Ukraine ist sehr viel weniger Neigung vorhanden, wieder unter einem gemeinsamen politischen Dach, das über die GUS hinausginge, mit den Russen zu wohnen. Ein anderes Problem sind die großen russischen Minderheiten in den zentralasiatischen Republiken oder in Moldawien oder in Estland oder in Lettland.

Es würde mich nicht wundern, wenn russische Außenpolitiker (ich spreche gar nicht von Schirinowski, sondern ich spreche von Kosyrew) und russische Militärs (vielleicht der gegenwärtige Verteidigungsminister Gratschow) auf die eine oder andere Weise versuchten, eine Lage herbeizuführen, die eine Art Kondominium mit den Vereinigten Staaten von Amerika über Europa erhoffen lässt für eine fernere Zukunft. Der NATO-Konsultationsrat wäre eine Schiene in solcher Richtung. Die Ausweitung der KSZE auf den Gesamtbereich Russlands, das heißt bis nach Kamtschatka, wäre eine andere Schiene, wie Sie sie aus den Reden dieser beiden Minister entnehmen können. Dies kann nicht im Interesse der Europäischen Union sein. Deswegen muss die Europäische Union in absehbarer Zeit deutlich machen, wo sie im Osten die Grenze ihres Bereiches sieht. Das ist bisher nicht eindeutig geschehen. Aber das zu klären, ist meines Erachtens eines der akuten Probleme der Europäischen Union.

Ein anderes Problem ist der amerikanische Vorschlag – an die Adresse der Russen gerichtet – einer »partnership for peace«. Dieses Angebot richtet sich nicht nur an die Adresse der Russen, auch an die Adresse der Kasachen, der Turkmenen, der Kirgisen, der Polen, also an sämtliche Adressen im früheren Machtbereich der Sowjetunion. Welche Freude für die Chinesen! Die Ausdehnung des amerikanischen Einflusses bis in den russischen Fernen Osten und die Unterstützung russischer Vorstellungen durch Amerika bis in den Fernen Osten, welche Freude für jede pakistanische Regierung! Welch eine Freude für jede iranische Regierung! Dies war eine »Stop-gap-Idee« in der ersten Aufregung; hoffentlich wird sie bald vom Tisch genommen, diese unbegrenzte »partnership for peace«. Ganz abgesehen davon, dass die sehr verständlichen Sicherheitsvorstellungen zum Beispiel der Polen davon überhaupt nicht befriedigt werden können, wenn sie auf dieselbe Stufe gestellt werden wie Turkmenistan oder Kirgistan oder gar auf dieselbe Stufe gestellt werden wie Russland. Solche Vorstellungen auf amerikanischer, auf russischer Seite, aber auch auf der Seite der europäischen Regierungen, zeigen, dass alle zurzeit im Nebel herumstochern und sich vorantasten.

Russland ist ein Kontinent für sich; eine ungeheure Landmasse, zehn Zeitzonen. Die Russen haben zu dem kulturellen Mosaik Europas mindestens auf zwei Feldern enorme Beiträge geleistet. Ich meine die Literatur und die Musik. Auf anderen Feldern sind die Beiträge nicht ganz so bedeutend. Aber die Russen haben zur politischen Kultur der Demokratie in ihrer Geschichte keinen Beitrag geleistet. Sie haben zur rechtlichen oder gar verfassungsrechtlichen Kultur Europas, zum öffentlichen Recht, zum Schutz der Person und ihrer Grundrechte in ihrer Geschichte keinen Beitrag geleistet. Auch haben sie zur wirtschaftlichen Kultur, nämlich des Marktes oder des privaten Unternehmertums oder der gewerkschaftlichen Organisation der Arbeitnehmer in Privatunternehmen, keinen Beitrag geleistet. Das heißt: auf einer Reihe wichtiger Felder sind die Traditionen der Russen weit entfernt von der Nähe der Traditionen etwa zwischen Finnen und Franzosen oder zwischen Schweden und Österreichern oder zwischen Holländern, Tschechen und Deutschen. Dies ist ein zusätzlicher Grund dafür, dass der Versuch abwegig ist, Russland möglichst schnell in europäische Vereinigungen einzubeziehen.

Russland ist und bleibt eine Weltmacht; so wie es im 19. Jahrhundert eine war und wie es im 20. Jahrhundert unter dem Namen Sowjetunion eine gewesen ist, so bleibt Russland auch im 21. Jahrhundert eine Weltmacht. Die Einbeziehung Russlands in europäische Vereinigungen ist gegenwärtig absolut abwegig, sie würde aus der Europäischen Union oder aus der Westeuropäischen Union oder aus der NATO ein Aliud machen, etwas ganz anderes!

Wenn eben Finnland erwähnt worden ist oder Schweden oder Österreich, so gibt mir dies Anlass, ein drittes Motiv zu nennen – neben den ursprünglichen beiden von Churchill oder von Jean Monnet und von Robert Schuman –, ein drittes Motiv für einen Beitritt zur Europäischen Union, nämlich der ökonomische Vorteil. Viele der Staaten, die über die sechs ursprünglichen Staaten hinaus der EG beziehungsweise EU beigetreten sind, sind beigetreten aus Gründen des wirtschaftlichen Vorteils. Wenn in einer absehbaren Zahl von Jahren die Polen, die Tschechen, die Ungarn, die Slowaken sich industriell wettbewerbsfähig genug fühlen, um dem Gemeinsamen Markt beizutreten – also auch: den Wettbewerb holländischer, französischer, spanischer oder deutscher Industrien auf ihren eigenen heimischen Märkten zuzulassen –, dann spielt das Motiv des ökonomischen Vorteils eine entscheidende Rolle. Aber daneben steht auch das Motiv der dringend benötigten politischen Anlehnung.

Ich nehme an, dass bald ein viertes strategisches Motiv eine zunehmende Rolle spielen wird, während das erste Motiv – die Eindämmung des sowjetischen Imperialismus – inzwischen weitgehend an Bedeutung verloren hat. Das vierte Motiv wird sich aus der Einsicht ergeben, dass die einzelnen Staaten Europas – selbst so große Staaten wie England, Frankreich, Deutschland oder Italien – allein zu schwach sind, um im Ringen der Großmächte auf einer Reihe von Feldern ihre eigenen Interessen wahrnehmen zu können. Ich nenne als Beispiel die internationale Handelspolitik und das GATT. Ich nenne als anderes Beispiel das Weltwährungsgefüge, das Gefüge der Weltfinanzmärkte. Ich nenne das Weltproblem der Ökologie, eigentlich ein ganzer Fächer von Problemen, die unter dieses Stichwort gehören. Ich nenne die Probleme der Rüstungsbegrenzung, der Kontrolle des Waffenhandels. Alles das sind Felder, auf denen ein einzelner Staat Europas allein nicht genug Gewicht auf die Waagschale bringt, um gegenüber dem größeren Gewicht der Weltmächte USA, Russland, China, Japan, die eigenen Interessen ausreichend vertreten zu können. Diese Einsicht ist noch nicht überall vorhanden. Sie wird sich vielleicht erst im Laufe der nächsten zehn Jahre ergeben.

Der Grund für meine Überzeugung, dass wir auch die Post-Maastricht-Krise, die mehr eine psychologische als eine politische Krise ist, überwinden werden, ist meine Sicherheit, dass die strategischen Motive, von denen ich sprach, im Bewusstsein der handelnden Staatsmänner – gleich ob in Warschau, Prag, Paris, London oder Rom – eine ausschlaggebende Rolle spielen werden: nämlich das Motiv, Deutschland einzubinden, das Motiv des ökonomischen Vorteils durch den gemeinsamen Markt und das Motiv, gemeinsam genug Gewicht auf die Waagschale zu bringen in all den genannten Problembereichen. Es gibt darüber hinaus für einzelne Staaten allerdings noch andere, spezielle Motive. England ist der EG beigetreten, um Einfluss nehmen zu können oder auf Englisch »to have a thumb in the pie«.

In dem Zusammenhang bin ich sehr unzufrieden mit der Tätigkeit des Europäischen Parlaments. Ich habe dieser Institution auch einmal angehört, das ist nun schon beinahe vierzig Jahre her. Inzwischen haben wir die Unabhängigkeit der Abgeordneten gewaltig dadurch gestärkt, dass sie direkt gewählt werden. Aber ich höre immer nur, dass sie sich darüber beklagen, sie hätten keine ausreichenden Kompetenzen. Dabei schöpfen sie ihre tatsächlichen Kompetenzen gar nicht richtig aus. Wenn ich mir manche der schwer verständlichen und zum Teil wirklich eher törichten bürokratischen Direktiven und Verordnungen ansehe, welche die Bürokratien der zwölf Mitgliedsländer und die EG-Bürokratie immer wieder gemeinsam aushecken, so frage ich mich, wieso das Europäische Parlament zu solchen Verordnungen eigentlich keine public hearings macht – unter Einladung aller europäischen Fernsehnetze!

Die europäischen Regierungen sind natürlich an dem ganzen bürokratischen Unsinn genauso schuldig wie irgendjemand sonst in Brüssel. Es sitzen in Brüssel 13 Bürokratien an einem Tisch: zwölf nationale und eine EG-Bürokratie. Wiederholt konnte man erleben, dass jemand, der in seinem heimatlichen Kabinett oder Parlament nicht durchkommt mit einer Lieblingsidee, sie hintenherum auf den Tisch seines jeweiligen Rates in Brüssel bringt, dann wird sie dort beschlossen und kommt als Direktive doch nach Paris oder nach Bonn zurück. Es gibt viel zu viele Kommissare. Zwölf Mitgliedsstaaten in der EU bedeuten nicht etwa bloß zwölf Kommissare; denn die größeren Staaten wollen jeweils zwei Kommissare haben, wir Deutschen auch. Demnächst werden es 19 oder zwanzig oder 22 Kommissare sein, wenn es so weitergeht. Sie alle wollen zudem einen ganzen Stab haben und einen Generaldirektor. Es ist eine der dringenden Aufgabe für das Europäische Parlament, da hineinzuschneiden.

Eine der wichtigsten Aufgaben, die gegenwärtig ein bisschen im Verborgenen behandelt werden, ist der Umstand, dass wir keine gemeinsame Politik der zwölf oder in Zukunft vierzehn oder fünfzehn Mitgliedstaaten haben auf dem Felde der Aufnahme von Flüchtlingen, auf dem Felde der Asylgewährung und auf dem Felde der Einbürgerung. Wenn dies so weitergeht, dann kann die Freizügigkeit innerhalb der Europäischen Union bald zum Teufel gehen.

Zum Schluss möchte ich von Feldern sprechen, auf denen die Deutschen für die Welt Mitverantwortung tragen müssen, ohne dass dies unsere Selbsteinbindung in die Europäische Union beeinträchtigt. Das erste Feld ist der gegenwärtig sich abzeichnende Kampf von Religionen gegeneinander. Von den sechs Milliarden Menschen am Ende dieses Jahrzehnts werden rund eine Milliarde Moslems sein, etwas weniger sogenannte Christen. Wir im Westen – auch wir in Deutschland – machen den Fehler, Erscheinungen von muslimischem Fundamentalismus, wie sie zum Teil aus dem Iran, zum Teil auch aus Algerien gefördert werden, misszuverstehen, als ob sie typisch seien für den Islam. Unsere Kenntnisse des Islam sind beinahe null, ein gefährliches Defizit! Von Anwar el-Sadat habe ich gelernt, dass die drei großen monotheistischen Religionen auf der Welt alle aus den gleichen historischen Wurzeln kommen. Alle drei haben die gleichen Propheten. Allerdings erkennt das Judentum weder Jesus von Nazareth noch Mohammed an, und die Christen erkennen Mohammed nicht an. Wohl aber erkennt der Islam Jesus als einen großen Propheten an.

Wir werfen beim Islam praktisch alles in einen Topf und befremden damit völlig unnötig eine Reihe von Moslems, die in einigen auch für uns sehr wichtigen Staaten leben: in unserer Nachbarschaft, in der Türkei, in Algerien und Ägypten, etwas weiter weg in Pakistan, in Bangladesch und im größten islamischen Staat der Welt, Indonesien. Wir Deutschen tragen Mitverantwortung dafür, dass der Kampf der Religionen gegeneinander gedämpft, möglichst verhindert wird. Das Buch des Amerikaners Huntington über den »Clash of Civilizations« ist in meinen Augen eine schlimme Irreführung eines Massenpublikums von Lesern.

Ein zweites Weltproblem, das ich hier nennen will, ist die Degeneration der Marktwirtschaft in Raubtierkapitalismus. Dies drückt sich aus in raubtierhaften Eroberungen anderer Unternehmen. Dies drückt sich aus in einer finanziellen Korruption, die von Tokio bis Mailand reicht. Ganz frei sind wir in Deutschland auch nicht von solchen Dingen. Es drückt sich aus in einer schrecklichen Welle von Spekulationismus, von Monaco-Mentalität; gleich, ob das nun BCCI oder Donald Trump oder Draxel-Burnham-Lambert oder Shearson oder Kidder-Peabody oder Dr. Jürgen Schneider oder Metallgesellschaft heißt. Diese Mentalität hat sich wie ein Ölfleck ausgebreitet über die ganze Welt, gleichzeitig mit der Internationalisierung der Konjunkturen, gleichzeitig mit der schnellen Vernetzung der internationalen Finanzmärkte. Kursverluste an der Tokioter Börse setzen sich heute innerhalb desselben Tages über Frankfurt bis nach New York fort.

Wir müssen dieses Problem – zu dem die Europäische Gemeinschaft gemeinsam mit den Amerikanern und den Japanern und demnächst gemeinsam mit den Chinesen Schleusen und Kontrollen erfinden muss – sorgfältig unterscheiden von den Problemen, die zu Hause gelöst werden müssen und die nicht einmal die Europäische Union gemeinsam lösen kann; nämlich zu Hause in Holland, in Deutschland, in Frankreich, in Schweden oder in Italien.

Das heute bedrängendste Problem, die Massenarbeitslosigkeit, müssen die europäischen industriellen Demokratien in erster Linie zu Hause selber lösen! Denn es ist die Folge von nationalen Strukturentwicklungen; es hat mit Konjunktur fast nichts mehr zu tun. Unsere Unternehmensstruktur, die Struktur unserer Lohngefüge, die Struktur unserer Sozialversicherungen, die Struktur unserer Haushalte, alles dies bedarf der sorgfältigen Überprüfung. Wir dürfen uns nicht einbilden, dass wir die Arbeitslosigkeit durch einen gemeinsamen EU-Protektionismus aus der Welt schaffen könnten, uns abschotten könnten gegen Billiglohnimporte aus Polen, Tschechien oder der Dritten Welt. Wir dürfen uns ebenso wenig einbilden, dass das Arbeitslosigkeitsproblem zu lösen sei, wenn die Europäische Union gemeinsam auf ein keynesianisches deficit-spending in den öffentlichen Haushalten hinsteuern würde.

In dem Zusammenhang will ich hier auf das dritte Weltproblem, nämlich die Degeneration der Marktwirtschaft in nationalen oder Handelsblock-Protektionismus nur hinweisen.

Das vierte Weltproblem ist meines Erachtens das der Umwelterhaltung, der natürlichen Ressourcen für die Menschheit. Auch dazu sind deutsche Beiträge erwünscht, auch sie schaden der Selbsteinbindung in die Europäische Gemeinschaft keineswegs.

Das fünfte Weltproblem ist die Bevölkerungsexplosion. Mindestens mit Frankreich und Italien, noch besser innerhalb der Europäischen Gemeinschaft insgesamt, müssen wir Deutsche uns darüber verständigen, wie wir fertigwerden wollen mit den zu erwartenden Massenbewegungen aus dem Südosten und aus dem Mittelmeerraum in Richtung auf Italien, auf Frankreich und auf Deutschland. Die Kairo-Konferenz von 1994 hat natürlich kein einziges Problem gelöst, das konnte sie auch nicht. Aber sie hat immerhin doch den Scheinwerfer auf das Weltproblem gerichtet. Als Fußnote füge ich hinzu: Man darf nicht hoffen, dass eine Verdoppelung der Entwicklungshilfe dieses Problem lösen würde. Die bisherige Entwicklungshilfe jedenfalls hat zwar die Säuglingssterblichkeit in den Entwicklungsländern nach unten gebracht und auch die Müttersterblichkeit abgesenkt, aber dadurch eben gleichzeitig das Bevölkerungswachstum nur noch beschleunigt.

Ich möchte mit drei persönlichen Worten an unsere Politiker schließen. Im Lichte der deutschen und europäischen Verantwortung gegenüber den Aufgaben in der sich ändernden Welt erscheint mir die Bewahrung oder auch die Erringung von innenpolitischer Macht nicht die Hauptaufgabe der Politiker zu sein. Ich betone noch einmal, es sind alles Aufgaben sowohl für die Regierenden wie für die Opponierenden. Der Dienst am Gemeinwohl ist die Hauptaufgabe – für die Opposition wie für die Regierung.

Mein zweiter Appell: Reisen Sie so oft wie möglich in unsere Nachbarländer im Osten, im Süden, im Norden, vor allem aber nach Frankreich. Und bitte nicht nur, um mit den Politikern ihrer jeweiligen Bruderparteien zu reden! Gehen Sie in die USA, gehen Sie nach Russland! Gehen Sie in die ganze Welt und lernen Sie! Ich will hier dankbar erwähnen, wie zwei ältere Freunde – Fritz Erler und Herbert Wehner – mich, als ich 1953 als junger Mann im Bundestag angefangen habe, in die ganze Welt geschickt haben, um zu lernen. Herbert Wehner hat mich in das Monnet-Komitee geschickt, Fritz Erler nach Amerika und nach England. Ich appelliere an unsere Politiker: Schicken Sie Ihre jungen Kollegen in die Welt, damit sie begreifen, was heute in Spanien oder in Polen geschieht und wie die Spanier oder die Polen insgesamt – nicht nur die von der jeweiligen Bruderpartei – das Problem der Europäischen Union betrachten!

Mein dritter Appell geht zurück auf ein Wort meines toten Freundes Eric Warburg. Er war ein in Deutschland geborener Jude, der Deutschland gerade noch rechtzeitig hat verlassen können; er ging nach Amerika, wurde Offizier der amerikanischen Armee, hat gegen Deutschland gekämpft und ist aus deutschem Patriotismus nach dem Krieg nach Deutschland zurückgekehrt und wieder Deutscher geworden. Ein Wort, das übrigens auch von Erler oder von Wehner hätte stammen können: »Wir Deutschen haben dafür zu sorgen, dass wir niemals wieder so tief fallen, aber auch dafür, dass wir nicht all zu hoch steigen.«

Fünfzig Jahre nach dem Marshallplan:
Was wird aus Europa? *(1997)*

Am 5. Juni 1947 hatte der amerikanische Außenminister George C. Marshall in einer Rede vor Studenten der Universität Harvard das »European Recovery Program« der US-Regierung vorgestellt. Dieses schon bald unter dem Namen Marshallplan berühmt gewordene Wiederaufbauprogramm für Europa bildete die ökonomische Grundlage, auf der später zahlreiche politische Bemühungen um eine europäische Integration aufbauen konnten. Helmut Schmidt nahm den 50. Jahrestag der Harvard-Rede zum Anlass, die Bedeutung des Marshallplans für den Wiederaufstieg Europas aus den Trümmern des Zweiten Weltkriegs zu würdigen, aber zugleich zu betonen, dass für den Ausbau der Europäischen Union in Zukunft vor allem die Zusammenarbeit mit Paris entscheidend sei.

Ohne George Marshalls Rede am 5. Juni 1947 in Harvard und ohne den Marshallplan – am 3. April 1948 in Washington vom Kongress verabschiedet – wäre die Nachkriegsgeschichte Deutschlands wahrscheinlich ganz anders verlaufen. Auch die Geschichte Europas. Die großzügige Hilfe der Vereinigten Staaten wurde zwar primär aus strategischem Kalkül gegeben, sie war aber zugleich ein in der Weltgeschichte erstmaliger Akt großer ökonomischer Solidarität gegenüber anderen Völkern.

Ohne den Marshallplan wäre – angesichts des Elends von Millionen – der Kommunismus leicht in den Westen Mitteleuropas, nach Süd- und Westeuropa vorgedrungen; Stalins Imperialismus hätte möglicherweise leichtes Spiel gehabt. Für den ökonomischen und politischen Erfolg des Marshallplans war es ein Glücksfall, dass Stalin ihn ablehnte und die von ihm beherrschten Staaten im Osten Europas von einer Beteiligung ausschloss. Sonst wären die Zuwendungen der Amerikaner für den Marshallplan in Europa versickert; der Sieg der erfolgreichen Marktwirtschaft über die erfolglose Bezugsscheinwirtschaft, ja über die den Kommunisten selbstverständliche Zentralverwaltungswirtschaft wäre wahrscheinlich vereitelt worden.

Aber wer will wissen, was geworden wäre, wenn …? Tatsächlich fielen für uns Deutsche in den drei westlichen Besatzungszonen im Jahre 1948 fast gleichzeitig drei positive Faktoren ins Gewicht: der Marshallplan, die Währungsreform und der Beginn der volkswirtschaftlichen Deregulierungen. All dies zum Teil in der Form von Gesetzen der Besatzungsmächte, zum Teil in ihrem Auftrag erlassen. Die Bundesrepublik wurde erst ein Jahr später begründet. Der Kalte Krieg hatte schon 1947 eingesetzt

Winston Churchill hatte bereits 1946 in seiner Zürcher Rede die westwärts gerichtete Expansion der Sowjetunion diagnostiziert, auch das Wort vom Eisernen Vorhang stammt von Churchill. Die übergroße Mehrzahl der Deutschen konnte weder 1946 die Rede Churchills noch 1947 die Rede Marshalls in ihr Bewusstsein aufnehmen. Erst die dritte große Rede, mit der Robert Schuman 1950 den Anstoß für die Bildung der Europäischen Gemeinschaft für Kohle und Stahl (Schuman-Plan) gab, trat ins allgemeine Bewusstsein. Kohle und Stahl waren die Schlüssel für den Wiederaufbau der weitgehend zerstörten europäischen Städte und der Volkswirtschaften insgesamt. Der geistige Urheber des Schuman-Plans, der große Franzose Jean Monnet, begann die westeuropäische Integration mit sechs Staaten: Frankreich, Deutschland, Italien, Holland,

Belgien und Luxemburg. Aber er zielte von vornherein sehr viel weiter. Sein Weg war auf eher englische Weise pragmatisch: ein Schritt nach dem andern, nicht alle auf einmal. Ohne Monnet gäbe es wohl kaum die heutige Europäische Union mit fünfzehn Mitgliedsstaaten. Aber es gäbe sie auch nicht ohne George Marshall.

Es gab nach Kriegsende nur wenige Deutsche, die mit ausreichendem Überblick den Marshallplan (damals zumeist ERP – European Recovery Program – genannt) zureichend einordnen konnten. In der großen Mehrheit kämpften wir um Lebensmittel und Kohlen, wir waren kurz vor dem Verhungern. An manchen Tagen des Winters 1946/47 blieben wir im Bett, weil wir nichts zu essen hatten und auch nichts zum Heizen. Aber die Demontagen der übrig gebliebenen Industrieanlagen gingen weiter, und die Arbeitslosigkeit stieg; der einzige Markt war der Schwarzmarkt. Ansonsten hatte die Wirtschaft nicht die geringste Ähnlichkeit mit dem, was wir Studenten von unseren Professoren über Ökonomie lernten.

Doch im Juni 1948 ersetzten die westlichen Besatzungsmächte die hoffnungslos inflationierte Reichsmark durch die neue Währung namens Deutsche Mark. Diese sogenannte Währungsreform erwies sich als unvorhergesehener Erfolg. Zusammen mit der allmählichen Abschaffung der Bezugsscheinwirtschaft durch Ludwig Erhard sorgte die knappe neue Währung für eine völlig neue Wirtschaftslage in Westdeutschland. Zuvor hatte Geld nicht wirklich eine Rolle gespielt – außer auf dem Schwarzmarkt, wo man sechs Reichsmark für eine einzige Lucky Strike zahlte.

Binnen zwei Jahren verschwanden die Bezugsscheine, und in den Geschäften wurden Waren angeboten, von denen man bislang nur träumen konnte. Brot, Butter, Obst und sogar Kaffee und Zigaretten. Von nun an zählte nur noch Geld, das aber musste man erst einmal verdienen. Die monetäre und ökonomische Revolution – und mit ihr der neue westdeutsche Staat – wären ohne die güterseitige Alimentation durch den Marshallplan, der fast gleichzeitig mit der neuen Währung in Kraft trat, bereits in ihren Anfängen gescheitert.

Später, in den fünfziger Jahren, wurde ich Mitglied des Monnet-Komitees, eines privaten Zirkels. Ich war längst überzeugt, dass es nach den napoleonischen Kriegen, nach Bismarcks Krieg gegen Frankreich, nach dem Ersten und dem Zweiten Weltkrieg höchst wünschenswert wäre, unser Land in eine größere europäische Einheit einzubinden, um eine Wiederholung vergangener Konflikte und Kriege zu verhindern. Das war ohne parallele Selbsteinbindung Frankreichs nicht denkbar.

Blickt man heute auf die letzten fünf Jahrzehnte zurück, so könnte man zu dem oberflächlichen Schluss kommen, dass sich Europa und auch die Sowjetunion nach der Vorgabe eines strategischen Gesamtplanes entwickelt haben (einschließlich Marshallplan, NATO und Europäische Gemeinschaft), mit dem Ziel des Zusammenbruches der Sowjetunion, der Befreiung Osteuropas und der Wiedervereinigung Deutschlands. Doch die historische Wahrheit ist komplizierter. Der Vorschlag George Marshalls wäre vielleicht nie in die Tat umgesetzt worden, hätte [der britische Außenminister] Ernest Bevin sich nicht einen Tag später enthusiastisch an seine Realisierung gemacht. In der Ereigniskette danach kam es zu einigen ernsten Krisen; sie wurden von Politikern gemeistert, die nicht nach einem vorgefertigten Schema handelten, sondern die ihr moralisches und nationales Pflichtgefühl zum Maßstab machten und nicht zuletzt ihren gesunden Menschenverstand. Von den Politikern wurde viele Male Umdenken verlangt.

Auch die unternehmerischen und finanziellen Eliten haben ihre Ansichten und Ziele geändert. J. M. Keynes und H. D. White hatten unter Roosevelts Ägide das Bretton-Woods-System fester, aber anpassungsfähiger Wechselkurse mit dem amerikanischen Dollar als Leitwährung gegründet. Ein Vierteljahrhundert später jedoch schaffte Nixon die Leitwährung ab und löste dadurch weltweit heftige Wechselkursschwankungen aus. Dadurch kam es auf den Finanzmärkten zu Spekulationen in bisher ungekanntem Ausmaß. Ein robuster Neokapitalismus begann sich auszubreiten, erst in Amerika, dann zunehmend in Europa. Der Shareholder-Value wird heute von manchen höher bewertet als die Loyalität gegenüber den Kunden und der Belegschaft eines Unternehmens, manchmal sogar höher als die Loyalität zum eigenen Land – das Gegenteil der Aufgabe, die Kennedy gesetzt hatte, als er seine Landsleute drängte, sich zu fragen, was sie für ihr Land tun könnten. Heute dagegen scheinen sich viele Manager zu fragen: Was kann ich für mich selbst tun?

Der neue Raubtier-Kapitalismus, in den achtziger Jahren in den USA entstanden und sich in fast alle industriellen Demokratien ausbreitend, hat mit der ökonomischen Globalisierung keine Probleme, im Gegenteil. Die meisten Politiker der industriellen Demokratien stehen jedoch ziemlich hilflos davor. Vier Faktoren zusammen haben das »Globalisierung« genannte Phänomen bewirkt:

Zum ersten eine ungeheure Beschleunigung des technischen Fortschritts im Verkehr, in der Telekommunikation einschließlich des Fernsehens sowie in der Finanzierung, während der zweiten Hälfte unseres Jahrhunderts entscheidend stimuliert von militärrelevanter Forschung und Entwicklung; zum zweiten die weltweite Liberalisierung des Handels und des Geld- und Kapitalverkehrs, die alle bisherige Wirtschaftsgeschichte überbietet; zum dritten die im 20. Jahrhundert, vornehmlich in der letzten Hälfte, stattgefundene Explosion der Weltbevölkerung auf das Vierfache der Zahl am Beginn; zum vierten seit den achtziger Jahren die Öffnung fast aller Staaten der ehemaligen Sowjetunion, vor allem aber Chinas und der Staaten Südost- und Südasiens, und deren aktive Beteiligung an der Weltwirtschaft. Heute sind doppelt so viele Menschen am weltweiten Wirtschaftsaustausch beteiligt wie noch vor zwei Jahrzehnten, als wir wegen der OPEC-Ölpreisexplosion den ersten Weltwirtschaftsgipfel einberiefen.

Heute kommen viele langlebige Konsumgüter und in zunehmendem Maß auch Investitionsgüter aus Ländern mit niedrigeren Löhnen, niedrigeren Sozialabgaben und deshalb niedrigeren Preisen. Schon seit einem Vierteljahrhundert kommt Hochtechnologie aus Japan, aber demnächst wird sie auch aus China, Indien, Indonesien oder anderen Ländern Asiens kommen. Auf vielen Feldern der modernsten Spitzentechnologie hat Europa die Führung abgegeben, zunächst an die Amerikaner, aber seit einiger Zeit auch an Japan; demnächst werden auch andere asiatische Wettbewerber Satelliten, Chips, Computer oder Gentechnologie liefern.

Die Globalisierung hat Arbeitsplätze von Westeuropa in Niedriglohnländer, nach Osteuropa, nach Amerika und Asien, auswandern und in den alten industriellen Demokratien Europas Massenarbeitslosigkeit entstehen lassen. Bei uns sinkt der reale Lebensstandard, in den neuen Industrie- und Schwellenländern steigt er. Die europäischen Politiker haben diese Entwicklung viel zu spät erkannt, sie wirken heute hilflos. Demgegenüber haben die Amerikaner längt umgeschaltet, wenngleich zu Lasten der Armen und der Empfänger niedriger Löhne. Das müssen die europäischen Politiker vermeiden, aber mit wenigen Ausnahmen haben sie noch keine Rezepte. Auch die Spitzen der Banken und der großen Unternehmen und ihrer Verbände haben keine Rezepte.

Das 21. Jahrhundert wird, wegen der anhaltenden Industrialisierungen in außereuropäischen Ländern und wegen des weiteren Wachstums der Weltbevölkerung, bedeutende Gefährdungen mit sich bringen: Flüchtlingsströme, Beeinträchtigungen der Atmosphäre unseres Planeten und seiner Meere. Opfer werden unvermeidlich – aber wer wird dazu bereit sein? Es besteht die Gefahr, dass die Weltmächte sich nolens oder volens darauf einigen, dass alle anderen größere Opfer zu bringen haben als sie selbst. Dies kann auch für das Weltwährungsgefüge gelten, für die Kontrolle der Weltfinanzmärkte, für den Welthandel, für den Luftverkehr, die Raumfahrt, für Abrüstung und Waffenhandel – und auch für Konflikte zwischen Zivilisationen.

Auf allen globalen Konfliktfeldern werden die Weltmächte im nächsten Jahrhundert mit Gewissheit eine größere Macht haben (und wahrscheinlich eine große Portion Egoismus dazu) als etwa Holland oder Polen, England, Frankreich oder Deutschland – als alle die kleinen und mittleren Staaten des alten Europa.

Es wird bald deutlich werden, dass nicht nur die Vereinigten Staaten militärisch, politisch und wirtschaftlich eine Weltmacht sind, sondern ebenso China; Russland wird – seinen anhaltenden enormen Anpassungsschwierigkeiten zum Trotz – eine Weltmacht bleiben; Japan bleibt eine Finanzweltmacht, seiner enormen Sparkapitalbildung wegen; und Indien wird als Weltmacht bald folgen, sodann Indonesien, vielleicht auch Brasilien.

Sowohl die ökonomische Globalisierung als auch das für die nächsten Jahrzehnte zu erwartende Kartell der Weltmächte zwingt uns Europäer zur Fortsetzung unseres vor fünfzig Jahren begonnenen Integrationsprozesses, weil wir als einzelne Nationalstaaten unsere legitimen Interessen nicht werden wirksam vertreten können.

Nur gemeinsam, nur als Europäische Union werden wir ein ausreichendes Gewicht haben. Zu Zeiten Churchills, Marshalls und Monnets, zu Zeiten Adenauers und de Gasperis waren die Sorgen vor Stalin und die Einbindung Deutschlands die entscheidenden Motive für den Integrationsprozess. In den sechziger Jahren wurden die wirtschaftlichen Vorteile des gemeinsamen Marktes erkennbar, deshalb sind viele zusätzliche Staaten der Europäischen Gemeinschaft beigetreten.

Heute entsteht aus der Notwendigkeit, den Fährnissen der Globalisierung von Politik und Wirtschaft widerstehen zu können, ein

zusätzliches, zwingendes Motiv. Zwar können manche Provinz-
politiker und manche Wirtschaftsprofessoren dies noch nicht ein-
sehen, wenn von der gemeinsamen Euro-Währung als dem nächsten fälligen Schritt die Rede ist; aber mit der einzigen Ausnahme
des heute bedeutungslos gewordenen antistalinistischen Motivs
entspringen alle die genannten Motive dem vitalen, langfristigen
deutschen Interesse. Sie entspringen dem aus der Geschichte ge-
lernten strategischen Kalkül, nicht etwa aus bloßem Idealismus
oder aus europäischer Schwärmerei.

Ohne die Hilfe Amerikas wäre unser heutiger hoher Lebensstandard nicht erreicht worden. Wir werden Amerika deshalb dankbar
bleiben, dankbar auch für den bis 1990 entscheidend wichtigen
Schutz durch die NATO. Von Truman und Eisenhower bis zu Reagan und Bush haben die Amerikaner den europäischen Integrationsprozess fördernd begleitet; auch die Regierung Clinton bezeigt
dafür unveränderte Sympathie. Aber jetzt werden amerikanische
Stimmen laut, die warnend auf das zukünftige Gewicht des Euro
und auf die zukünftige autonome Macht der Europäischen Union
hinweisen.

Diese Stimmen werden zunehmen. Die vornehmlich von Washington betriebene Osterweiterung der NATO und das amerikanische Drängen auf parallele Erweiterung der EU bis an die
Westgrenzen des Irak entspringen vornehmlich dem strategischen
Machtkalkül solcher Amerikaner, die ihr Land auch für das 21. Jahrhundert als einzige Supermacht der Welt etablieren möchten.

Für uns Deutsche hingegen werden das Bündnis mit den Vereinigten Staaten und die NATO im 21. Jahrhundert nicht mehr die
gleiche überragende Bedeutung behalten wie noch vor wenigen
Jahren. Deutschland wird dem Bündnis treu bleiben. Gleichzeitig
wird jedoch der Prozess der europäischen Einigung, des Ausbaus der Europäischen Union und der engen Zusammenarbeit mit
Frankreich immer bedeutsamer.

Andererseits muss Amerika verstehen, dass Deutschland im kommenden Jahrhundert keineswegs mehr automatisch auf der Seite der Amerikaner sein wird, wenn es um Streitigkeiten zwischen Washington und Paris geht. Es liegt im vitalen Interesse Deutschlands, keine Situation entstehen zu lassen, in der wir von unseren europäischen Nachbarn isoliert werden könnten. Frankreich bleibt unser wichtigster Partner; denn keine Globalisierung verändert unsere geographische Nachbarschaft.

Frankreich und Deutschland bleiben die Kernländer der europäischen Einigung. Der gemeinsamen Währung werden weitere Schritte folgen: die Erweiterung der Union durch zusätzliche Mitgliedsstaaten, zumal durch Polen, unseren zweitwichtigsten Nachbarn, der Ausbau der demokratischen Institutionen und der Infrastruktur der Union und später die gemeinsame Außen- und Sicherheitspolitik.

Bei diesem Prozess wird es natürlich auch wieder zu Krisen, Fehlern und Misserfolgen kommen. Doch ich rechne fest auf den politischen Willen und die Krisenfestigkeit von Franzosen und Deutschen, weil beide Länder sich auch zukünftig von denselben strategischen Interessen leiten lassen werden wie schon in früheren Krisensituationen. Die grundlegenden strategischen Motive werden mehr Gewicht haben als jeder vorübergehende Konflikt, sei er innenpolitisch, ideologisch oder durch Eitelkeiten begründet.

Die Europäische Union ist in der Geschichte der Menschheit ein einzigartiges Unterfangen. Denn einerseits sind wir Europäer fest entschlossen, unsere jeweilige Landessprache, unser unterschiedliches kulturelles Erbe und unsere nationale Identität zu bewahren. Dennoch schließen wir uns zusammen – nicht weil ein Diktator oder Eroberer es so will, sondern weil wir überzeugt sind, unsere nationalen Interessen durch eine Europäische Union am besten vertreten zu können, mag sich die Weltordnung im kommenden Jahrhundert noch so sehr verändern.

Natürlich runzeln einige Amerikaner über dieses große Projekt die Stirn; einige argwöhnen schon heute, der Euro könnte bis zu einem gewissen Grad den amerikanischen Dollar verdrängen. Andere befürchten, eine künftige gemeinsame Außenpolitik der Europäischen Union könne Amerikas Außenpolitik den Primat nehmen. Doch die Amerikaner sollten darauf vertrauen, dass die Europäer zu den gemeinsamen Werten Amerikas und Europas stehen: Demokratie, Wahrung der Menschenrechte, Freiheit, die Würde des Einzelnen und eine unabhängige Justiz.

Europa und Amerika sind eng verbunden durch ihre Geschichte, ihre Religionen, durch Philosophie und Literatur, durch gemeinsame demokratische und ökonomische Konzepte. Diese Bande sind von Dauer. Und Amerika sollte nicht vergessen, dass die Entstehung der Europäischen Union eine seiner größten Leistungen ist. Ohne den Marshallplan wäre es vielleicht nie dazu gekommen.

Jean Monnet und das neue Gesicht Europas nach dem Zweiten Weltkrieg *(1997)*

Eine Woche vor seinem Artikel zum 50. Jahrestag des Marshall-plans hatte Helmut Schmidt auf Einladung des Deutschen His-torischen Instituts in Paris eine Rede auf Jean Monnet gehalten. Auch diese Gelegenheit nutzte er, von den frühen Europa-Ini-tiativen eine direkte Linie zu ziehen zu den Herausforderungen der Gegenwart. Hatte er in seinem Vorwort zur deutschen Aus-gabe der Erinnerungen Monnets zwanzig Jahre zuvor in erster Linie dessen Lebensleistung gewürdigt, so erinnerte er jetzt daran, dass seine eigene Mitgliedschaft im Monnet-Komitee für ihn »eine überaus lehrreiche Schule« gewesen sei. Ange-sichts kapitaler Fehlentscheidungen der Regierenden in Paris und Bonn sei es umso notwendiger, die strategischen Motive dieses großen Europäers in Erinnerung zu rufen.

Ich habe das Glück gehabt, in meinem Leben eine größere Zahl von Freunden in Frankreich zu gewinnen. An erster Stelle nenne ich natürlich Valéry Giscard d'Estaing, aber auch Raymond Barre, auch François Mitterrand, auch Jacques Delors. Ich habe eine gro-ße Hochachtung gehabt gegenüber Robert Marjolin in den fünf-ziger und sechziger Jahren.

Aber der erste Franzose, den ich näher kennengelernt habe, das war Jean Monnet. Ich hatte das Glück, ihm zum ersten Mal zuzuhö-ren Ende der vierziger Jahre – ich bin nicht mehr ganz sicher, ob es 1947 oder 1948 gewesen ist – anlässlich einer kleinen Veranstaltung in Straßburg. Ich war damals schon – und bin darin durch ihn ganz wesentlich gefestigt worden – der Überzeugung, dass die Idee der europäischen Integration eine strategisch notwendige Idee war. Ich komme darauf nachher noch einmal zurück. Jean Monnet war im gleichen Jahr geboren wie mein Vater, also eine Generation vor mir. Der große Altersunterschied, aber eben auch Monnets kluger, welterfahrener Überblick über die Lage Europas, über die Möglichkeiten Europas, der hat von Anfang an einen sehr spürbaren Abstand zwischen dem jungen Mann – ich war damals dreißig – und dem alten erfahrenen Mann geschaffen. Einen mir persönlich sehr deutlich spürbaren Abstand, der auf meiner Seite nur Bewunderung und später Verehrung zugelassen hat. Nachdem Monnet aus der Hohen Behörde der Europäischen Gemeinschaft für Kohle und Stahl ausgeschieden war und sein Komitee, das Aktionskomitee »Pour les États Unis d'Europe« gegründet hatte – wir sprachen später immer nur vom »Monnet-Komitee« –, ist er und ist sein Komitee (ich bin 1967 Mitglied des Monnet-Komitees geworden) für mich eine überaus lehrreiche Schule gewesen.

Ich habe zu einem wichtigen Teil durch dieses Komitee und durch diesen Mann die Probleme Europas zu durchschauen gelernt, die wesentlichen Elemente zur Lösung der Probleme, aber auch die tausend kleinen Details. Monnet war durchaus ein Mann, der nicht nur in großen Linien denken konnte, sondern der auch die Details beherrschte. Das kann man von heutigen Politikern in der Regel nicht mehr sagen.

Das Komitee war eine Art privater Gesprächsgruppe, zusammengesetzt aus Politikern der westeuropäischen Staaten. Es diente Monnet als Resonanzboden für die Erörterung seiner Gedanken. Er war ein fähiger, aber zugleich ein überaus taktvoller Lehrer, der niemanden bloßstellte. Und er war ein kluger Erfinder tragfähiger Kompromisse, Kompromisse zwischen divergierenden Interessen, divergierenden Auffassungen der Nationen oder der Staaten. Zugleich ging sein Denken – und das war eigentlich ganz untypisch für einen Franzosen – schrittweise vor. Der Engländer Sir Karl Popper würde vom »piece-meal social engineering« gesprochen haben. Das Wort war damals noch nicht erfunden. Aber das war charakteristisch für Jean Monnet, er war ein Mann des Piecemeal engineering, weniger »social engineering«, eher »political engineering«. Er trug nie endgültige vollständige Entwürfe vor, sondern er hat uns, den Mitgliedern seines Komitees, damals beigebracht, in Prozessen oder in Entwicklungen zu denken. Wobei er stets sein eigenes großes Ziel ganz offenkundig nicht aus den Augen verloren hat. Monnet hatte sein internationales Komitee nicht etwa nur aus Menschen zusammengesetzt, die der gleichen politischen Schattierung angehörten. Vielmehr fanden sich hier Sozialisten, Sozialdemokraten, Liberale, Konservative zusammen. Zum Teil waren es politisch sehr erfahrene Leute, zum Teil waren es, wie ich selbst, jüngere Politiker. Als das Monnet-Komitee begann, war ich noch nicht einmal vierzig Jahre alt. Übrigens sind Giscard d'Estaing und ich uns in diesem Komitee zum ersten Mal begegnet. Auch Edward Heath bin ich im Monnet-Komitee erstmals begegnet.

Als ich dann später in Bonn Regierungschef geworden bin, da hat mich Monnet zweimal auf meine Bitte hin besucht, weil ich ihn um Rat fragen wollte, und er hat mir seinen Rat gegeben. In meinen Augen war er einer der klarsten, der am stärksten folgerichtig denkenden Politiker, die ich in der internationalen Politik in vier Jahrzehnten kennengelernt habe. Monnet war in meinen Augen über weite Strecken seines Lebens ein Politiker, aber er war ein Politiker ohne Amt und ohne Auftrag. Ein offizielles öffentliches Amt hat er nur eine relativ kurze Zeit in Luxemburg ausgeübt. Er war eigentlich ein Mann ohne Macht. Er war aber ein Mann, der Ideen und Vorstellungen entwickelte und der sich dann die Leute suchte, die ihrerseits genug Macht und Einfluss hatten, um seine Vorstellungen zu verwirklichen: eine ganz ungewöhnliche Vorgehensweise in der Politik.

Auf diese Weise ist es 1950 zum Schuman-Plan gekommen, auf dieselbe Weise auch zum Pleven-Plan, der hier in Paris 1954 gescheitert ist (worüber meine Partei in Deutschland gejubelt hat – und ich selbst war entsetzt). Monnet hat in beiden Fällen sowohl Robert Schuman als auch René Pleven den öffentlichen Ruhm gelassen. Ihm kam es viel mehr auf die Sache an, als auf die Befriedigung menschlicher Eitelkeit. Das Monnet-Komitee war übrigens, wenn ich es richtig verstehe, seit Mitte der fünfziger Jahre, der eigentliche Wegbereiter für Euratom, später für die Römischen Verträge und den Gemeinsamen Markt.

Später hat sich dann Monnet auf die Erweiterung der Europäischen Wirtschaftsgemeinschaft, der EWG, und ganz besonders auf die von ihm erstrebte Mitwirkung und Mitgliedschaft Englands konzentriert. Zwei der ganz großen Probleme begegneten wir da: Einerseits war es zunächst notwendig, die politische Klasse in Frankreich von einer Revision der Grundsatzentscheidung zu überzeugen, die General de Gaulle am Anfang der sechziger Jahre gegen England getroffen hatte, also eine Revision des Vetos des Generals gegen den Beitritt Englands. Andererseits war da das andere Problem, dass man die Engländer dazu bewegen musste, überhaupt ein zweites Mal beitreten zu wollen, nachdem Harold Macmillan Anfang der sechziger Jahre an de Gaulle gescheitert war. So dauerte es bis über das Ende der sechziger Jahre hinaus – de Gaulle war inzwischen verstorben –, bis sein Nachfolger Georges Pompidou und in London Edward Heath den Beitritt Englands tatsächlich zustande brachten.

Es ist 1977 gewesen, als ich zum letzten Mal einen persönlichen Brief von Monnet bekam. Er war damals schon 87 oder 88 Jahre alt, und auch dieses Mal, wie schon so oft vorher, war sein Brief begleitet von einer Flasche Cognac. Er pflegte uns zu Weihnachten oder zu Geburtstagen kleine Briefchen zu schicken und eine Flasche Monnet-Cognac beizufügen. Ich selbst bin mehr ein Whisky-Trinker als ein Cognac-Trinker. Aber es hat immer Leute gegeben bei mir zu Hause, die Monnets Cognac gerne getrunken haben. Zwei Jahre später ist er gestorben, und der französische Staatspräsident Valéry Giscard d'Estaing und der deutsche Bundeskanzler, ich selbst, haben an der Totenfeier für Monnet gemeinsam teilgenommen.

Einen seiner Briefe habe ich kürzlich erneut in der Hand gehabt, er stammte aus dem März 1967. Dieser Brief enthielt eine Skizze der psychologischen und politischen Fortschritte beim Aufbau der europäischen Integration, der Europäischen Gemeinschaften seit dem Schuman-Plan, und da stand wörtlich: »Durch diese Fortschritte rücken der Beitritt Englands zum Gemeinsamen Markt, die Gleichberechtigung zwischen dem vereinten Europa und den USA, die friedliche Koexistenz zwischen Ost und West, die Vereinigung der heute getrennten Deutschen und schließlich der Beginn einer Gestaltung des Friedens ihrer Verwirklichung wesentlich näher.« So der visionäre Wortlaut aus einem Brief Jean Monnets an mich, 1967, heute vor dreißig Jahren.

Monnet war immer ein sehr weit in die Zukunft blickender Mann. Und tatsächlich sind im Laufe der Jahrzehnte fast alle die von Monnet postulierten Aufgaben gelöst worden. Er war übrigens selbst ein Mann, der immer zur Geduld ermahnt hat, wohlwissend, dass nur ein steter Tropfen letztlich dann doch den Stein höhlen kann, wie ein deutsches Sprichwort behauptet. Für mich, meine Damen und Herren, steht fest, dass ohne diesen sehr beharrlichen Mann, der zugleich ein sehr bescheidener war, ohne diesen Mann mit dem sicheren Blick für die Zukunft und mit dem Augenmaß für das jeweils Mögliche, dass wir ohne ihn nicht dort angelangt wären, wo wir heute stehen. Ohne Jean Monnet wäre es nicht zu der ungemein wirksamen Zusammenarbeit zwischen Paris und Bonn gekommen, die in der ersten Hälfte der sechziger Jahre begonnen und die während der sieben Jahre, in denen Giscard d'Estaing und ich gleichzeitig an der Spitze der beiden Regierungen standen, einen gewissen Höhepunkt oder sagen wir besser ein Hochplateau erreicht hat. Manche der Vorstellungen Monnets sind heute noch nicht verwirklicht, zum Beispiel die Überwindung des Einstimmigkeitsprinzips. Dies bleibt abzuwarten. Vielleicht gelingt dies demnächst in Amsterdam, wahrscheinlich aber auch dort nicht.

Was die Schaffung einer europäischen Währung betrifft – auch das ein Gedanke, der von Monnet stammt –, so haben wir ja leider in den frühen neunziger Jahren erlebt, dass wegen naiver nationaler Prestigeeitelkeiten vier Regierungen (in Rom, in Paris, in London und in Bonn) das Europäische Währungssystem praktisch zerstört haben, welches Giscard und ich Ende der siebziger Jahre, auf Monnets Gedanken fußend, ins Leben gerufen hatten und von dem wir annahmen, dass der ECU – der sich dann im Laufe der achtziger Jahre sehr wohl auf den internationalen Finanzmärkten und Kapitalmärkten der Welt etabliert hatte – der Kern oder der Anker der späteren gemeinsamen Währung sein würde. Das alles ist leider 1992/93 abgebrochen worden, durch uneinsichtige Regierungen, die geglaubt haben, mit Hilfe ihres Maastrichter Vertrages etwas sehr viel Besseres in die Welt zu setzen.

Das Letztere mag auch so sein. Nur haben sie in Kauf genommen, dass zwischen dem In-Kraft-Treten der gemeinsamen Währung, genannt Euro, und der Zerstörung des ECU und des EWS sieben Jahre der Wirrnis liegen, mit einem Jahrmarkt der Eitelkeiten insbesondere auch in Frankfurt und in Bonn, aber nicht nur dort. Gleichwohl bin ich ziemlich sicher, dass wir am 1. Januar 1999 den Euro bekommen werden. Eine kleine Rolle spielt dabei die Frage, welche europäische Politik die Regierung einschlagen wird, die nach dem kommenden Sonntag hier in Paris gebildet werden muss.

Ich bin also im Grunde sehr optimistisch, auch was die Beteiligung Italiens an der Währungsunion angeht, die übrigens für Monnet selbstverständlich gewesen wäre. Optimistisch deshalb, weil im Grunde die Europäische Wirtschaftsgemeinschaft – später genannt Europäische Gemeinschaft, noch später genannt Europäische Union – inzwischen schon fünf schwere interne Krisen überwunden hat. Die erste Krise entstand durch das vorhin erwähnte Scheitern des Pleven-Plans, also der Schaffung einer Europäischen Verteidigungsgemeinschaft, im Jahre 1954. Alle Krisen wurden überwunden, weil die leitenden Politiker oder – um das schöne Wort zu gebrauchen – die Staatsmänner sich in diesen Krisen schließlich und endlich doch auf die der ganzen Konzeption zugrunde liegenden vitalen strategischen Interessen der eigenen Nation besonnen haben. Einige haben länger gebraucht, ein paar Jahre, diese strategischen Interessen selbst zu erkennen und zu akzeptieren und entsprechend zu agieren. Einige andere haben sie viel früher verstanden.

Ich will Ihnen diese strategischen Motive noch einmal wiederholen, wie sie sich im Laufe der Jahrzehnte entwickelt haben: Bei Jean Monnet – ähnlich wie bei der Rede von Winston Churchill in Zürich im Herbst 1946 – hat sicherlich ein doppeltes Motiv am Anfang gestanden. Zum einen die Bildung einer Barriere gegen stalinistischen Expansionismus und gegen das Vordringen der kommunistischen Ideologie im Süden Europas – auch in Frankreich – und zum anderen die Einbindung Deutschlands in eine größere Einheit. Deutschland, das war damals Westdeutschland mit rund vierzig Millionen Menschen, inzwischen ist es ein vereinigtes Deutschland mit rund achtzig Millionen Menschen. Die Einbindung Deutschlands, die Selbsteinbindung Deutschlands, ist heute noch wichtiger, als sie damals war. Monnet war einer von denen – übrigens Churchill auch –, die von Anfang an gewusst haben, das geht nur, wenn die Franzosen bereit sind, sich selbst auch einzubinden. Ich will hierbei lediglich anfügen, weil Churchill ein Engländer war, machte er ganz klar, England würde nicht dazugehören, England habe ja das Commonwealth. Etwas Ähnliches könnte man heute noch aus dem Munde einiger englischer Politiker oder Politikerinnen hören.

Im Laufe der sechziger Jahre kam ein anderes strategisches Motiv hinzu: das wirtschaftsstrategische Motiv – weil inzwischen jedermann in Europa erkennen konnte, dass die Beteiligung am Gemeinsamen Markt für die eigene Nation, für die eigene Volkswirtschaft erhebliche ökonomische Vorteile mit sich brachte, die man allein auf sich gestellt so nicht hätte erreichen können. Das Motiv des ökonomischen Vorteils ist sehr viel später zum Beispiel auch das Motiv für den Beitritt Österreichs gewesen oder Schwedens oder Finnlands.

Im Laufe der neunziger Jahre – im Zeitalter der sogenannten Globalisierung der Wirtschaft – ist ein viertes strategisches Motiv hinzugekommen. Man muss sich klarmachen, was das Schlagwort der Globalisierung eigentlich bedeutet, vielleicht auch, was es verdeckt. Es sind nämlich mehrere Faktoren, die das Phänomen der sogenannten Globalisierung herbeigeführt haben.

Der erste Faktor ist der unglaubliche technologische Fortschritt, zum Beispiel auf dem Felde des Verkehrs (Containerverkehr über die Ozeane oder des Luftverkehrs), noch stärker auf dem Felde der Telekommunikation mit Hilfe von Satelliten und Computern, dazu die erstaunlichen technischen Fortschritte im Finanzverkehr rund um den Erdball, 24 Stunden am Tage, wobei die smarten jungen Leute tagsüber in Hemdsärmeln vor ihren Screens sitzen, nachts das Handy neben dem Kopfkissen liegen haben, um jederzeit agieren und reagieren zu können. Der erste Faktor für die Globalisierung ist also der weltumspannende technologische Fortschritt.

Der zweite Faktor ist die Tatsache, dass – beginnend in den achtziger Jahren, aber dann kataraktartig zu Beginn der neunziger Jahre – sich die Zahl der Teilnehmer an der Weltwirtschaft verdoppelt hat. Als wir Mitte der siebziger Jahre – ich sage wir und meine den französischen Präsidenten und den deutschen Kanzler – die sogenannten Weltwirtschaftsgipfel ins Leben riefen, angesichts einer weltwirtschaftlichen Krise, nämlich einer Preisexplosion für Erdöl und Erdgas, da meinte man de facto die westliche Weltwirtschaft, man meinte die Handvoll OECD-Staaten plus Japan. Von Korea und Taiwan redete man damals noch als »little tigers«. Inzwischen sind das sehr erwachsene Tiger geworden. Mittlerweile sind sämtliche ehemaligen Republiken der Sowjetunion auch Teilnehmer der Weltwirtschaft geworden, des weiteren alle Staaten des ehemaligen COMECON, oder wie es auf Deutsch hieß, des »Rats für gegenseitige Wirtschaftshilfe«, ich nenne hier nur Polen, die alte Tschechoslowakei, Ungarn, Rumänien, Bulgarien usw. Aber am Allerwichtigsten: Dank Deng Xiaoping ist China mit einer Bevölkerungszahl von zwölfhundert Millionen heute ebenfalls an der Weltwirtschaft beteiligt, und Indien mit neunhundert Millionen Menschen ist ebenso auf dem Wege, ein Faktor der Weltwirtschaft zu werden.

In Deutschland ist der größte Teil der Software, mit denen wir unsere Computer füttern, in Indien hergestellt worden. Inzwischen gibt es längst High-Technology, die aus Japan kommt, und demnächst werden wir erleben, vielleicht in spätestens zwanzig Jahren, dass sogar langlebige hochkomplizierte Investitionsgüter wie Passagierjetflugzeuge aus China kommen werden und vorher schon Propellerflugzeuge aus Indonesien. Diese werden billiger sein als Propellerflugzeuge aus Eindhoven.

Dazu kommt die Explosion der Weltbevölkerung, insbesondere in der zweiten Hälfte unseres Jahrhunderts. Am Anfang dieses Jahrhunderts waren wir 1,6 Milliarden Menschen, heute sind wir ungefähr sechs Milliarden Menschen, also eine Vervierfachung der Menschheit in nur einem einzigen Jahrhundert! Unvorstellbar! Wir rücken immer näher zusammen. Alles das kann man zusammenfassen unter dem Stichwort »Globalisierung«. Ein wichtiger Faktor der Globalisierung muss hier aber noch genannt werden: nämlich die im Grunde vernünftige, sehr weitreichende Liberalisierung des Verkehrs mit Waren und Dienstleistungen, des Kapitalverkehrs und des Geldverkehrs. Ich sagte, im Grunde vernünftig, führt sie doch zu einer stärkeren Arbeitsteilung weltweit. Aber die Globalisierung führt eben auch dazu, dass Nationen, die mit geringen Löhnen zufrieden sind und die zufrieden sind mit geringen Sozialleistungen, dass die auch zufrieden sein können mit der Erzielung geringerer Preise und Entgelte für ihre Güter und für ihre Leistungen. Aber wir hier, in Frankreich, in Deutschland, in Belgien, in Holland, in anderen Teilen Westeuropas, wir sind hohe Löhne und hohe Sozialleistungen gewohnt und merken plötzlich, dass wir nicht Schritt halten können mit all denen, die gleich gute Produkte herstellen – in Pilsen, in Prag, oder in Shenzhen, in Kanton oder in Seoul oder Taipeh, aber billiger als wir. Unsere Politiker stehen nun wie der Ochs vor dem geschlossenen Scheunentor und wissen nicht, wie man das Tor aufmacht.

Gleichzeitig mit der Globalisierung entwickelt sich eine neue Machtkonfiguration auf der Welt. Viele Amerikaner bilden sich ein, sie könnten zum Beispiel durch die Erweiterung ihres Instrumentes NATO, aber auch auf andere Weise, die USA als einzige Supermacht auch für das 21. Jahrhundert etablieren. Ich glaube, dies bleibt ein Wunsch. Sie übersehen, dass inzwischen China zu einer Weltmacht aufsteigt, in zwanzig Jahren werden die chinesische Volkswirtschaft und die chinesischen Exporte (nicht nur die chinesischen Importe) genauso umfangreich sein wie diejenigen Japans; in dreißig Jahren werden sie genauso groß sein wie diejenigen der USA; vielleicht zehn Jahre später genauso groß wie die Exporte und Importe der Europäischen Union. China nicht als Weltmacht anzusehen, ist ein schwerer Fehler, der zu schweren strategischen »blunders« im Laufe der kommenden Jahrzehnte führen kann. Ebenso ist es ein folgenreicher Fehler, nicht zu begreifen, dass Russland trotz seiner immensen internen Schwierigkeiten – die vielleicht 25 Jahren dauern werden, vielleicht aber auch fünfzig Jahre – gleichwohl eine Weltmacht ist und bleibt. Schon allein wegen seines riesigen Territoriums. Darin steckt viel Öl und Erdgas und viele, viele weitere Mineralien, die noch nicht exploriert, geschweige denn schon exportierbar sind. Außerdem hat Russland immer noch weit über 10 000 nukleare Waffen. Es wäre auch ein Fehler, sich einzubilden, dass Japan seine Qualität als finanzielle Weltmacht verlieren wird – auch wenn dieses Land heute in großen Schwierigkeiten steckt, über die sich andere hämisch der Schadenfreude hingeben.

In dieser globalisierten Wirtschaft und angesichts dieses demnächst entstehenden Kartells von Weltmächten können Länder wie Holland oder Belgien oder Italien oder Frankreich oder Deutschland oder die Tschechische Republik oder Polen ihre Interessen allein nicht wirksam verfolgen. Dies ist ganz ausgeschlossen. Auch wenn es viele Franzosen und noch mehr Engländer gibt, die ihr Land auch heute noch für eine Weltmacht halten.

Es wird aber notwendig sein, die eigenen Interessen nicht unter den Tisch kehren zu lassen, zum Beispiel nicht auf den Feldern, die möglicherweise in den kommenden Jahrzehnten eine ganz große Bedeutung erlangen werden, nämlich: die Reinhaltung unserer Atmosphäre und die Reinhaltung der Ozeane und des Wassers. Aber schon auf den viel näher liegenden Feldern – wie dem Währungsgefüge der Welt, der Kontrolle über die spekulativen Finanzmärkte der Welt, selbst auf dem herkömmlichen Konfliktfeld der Handelspolitik, auf dem Felde der Abrüstung, auf dem Gebiet der Verhinderung von Waffenhandel und Handel mit Panzern und mit Militärflugzeugen – werden die kleinen und mittleren Staaten Europas, zu denen wir gehören, nicht in der Lage sein, einzeln und jeder für sich gegenüber den Giganten ihre Interessen wirksam zu vertreten. Dies ist ein neues, zusätzliches strategisches Motiv für die Fortsetzung der europäischen Integration. Man kann eigentlich nur nachdrücklich die Weitsicht Jean Monnets bewundern, dessen Brief ich vorhin vorgelesen habe, in dem er von der Gleichberechtigung zwischen dem vereinigten Europa und den Vereinigten Staaten von Amerika sprach. Heute würde er hinzufügen: Und China – und Russland.

Ich war nie ein europäischer Idealist. Das muss ich Ihnen bekennen. Ich war und bleibe ein Anhänger der europäischen Integration aus dem eigenen Interesse meines Volkes. Aus dem eigenen Interesse seines Volkes war auch Jean Monnet ein Anhänger der europäischen Integration. Nicht aus Schwärmerei – Monnet war ein Mann, der nüchtern kalkulieren konnte –, sondern aus den vitalen Interessen der Franzosen und der Deutschen heraus ist das Gebäude »Europäische Union« entstanden. Aus diesem vitalen Interesse heraus haben die Staatsmänner in allen Krisen letztlich doch immer wieder einen vernünftigen, nach vorne weisenden Ausweg gefunden. Das werden sie auch tun vor dem 1. Januar 1999, wenn es sich darum handelt, die gemeinsame europäische Währung, genannt Euro, ins Werk zu setzen. Dieser verzwickte und reichlich komplizierte, teilweise auch Überflüssiges enthaltende Maastrichter Vertrag gibt ihnen dafür ja auch das vernünftige Werkzeug an die Hand. Jeder, der mir im Augenblick noch nicht glaubt, möge heute Abend dann zu Hause den Vertrag selbst in die Hand nehmen und die Artikel 104 c und 109 lesen. Da steht nichts drin von »strikter Einhaltung« der Staatsdefizitquote von 3,0 Prozent. Da steht auch nichts drin von »strikter Einhaltung« einer Schuldenquote des Staates von sechzig Prozent. Sondern da steht, dass der Europäische Rat (das sind also die Staats- und Regierungschefs im

Europäischen Rat) zu berücksichtigen hat, ob ein Land, das sich an der gemeinsamen Währung beteiligen will, auf dem richtigen Weg ist oder nicht. Sehr vernünftig! Deswegen habe ich vorhin gesagt, Italien wird nach meiner Meinung wahrscheinlich von Anfang an dabei sein. Ich würde es jedenfalls dringend wünschen, weil Italien auf dem richtigen Weg ist.

Wenn ich vorhin sagte, ich war nie ein Idealist oder ein Schwärmer, dann will ich hier in diesem Zusammenhang betonen: Das, was wir unter der geistigen Ägide Jean Monnets angefangen haben, nämlich vor beinahe fünfzig Jahren mit dem Schuman-Plan, datiert von Mai 1950, haben wir nie in der Absicht verfolgt, etwa unsere nationalen Identitäten zu verschmelzen oder aufzugeben, unsere nationalen Sprachen aufzugeben, unser nationales kulturelles Erbe aufzugeben. Alles das wollen wir – alle Mitgliedsstaaten der EU – uns erhalten! Dies ist nun allerdings ein in der Menschheitsgeschichte einmaliges Vorhaben. Ob Sie zurückgehen in die Jahrtausende des alten Ägypten oder in die Jahrtausende des Zweistromlandes zwischen Euphrat und Tigris, oder ob Sie nur etwas mehr als zweitausend Jahre zurückgehen, in die Zeiten Alexanders des Großen, oder zweitausend Jahre zurückgehen in die Zeiten des Römischen Reiches, oder ob Sie nur sechzig Jahre zurückgehen in die Zeiten Hitlers, oder weniger als sechzig Jahre in die Zeiten des Stalin'schen Imperialismus: Noch niemals in der ganzen Weltgeschichte haben sich Völker aus eigenem Entschluss und freiwillig zur Vereinigung aufgemacht, nicht unter dem Druck eines Eroberers, nicht unter dem Daumen eines allmächtigen Kaisers, nicht unter dem Druck eines Diktators, sondern freiwillig aus der Erkenntnis ihrer eigenen Interessen.

So schwierig wie die europäische Integration auch bleiben wird und wie viele Krisen wir dabei auch noch erleben werden: Weil die strategischen Grundprinzipien inzwischen vordringen in das Bewusstsein der leitenden Politiker – bei manchen etwas später, bei manchen eher, auch der nachwachsenden Politiker –, deswegen bin ich durchaus nicht pessimistisch.

Abschließen möchte ich mit einer letzten Bemerkung über den großen Franzosen Jean Monnet. Er war ein Regisseur, nicht einer, der selbst auf der Bühne die erste tragende Rolle spielte. Der Regisseur, der am Theater Shakespeare aufführen will – sei es ein Drama oder sei es der »Sommernachtstraum« oder »Was ihr wollt« –, der kann gezwungen sein, Streichungen im Text Shakespeares vorzunehmen, weil sonst das Stück zu lang ist. Er kann sich neue Bühnenbildner holen, dann sieht der »Sommernachtstraum« auf der Bühne ganz anders aus als vor dreißig oder vierzig Jahren. Aber Jean Monnet war mehr als ein Regisseur am Theater in diesem Sinne. Er brauchte auch keinen Shakespeare. Sondern der Regisseur schrieb sein Drama selbst. Er hatte alles im Kopf. Er hat sein Stück selbst erfunden, er hat es im Gespräch mit anderen abgerundet, ehe er es wirklich auf die Bühne brachte, oder ehe er den nächsten Akt auf die Bühne brachte. Sein Drama bestand aus vielen Akten, einer nach dem anderen. Er hat hier probiert und dort probiert, abgerundet, vielleicht auch mal einen ganzen Akt vorübergehend zurückgestellt, auch einmal eine Szene ganz gestrichen und ersetzt durch eine andere, weil er das weltpolitische Theater nicht überspannen und überfordern wollte. Er war in meinen Augen ein einzigartiger Mann, ein Kerl, wie man in Deutschland auch wohl sagt, ein Genie.

Sechs Gründe, warum der Euro nicht scheitern darf *(1997)*

*In der deutschen Öffentlichkeit formierte sich im Frühjahr 1997,
gestützt auf einschränkende Formulierungen des Bundesver-
fassungsgerichts und kritische Verlautbarungen der Deutschen
Bundesbank, massiver Widerstand gegen die zum 1. Januar
1999 beschlossene Einführung des Euro. Die Regierenden hatten diesen Protest zu einem großen Teil selbst zu verantworten,
da sie in Maastricht mit dem Beschluss zum Inkrafttreten der
gemeinsamen Währung zugleich das bis dahin funktionierende
Europäische Währungssystem (EWS) abgeschafft hatten. Auf
diese Weise entstand ein Vakuum – »sieben Jahre der Wirrnis«
(Schmidt) –, das die Eurogegner nutzten, um immer aufs Neue
eine Verschiebung einzufordern. Im Juni 1997 wandte sich
Helmut Schmidt in einem Artikel der ZEIT gegen jede Panik-
mache und betonte das Primat des Politischen; die Integration
Europas dürfe nicht davon abhängig gemacht werden, ob ein
potentieller Mitgliedsstaat die finanztechnischen, von irgend-
einer Behörde erstellten »Stabilitätskriterien« erfülle.*

Kann, darf, soll die Einführung der gemeinsamen europäischen
Währung verschoben werden? Die Debatte darüber ist in vollem Gange. Aber über die schwerwiegenden Probleme, die sich
aus einer Vertagung – oder gar aus einem Scheitern – des Euro ergeben würden, erfährt man von den Politikern und aus den Medien

fast nichts, auch nichts von der Bundesbank und sehr wenig von den unternehmerischen Verbänden und den Gewerkschaften. Die deutsche Euro-Debatte ist von erschreckender Einfalt. Sehr früh haben der Bundestag und das Bundesverfassungsgericht Ängste vor einer angeblichen Instabilität des Euro wachgerufen, und jahrelang haben Mitglieder des Zentralbankrates der Bundesbank diese Ängste geschürt. Wenn diese negativen Kräfte letztlich Erfolg haben sollten, so muss man mit schlimmen Konsequenzen rechnen.

1. Wer das im Maastrichter Vertrag eindeutig festgelegte Datum des Inkrafttretens der gemeinsamen Währung, nämlich spätestens den 1. Januar 1999, hinausschieben wollte, der müsste den Vertrag durch einen Zusatzvertrag ergänzen, der einer Ratifikation in fünfzehn nationalen Parlamenten bedürfte. Wer sich stattdessen einfach über den klaren Maastrichter Text hinwegsetzte, der liefe Gefahr, wegen einer Vertragsverletzung vor dem Europäischen Gerichtshof zu scheitern.

2. Schon der bloße Beginn einer Verschiebungsdiskussion zwischen den beteiligten Regierungen würde auf den Devisenmärkten zu einer abermaligen Aufwertung der D-Mark führen. Der Verlust weiterer deutscher Arbeitsplätze in den Industrien, die am Export orientiert sind oder unter Import-Konkurrenzdruck stehen, wäre unausweichlich, desgleichen der Verlust weiterer Arbeitsplätze in allen im internationalen Wettbewerb stehenden Dienstleistungsbranchen wie Telekommunikation, Verkehr, Banken und Versicherungen.

3. Bei einer Verschiebung oder gar bei einer endgültigen Aufgabe des Projektes Währungsunion würde die Geldmengenideologie der Bundesbank die weltweiten Finanzmärkte zu einer weiteren Aufwertung der D-Mark veranlassen; dies würde einen weiteren Verlust von Arbeitsplätzen nach sich ziehen. Wenn aber die Arbeitslosigkeit und deren Kosten noch weiter steigen, dann sinkt zugleich die Zahl der Beitragszahler für alle Zweige der So-

zialversicherung, eine abermalige reale Kürzung aller Sozialleistungen und der Renten wird unausweichlich.

4. Die Währungen Frankreichs, Italiens und Spaniens sowie weiterer Staaten der Europäischen Union kämen durch weltweite Währungsspekulation unter Druck. Deren nationale Zentralbanken würden versuchen, durch höhere Zinsen gegenzusteuern; dadurch sänke die Investitionsquote, und die Arbeitslosigkeit würde infolgedessen auch in diesen Ländern steigen.

5. Jede Verschiebung bedeutet mit hoher Wahrscheinlichkeit eine endgültige Aufgabe des Projektes Währungsunion; denn auch nach zwei oder drei Jahren würden viele Mitgliedsstaaten der Europäischen Union keineswegs alle Maastrichter Kriterien erfüllen können. Damit fiele Europa in die seit dem Schuman-Plan von 1950 schwerste Krise der europäischen Integration. Alle Staaten Europas sind aber allein und als Einzelne zu schwach, um sich zukünftig gegen die Weltmächte USA, China, Russland, Japan (und demnächst Indien) behaupten und ihre Interessen im Welthandel, auf den Weltfinanzmärkten oder in Sachen des Schutzes der Atmosphäre und der Meere mit Erfolg vertreten zu können. Wer die Integration Europas abbräche, der lieferte die Mitgliedsstaaten der EU endgültig der Dominanz durch die Vereinigten Staaten aus – und damit deren »sozialer Grausamkeit« (Fritz Scharpf) à la Thatcher.

6. Wenn das Projekt Währungsunion an Bonn scheitern sollte oder wenn die Völker und die öffentliche Meinung unserer Vertragspartner auch nur den Eindruck gewönnen, die Währungsunion sei an deutscher ideologischer Besserwisserei und deutscher Rechthaberei gescheitert, dann gerieten wir in eine gefährliche Isolierung, »dann würde es eiskalt für Deutschland« (Hans-Dietrich Genscher).

In der Tat: Schon bisher hat Deutschland durch sein Insistieren auf der »strikten Einhaltung« der fünf Maastrichter Konvergenz-

Kriterien (also der Maßstäbe, an denen der ökonomische Gleichlauf der Teilnehmerstaaten gemessen werden soll) und durch seinen »Währungs-Rassismus« (Michel Rocard) gegenüber Südeuropa und besonders gegenüber Italien sich so unbeliebt gemacht wie niemals zuvor in den letzten fünfzig Jahren. Der Bundeskanzler hat jahrelang zugelassen, dass der heimliche deutsche Außenminister, Bundesbankpräsident Tietmeyer – von Kinkel hat man in dieser lebenswichtigen Frage nichts gehört –, und in dessen geistiger Gefolgschaft Finanzminister Waigel alle Partner unter ideologischen Druck gesetzt haben.

Wer die Wirkung einer von Tietmeyers Reden auf ein italienisches Publikum am Orte des Geschehens miterlebt hat, die Warnungen vor statistischer Kosmetik und Mogelei, die abfällige Attitüde gegen Italien und andere, wer die geradezu wilhelminische Aufspielerei in Sachen des illusorischen Stabilitätspaktes erlebt hat, um heute Waigel im Streit mit Tietmeyer bei gleichen Mogeleiversuchen zu erwischen – der kann die Schadenfreude und sogar die Häme verstehen, die heute in Italien, Spanien oder in der Schweiz, in Frankreich, England oder Holland zu hören und zu lesen sind.

Wirtschaftlichen Gleichlauf (Konvergenz) der Teilnehmerstaaten als Vorbedingung für eine gemeinsame Währung zu verlangen war von vornherein unklug. Der gleiche Dollar gilt für Louisiana und für Kalifornien. Von Konvergenz der Wirtschaft kann keine Rede sein. Dito nicht in Schottland und in London, die beide dieselbe Sterling-Währung benutzen. Dito nicht in Luxemburg und Belgien, die beide den gleichen Franc benutzen. Bei der Konvergenz-Forderung noch dazu Beschäftigung und Wachstum ganz aus dem Blick zu lassen und stattdessen alle fünf Maastrichter Kriterien allein auf haushalts- und geldpolitische Daten abzustellen war ein zusätzlicher Fehler. Heute könnten selbst Japan oder die Vereinigten Staaten diese Kriterien nicht erfüllen.

Gottlob ist der Maastrichter Vertrag um einiges klüger als die Herren Stoiber (»eisenhart an den Stabilitätskriterien festhalten«) oder Schäuble (»strenge Wahrung der vereinbarten Kriterien«) noch in den allerletzten Tagen. Denn über den Maastrichter Kriterien steht der Artikel 104 c des EU-Vertrages: »Wenn ein Staat keines oder nur eines dieser Kriterien erfüllt, so … wird berücksichtigt, ob das Defizit die öffentlichen Ausgaben für Investitionen übertrifft; berücksichtigt werden ferner alle sonstigen einschlägigen Faktoren, einschließlich der mittelfristigen Wirtschafts- und Haushaltslage.« Entscheidend bleibt also die qualifizierte Mehrheit des Europäischen Rates. Im Klartext: Der politische Wille der Regierungschefs entscheidet.

In ihrem Bewusstsein wird freilich die Arbeitslosigkeit die größte Rolle spielen. Aber auch der Euro kann nur langfristig zu höherer Beschäftigung beitragen, kurzfristig bleibt er ohne Beschäftigungseffekt. Die Währungsunion war und ist keine Beschäftigungspolitik, sie ist vielmehr eine strategische Notwendigkeit für Europas weltpolitische und wirtschaftliche Selbstbehauptung. Wer jedoch den Euro abserviert, der wird die Arbeitslosigkeit noch vermehren.

»Was aber wird aus meiner Rente?«, so fragt manch einer. Die Antwort lautet: Die Rente hängt nicht vom Euro ab, sondern vielmehr von Beschäftigung und Wachstum der deutschen Wirtschaft.

»Ist nicht die Umstellung auf den Euro eine Währungsreform wie 1948, bei der wir unsere Sparguthaben zum größten Teil eingebüßt haben?« Antwort: Nein, es handelt sich nicht um Streichung von D-Mark-Guthaben, sondern um einen Umtausch, ähnlich dem Umtausch von Mark in Peseten, wenn einer nach Mallorca fährt; dabei bleibt die Kaufkraft dieselbe.

»Ja, aber was ist, wenn später die Kaufkraft des Euro sinken sollte, wenn er keine stabile, sondern eine weiche Währung würde?« Antwort: Der Außenwert des Euro (also der Wechselkurs gegenüber dritten Währungen) wird stabiler sein als der Wechselkurs der

D-Mark, der in den letzten drei Jahrzehnten ständig gestiegen ist, die deutschen Produkte für die Außenwelt immer teurer gemacht und damit ihre Wettbewerbsfähigkeit beeinträchtigt hat; früher zahlten die Amerikaner für ein 4000 Mark teures Exportprodukt 1000 Dollar, heute müssen sie dafür aber 2400 Dollar zahlen, sie kaufen deshalb billigere Produkte aus Ostasien. Dagegen wird der Binnenwert des Euro auf dem gemeinsamen Markt und damit auch in Deutschland ähnlich stabil sein wie bisher die D-Mark, denn die Europäische Zentralbank ist genauso unabhängig von politischen Weisungen wie bisher die Bundesbank.

»Wenn aber Italien oder Spanien oder Frankreich oder Deutschland auch in Zukunft mehr Geld ausgibt, als es einnimmt, und wenn seine Defizite sich häufen?« Antwort: Weil Artikel 104 des Maastrichter Vertrages es der Europäischen Zentralbank verbietet, der EU oder einem Teilnehmerstaat Kredite zu geben, so müssen defizitär wirtschaftende Teilnehmerstaaten sich ihre Kredite auf den privaten Finanzmärkten holen. Je mehr Kredite sie aufnehmen, umso höher wird der Zinssatz sein, den sie zu zahlen haben, und umso mehr werden sie sich infolgedessen selbst bestrafen. Bisher konnten sie ihre nationale Zentralbank politisch zwingen, Geld zu drucken – darin lag ja die Hauptursache ihrer Inflation. Aber vom 1. Januar 1999 an ist ihre Zentralbank nur noch eine untergeordnete Filiale der gemeinsamen Europäischen Zentralbank.

»Warum sind dann aber die Herren der Bundesbank gegen den Euro?« Antwort: Weil es sie schmerzt, zur untergeordneten Filiale herabgestuft zu werden, und weil sie ihre in der Welt ziemlich einmalige Ideologie für allein selig machend halten.

Deutschland befindet sich im Zustand eines schweren wirtschaftlichen Ungleichgewichts: Wachsende Arbeitslosigkeit und wachsende Staatsquote steigern sich gegenseitig, wie zu Heinrich Brünings Notverordnungszeiten. Demgegenüber bliebe der Pakt für Arbeit eine Farce, der beabsichtigte Wegfall der Lohnfortzahlung für kranke Arbeiter (wieso eigentlich nicht für kranke Angestellte, Manager und Politiker?) eine ergebnislose Sottise und die längere Ladenschlusszeit ein Schlag ins Wasser.

Es bleibt die Arbeitslosigkeit – es sei denn, die Bonner Politiker erkennen, dass sie selbst die Hauptverantwortung dafür tragen; dass sie die Verantwortung gegenüber der Nation als weitaus wichtiger erkennen denn ihre taktischen Spielchen zwecks Machterwerb und Machterhalt. Es sei denn, sie finden zu einer Flexibilisierung des Arbeitsmarktes, indem sie zum Beispiel im Tarifvertragsgesetz die Allgemeinverbindlichkeit und im Betriebsverfassungsgesetz die Nichtigkeit von Betriebsvereinbarungen beseitigen. Es sei denn, sie streichen tausend andere Paragraphen, die unsere Unternehmen und ganz besonders den gewerblichen Mittelstand fesseln. Die Politik muss die wirtschaftliche Freiheit in Deutschland von weit unten auf der Rangliste der Staaten wieder in die Spitzengruppe bringen – so wie Ludwig Erhard dies vor einem halben Jahrhundert vorgemacht hat. Weg mit den tausend Genehmigungsbestimmungen und den tausend Verhinderungsinstanzen! Der Staat muss endlich die Subvention alter und konkurrenzunfähiger Wirtschaftszweige abbauen und stattdessen den ganzen Nachdruck auf die Forschung und auf die Entwicklung neuer Spitzenprodukte konzentrieren, die einstweilen in Asien noch nicht hergestellt werden können. Natürlich brauchen wir dafür bessere, leistungsstärkere Universitäten, also brauchen wir Wettbewerb unter ihnen. Vor allem: Schluss mit der endlosen staatlichen Gängelung.

Das wichtigste Thema der Deutschen ist die Beseitigung der Arbeitslosigkeit. Wer stattdessen den Euro zum Hauptthema machen möchte, der wird seiner Verantwortung nicht gerecht.

Vertiefung statt Erweiterung (1999)

Kaum war der Euro zum 1. Januar 1999 als gemeinsame Währung in Kraft getreten, steuerte die Europäische Union in ihre nächste Krise. In Maastricht hatte man beschlossen, eine Reihe von osteuropäischen Staaten zur Mitgliedschaft einzuladen. Man sah jedoch geflissentlich darüber hinweg, dass die Institutionen der EU, die ursprünglich auf sechs Mitgliedsstaaten zugeschnitten waren und deren Hang zu Bürokratie und Regulierung ohnehin längst hätte reformiert werden müssen, bei einer Erweiterung auf zwanzig und mehr Mitgliedsstaaten vollends überdehnt werden würden. So sehr Helmut Schmidt den baldigen Beitritt von Polen, Tschechien und Ungarn begrüßte, so skeptisch zeigte er sich gegenüber Beitrittsverhandlungen mit Ländern wie Rumänien, Bulgarien – »und am Ende sogar die Türkei«.

E s war falsch, aus der geringen Beteiligung an der Wahl zum Europäischen Parlament im Juni auf ein Desinteresse der Bürger oder sogar auf ihre Ablehnung der EU zu schließen. Tatsächlich gab es viele Gründe dafür, dass nur relativ wenige Leute sich an den Wahlen beteiligt haben. Da war der aufgestaute Ärger über lächerliche und überflüssige Vorschriften, die aus Brüssel auf Bürger und Unternehmen herniederregnen; über persönlichen Schlendrian in der EU-Kommission, der diese zum Rücktritt gezwungen hatte; über das Gezerre auf Gipfelkonferenzen – von den Medien genüsslich ausgebreitet. Man hatte den jahrelangen

Streit um den Euro, um die Europäische Zentralbank und ihr Präsidentenamt noch in Erinnerung, obendrein las man regelmäßig von einem angeblichen Wertverlust des Euro.

Vor allem aber konnte kaum jemand verstehen, worum es bei der Wahl eigentlich ging. Schon die Verträge von Maastricht und Amsterdam mitsamt ihren über hundert (!) Protokollen und Erklärungen ließen sich nicht durchschauen. Jetzt traten zwar Konservative, Sozialdemokraten und Sozialisten, Liberale und Grüne unisono »für Europa« ein, jedoch konnte man kaum erkennen, wie ernst sie es damit meinten. Noch viel undeutlicher blieb, in welchen wichtigen europäischen Fragen sie sich voneinander unterschieden. Die Wähler sollten offenbar weder zwischen verschiedenen Konzepten für Europas Zukunft noch zwischen den dafür nötigen Führungspersonen entscheiden – weder das eine noch das andere stand jedenfalls zur Wahl. Also blieb den Wählern nur übrig, entweder aus Loyalität jeweils die Partei zu wählen, die sie immer schon gewählt hatten – oder der Wahl fernzubleiben, weil sie doch nichts entschied.

Die europapolitische Haltung (fast) aller Parteien ist immer noch unklar; unklar sind auch die Positionen der im Rat der EU vertretenen Regierungen.

Wer aber aus patriotischem Interesse den Fortschritt der Europäischen Union will, der muss jedenfalls den heute erkennbaren Gefahren entgegentreten. Nach einem halben Jahrhundert der schrittweisen Integration erscheint der weitere Fortschritt der EU unter drei Aspekten gefährdet:

1. Die bisherige deutsch-französische Kooperation erlahmt und droht damit die gemeinsame Kraft zur Konzeption, zur Initiative und zur Verwirklichung zu schädigen. Es wäre eine Illusion, auf England als Quasi-Ersatzpartner zu hoffen. Denn noch auf Jahrzehnte wird die atlantisch-insulare Grundstimmung der Engländer jede Regierung in London hemmen und die britische Allianz mit

den USA für wesentlich wichtiger erscheinen lassen als die EU. Im Ergebnis könnte der Wunschtraum einiger Amerikaner Wirklichkeit werden, die sich eine Kontrolle der USA über Europa wünschen.

2. Die Erweiterung der EU um die sechzig Millionen Menschen aus Polen, Tschechien und Ungarn ist gut, weil notwendig. Aber eine weit darüber hinausgehende, allzu schnelle Erweiterung der EU um beispielsweise Rumänien, Bulgarien und am Ende sogar die Türkei würde die Funktionsfähigkeit der gegenwärtigen Institutionen der EU und die ökonomische Leistungsfähigkeit der bisherigen Mitgliedsstaaten überfordern. Solange einige der beitrittswilligen Staaten die inneren Konflikte mit ihren großen nationalen Minderheiten nicht einwandfrei und dauerhaft gelöst haben, ist ihre Integration in die EU nicht ratsam. Vor allem aber würde die Entscheidungsfähigkeit der Gremien der EU schwer beeinträchtigt, sofern jeder Mitgliedsstaat auch zukünftig Anspruch auf ein Kommissionsmitglied (und die großen Staaten sogar zwei!) in Brüssel haben sollte, sofern die Zahl der Abgeordneten des Europäischen Parlaments nochmals erhöht werden und sofern es im Rat der EU beim Einstimmigkeitsprinzip bleiben sollte.

3. Schon lange sind die Gremien und Verfahren der EU, ihre überbordende Bürokratie und der wuchernde Hang, eine Vielzahl auch solcher Dinge minutiös zu regeln, die besser den nationalen Regierungen und Parlamenten der Mitgliedsstaaten überlassen blieben, eine Quelle endloser Reibereien. Schlimmer noch: Sie sind eine Quelle der überflüssigen Gängelung wirtschaftlicher Prozesse und der Verärgerung der öffentlichen Meinung. Mit Recht wollen die Bürger erkennen können, wer was und warum entscheidet und wer verantwortlich ist.

Sowohl Zurückhaltung der Brüsseler Exekutive als auch Durchsichtigkeit aller Entscheidungsprozesse sind dringend geboten. Deshalb ist die jüngste, sehr vorsichtige Stärkung der Rechte des

Straßburger Parlamentes noch nicht ausreichend; aber auch das Parlament selbst muss seine Kontrollfunktionen wirksamer wahrnehmen – auch medienwirksamer! Sowohl das Europäische Parlament als auch die im Europäischen Rat vereinigten Regierungschefs müssen verhindern, dass die de facto aus den Oberbürokraten der 15 Mitgliedsstaaten bestehenden rund zwanzig »Räte« (von denen in den Verträgen von Maastricht und Amsterdam lediglich zwei eine rechtliche Grundlage haben, alle anderen beruhen auf Wichtigtuerei und Gewohnheit!) das Subsidiaritätsprinzip am laufenden Band missachten. Weder der Ladenverkaufspreis von Büchern oder der zulässige Lärm von Rasenmähern noch die Sitzflächen auf landwirtschaftlichen Traktoren, weder die Reinheit des Bieres noch der Krümmungsgrad von Salatgurken bedürfen einer europäischen Gleichschaltung. Auch sollte der Europäische Gerichtshof nicht gezwungen werden können, über die Mehrwertsteuer-Befreiung von Straßenmusikanten zu entscheiden!

In welchem Umfang die nationalen und Brüsseler Bürokratien gemeinsam Papiere und Paragraphen erzeugen, mag ein einziges Beispiel belegen: Der Bundestagsausschuss, der zur Agenda 2000 und zur Erweiterung der EU dem Plenum des Bundestages am 17. März 1999 seinen Bericht vorgelegt hat, brauchte dazu nicht weniger als 1604 Druckseiten! – in der Masse bestehend aus Anlagen, welche in Brüssel fabriziert worden waren. Welch ein undurchdringlicher Wust!

Die Straffung der Institutionen und Verfahren der EU muss zeitlich Vorrang haben vor der Erweiterung um neue Mitgliedsstaaten. Nach der Erweiterung würden die Hürden für institutionelle Reformen noch höher sein als heute. Allerdings scheinen weder die meisten Regierungschefs noch die Kommission unter Jacques Santer diese Ermahnung ernst genommen zu haben.

Stattdessen hat der inzwischen für fast jedermann undurchschaubare Wirrwarr der Verträge von Rom 1957, Maastricht 1992 und Amsterdam 1997 und der Wildwuchs der Institutionen den Ruf nach einer Verfassung laut werden lassen; auch Außenminister Fischer hat sich daran beteiligt. Der Wunsch ist verständlich, aber er kann nicht zum Ziel führen.

Wenn eine Verfassung nur die wesentlichen Inhalte der verschiedenen geltenden Verträge festschriebe, so würde sie keine der notwendigen Reformen der Institutionen und Verfahren der EU vorsehen; sie würde aber zukünftige Reformen erschweren, weil diese nur noch durch Verfassungsänderungen oder Ergänzungen zustande kommen könnten. Sollte andererseits eine Verfassung von vornherein die heute wünschenswert erscheinenden institutionellen Reformen festlegen, würde es viele Jahre und Jahrzehnte dauern, bis eine Einigung über den Text der Verfassung zustande käme. Dabei hätten jedenfalls eine »Europäische Verfassung« und etwaige Verfassungsänderungen eine stärkere Legitimationsbasis nötig als die geltenden Verträge, die lediglich von den nationalen Parlamenten ratifiziert sind.

In der Außen- und Sicherheitspolitik der Union herrscht ein totaler Kompetenzwirrwarr. In seiner Amsterdamer Fassung proklamiert der EU-Vertrag in Artikel zwei das Ziel einer »Gemeinsamen Außen- und Sicherheitspolitik«; es folgen 17 weitere, zum Teil akrobatisch formulierte Artikel mit sehr kompliziert geregelten Verfahren. So sagt Artikel 18, dass der Vorsitz des Rates in Angelegenheiten der gemeinsamen Außen- und Sicherheitspolitik die EU vertritt; er ist auch für deren Durchführung verantwortlich – zugleich soll aber die Brüsseler Kommission an diesen Aufgaben »in vollem Umfang beteiligt sein«. Wie soll dies praktisch funktionieren? Immerhin wechselt der Vorsitz im Rat alle sechs Monate, die Kommission dagegen regelmäßig erst nach fünf Jahren! Um gleichwohl Kontinuität zu gewährleisten, ist dem Vorsitz des Rates ein »Hoher Vertreter für die gemeinsame Außen- und Sicherheitspolitik« beigegeben; dies ist die Rolle, die dem gegenwärtigen

NATO-Generalsekretär Javier Solana zugedacht ist. Zugleich unterhält andererseits die Brüsseler Kommission diplomatische Vertretungen in allen wichtigen Hauptstädten der Welt, während der Rat oder sein Vorsitz oder der Hohe Vertreter nicht über einen derartigen Apparat verfügt. Nur die künftige Praxis könnte dieses Knäuel von Kompetenzen entwirren.

Einstweilen beruht die gemeinsame Außen- und Sicherheitspolitik im wesentlichen auf intergouvernementaler Abstimmung zwischen den nationalen Regierungen – so weit sie überhaupt funktioniert. Im Kosovo-Krieg hat stattdessen die NATO eine einigermaßen gemeinsame Politik verfolgt – bei klarer Präponderanz der USA. Sofern die Mitgliedsstaaten der EU (oder die EU selbst) wegen der serbischen Verbrechen im Kosovo hätten ohne Beteiligung der USA militärisch eingreifen wollen, so hätte man dafür zwar theoretisch im EU-Vertrag Verfahrensregelungen gehabt, einschließlich der Inanspruchnahme der WEU (Westeuropäischen Union). Tatsächlich ist aber die WEU, ein Sicherheitspakt seit 1954, praktisch durch die NATO überlagert; die WEU ist bisher ohne Wirksamkeit, sie verfügt auch nicht über militärische Stäbe oder Truppen. Zwar erklärt der heutige EU-Vertrag die WEU zum »integralen Bestandteil« der EU und stellt eine »operative Kapazität« der WEU in Aussicht. Tatsächlich gibt es eine solche Kapazität gar nicht, und nur sieben der fünfzehn Mitgliedsstaaten der EU gehören zugleich der WEU an, gemeinsam mit vier weiteren EU-Mitgliedsstaaten gehören sie gleichzeitig der NATO an; die übrigen vier Mitgliedsstaaten der EU halten bisher an ihrer erklärten Neutralität fest.

Es wird Jahre brauchen, bis Europa tatsächlich zu einer gemeinsamen Sicherheitspolitik gelangen kann; mit Recht spricht deshalb Artikel 17 von einer »schrittweisen Festlegung einer gemeinsamen Verteidigungspolitik« (ob eine solche jemals so weit gehen könnte, auch die mit Veto-Recht im UN-Sicherheitsrat bevorrechtigten

Nuklearwaffen-Staaten Frankreich und England einzubinden, erscheint fraglich). Jedenfalls wäre eine Festschreibung des heutigen Zustandes in einer Verfassung unsinnig, denn er funktioniert höchstens mehr schlecht als recht. Wer heute die Erweiterung der EU um eine Vielzahl neuer Mitglieder betreibt, der liefe das Risiko, dass die schwerfälligen, in ihren Aufgaben gegeneinander unklar abgegrenzten Verfahren zwischen Parlament, Kommission, Rat (de facto heute rund zwanzig Räte!) und demnächst über zwei Dutzend nationalen Regierungen in absehbarer Zeit erstarren.

Das Parlament muss einen Teil jener legislativen Rechte erhalten, die heute die Räte und die Kommission ausüben. Die Zahl der Brüsseler Kommissionsmitglieder muss beschränkt werden – zulasten sowohl der großen als auch der kleineren Länder; zum Beispiel schon der Beitritt Polens, Tschechiens, Ungarns plus Sloweniens und Estlands würde sonst die Zahl der Kommissare auf zwei Dutzend erhöhen – und jeder von ihnen würde ein Ressort und eine eigene Bürokratie erhalten, jeder von ihnen würde etwas bewirken wollen.

Der neue Kommissionspräsident Prodi scheint die Praxis seiner Behörde straffer zu ordnen als bisher. Innerhalb des Rates aber muss die qualifizierte Mehrheitsentscheidung zur Regel erklärt werden. Die »Stimmgewichte« der Ratsmitglieder müssen den tatsächlichen Größenverhältnissen der Staaten besser angepasst werden. All diese Reformen hat man im Amsterdamer Vertrag versäumt; im kommenden Jahre sollen diese leftovers auf einer Regierungskonferenz bewältigt werden. Dies kann jedoch nur dann gelingen, wenn Deutschland und Frankreich (das dann den Vorsitz innehaben wird) mit gemeinsamen Positionen auftreten. Danach wird alles abermals in einen neuen Vertrag einmünden.

Alle nötigen institutionellen Reformen (»Vertiefungen«) innerhalb der EU würden dann noch schwieriger werden, wenn vorher die Zahl der Mitgliedsländer von 15 auf zwanzig und sogar noch weiter steigen sollte. Deshalb ist es außenpolitischer Opportunismus, einem Dutzend beitrittswilliger Staaten die Aussicht auf baldige Beitrittsverhandlungen und einigen sogar auf baldigen Beitritt zu eröffnen. Es ist absolut leichtfertig, sogar darüber hinaus die Aufnahme weiterer Nachfolgestaaten von Titos Jugoslawien ins Auge zu fassen. Selbst im besten Falle werden die weiteren Konsequenzen der balkanischen Gewalttaten der letzten Jahre und des gegenseitigen Hasses dazu führen, dass im Südosten Europas de facto ein Flickenteppich von militärisch gesicherten UN-Protektoraten entsteht.

Rom konnte nicht an einem einzigen Tag erbaut werden. Das Gleiche gilt für Europa.

Die EU ist nicht reif für die Erweiterung *(2000)*

In einem gemeinsamen Aufruf mahnten Valéry Giscard d'Estaing und Helmut Schmidt im April 2000 die Union zu entschlossenen raschen Reformen. »Schon jetzt, mit nur 15 Mitgliedsstaaten, funktionieren die bestehenden Institutionen nicht sonderlich gut.« Wenn daran nichts Grundsätzliches geändert werde und die politischen Führer glaubten, die Probleme durch rasche Erweiterung der EU überdecken zu können, werde dies womöglich »zu einer Reihe schwerer Krisen« führen.

Gegen Ende des letzten Jahrhunderts skizzierten die 15 Staats- und Regierungschefs ihre Pläne für die Europäische Union. Dabei setzten sie allerdings einen Fuß zu rasch und zu weit vor, während sie den anderen sehr vorsichtig nachschleifen ließen.

Über die laufenden Verhandlungen mit Polen, Ungarn, der Tschechischen Republik, Slowenien, Estland und Zypern hinaus, die eine EU-Mitgliedschaft beantragt haben, beschlossen sie auch die Aufnahme von Beitrittsverhandlungen mit der Slowakei, mit Lettland, Litauen, Rumänien, Bulgarien und Malta. Die Kommission erklärte sogar, gegen Ende des Jahres 2000 werde sie einen Zeitplan für die Aufnahme von sieben oder acht der Bewerberstaaten und für die jeweiligen Übergangsfristen aufstellen.

Keine Fortschritte erzielten Europas führende Politiker jedoch in dem entscheidenden Punkt, die Fähigkeit der Europäischen Union zur Aufnahme einer derart großen Zahl neuer Mitglieder zu verbessern.

Eine institutionelle Reform ist dringend erforderlich. Schon jetzt, mit nur 15 Mitgliedsstaaten, funktionieren die bestehenden Institutionen nicht sonderlich gut. Lässt man sie unverändert, werden sie überhaupt nicht mehr funktionieren, sobald die Zahl der Mitgliedsstaaten sich deutlich erhöht. Im übrigen wird sich eine solche institutionelle Reform noch erheblich schwieriger gestalten, wenn erst die Zahl der Mitgliedsländer weiter gewachsen ist.

Die unübersehbare Eile bei der Erweiterung der Union in Verbindung mit der Vernachlässigung institutioneller Reformen könnte zu einer Reihe schwerer Krisen im ersten Jahrzehnt des 21. Jahrhunderts führen. Sie könnte auch dazu führen, dass die Union zu einer bloßen Freihandelszone mit einigen zusätzlichen Institutionen am Rande verkümmert.

Eine solche Verzerrung der Idee und des historisch einmaligen Ziels der Europäischen Einheit mag den Nationalisten in einigen Ländern gefallen. Vor allem aber würde sie in Washington jenen Kräften gefallen, die ein gewisses Maß an Kontrolle über Europa bewahren wollen, um die globalen geopolitischen Ziele – bisweilen auch die geopolitischen Illusionen – Amerikas umso leichter zur Geltung zu bringen.

Das historische Wissen einiger Politiker, die heute vollmundige Reden über die Zukunft Europas halten, scheint nicht weiter als bis in die Zeit Hitlers, Stalins und des Kalten Krieges zurückzureichen. Es fehlt ihnen an Verständnis für das 18. und das 19. Jahrhundert und vor allem für die Geschichte der Völker auf der Balkanhalbinsel.

Die Geschichte Europas während der letzten Jahrhunderte war die Geschichte der Entstehung konkurrierender, einander befehdender Nationalstaaten, die zumeist über eine eigene nationale Sprache und eine eigene nationale Geschichte verfügten. Keine dieser Nationen ist ohne weiteres bereit, ihr Erbe zu opfern und ihre Selbstbestimmung aufzugeben. Es sind also eine ganze Reihe von Schritten erforderlich, wenn man Menschen davon überzeugen will, dass es sinnvoll ist, einen Teil ihrer Souveränität im Interesse des eigenen künftigen Fortschritts aufzugeben.

Auf diese Weise, in einzelnen Schritten, führte der Schuman-Plan von 1950 zu dem erstaunlichen Erfolg der Europäischen Union von heute. Wenn die führenden Politiker der EU-Staaten heute glauben, die Zahl der Mitgliedsstaaten ließe sich durch summarische Beschlüsse von Ministerräten und ihren bürokratischen Mitarbeitern einfach verdoppeln, dann könnte es durchaus geschehen, dass sie ziemlich bald in eine tiefe Krise geraten – auch im Verhältnis zu den Wählern in ihren jeweiligen Ländern.

Die Franzosen waren es, die den Integrationsprozess in Gang gesetzt haben, und die Deutschen haben die Einbindung in die Union von Anfang an akzeptiert. Zumindest seit den siebziger Jahren haben die Franzosen eingesehen, dass die Integration Deutschlands auf Dauer nur erfolgreich sein kann, wenn sich die französische Nation auf die gleiche Weise einbindet. Diese beiderseitige Erkenntnis von Deutschen und Franzosen hat es ermöglicht, den Integrationsprozess voranzutreiben und im Laufe der Zeit eine Reihe von Krisen zu überwinden.

Die letzte Krise ergab sich im Zusammenhang mit dem Maastricht-Abkommen, aber der Euro (der schon vor zwanzig Jahren vorgeschlagen wurde und seither vorbereitet wird) wurde dennoch geschaffen. Und wieder: was für ein Erfolg! Wenn wir das Europäische Zentralbanksystem heute nicht hätten, wären einige ehemals nationale Zentralbanken und ihre Währungen möglicherweise in Krisensituationen geraten, in denen sie sich dem gemeinsamen Willen der Märkte und zugleich den Vorgaben des Internationalen Währungsfonds hätten fügen müssen. Der gemeinsame europäische Markt wäre dann bedrohlichen Spannungen ausgesetzt gewesen. (Was den Euro angeht, sind wir mit der »nachsichtigen Haltung« der Europäischen Zentralbank und dem Fehlen jeglicher Unterstützung durch die politischen Institutionen nicht einverstanden. Die Europäer, die die Vereinigten Staaten wegen ihrer »nachsichtigen Haltung« hinsichtlich des Dollars kritisiert haben, sollten sich heute nicht der gleichen Kritik aussetzen.)

Der Wille, ein erhebliches Maß an Selbstständigkeit gegenüber den Weltmächten zu bewahren, wird zu einem weiteren wichtigen strategischen Motiv der europäischen Einigung werden. Keiner der europäischen Nationalstaaten hat für sich genommen das Gewicht und die Macht, sich mit den großen Weltmächten zu messen, die im anbrechenden Jahrhundert gewiss versucht sein werden, die eigenen Probleme zu lösen, ohne die Interessen anderer dabei angemessen zu berücksichtigen.

Nur wenn wir gemeinsam daran arbeiten, die EU zu vollenden und aus ihr ein wirklich funktionsfähiges Ganzes zu machen, können die europäischen Nationen erwarten, Einfluss in der Welt zu behalten. Anderenfalls würde unsere Stimme nicht gehört werden, wenn wesentliche Entscheidungen anstehen – etwa in der Frage eines neuen internationalen Rechts oder der Rüstungsbegrenzung, im Hinblick darauf, wie man bei Kriegen in anderen Weltteilen reagieren soll, wie der Welthandel organisiert werden soll, wie mit den Auswirkungen der globalen Erwärmung umzugehen ist, wie sich die weltweite Bevölkerungsexplosion dämpfen lässt, wie man sich zu den Strömen von Flüchtlingen und Vertriebenen verhält und vor allem, wie die zur Zeit so chaotischen Finanzmärkte zu einem stabilen, funktionsfähigen weltumspannenden System geformt werden können.

Spätestens in der zweiten Hälfte des 21. Jahrhunderts wird die gegenwärtige Vorrangstellung der Supermacht Amerika nach und nach verblassen. Es wird nicht mehr bloß eine Supermacht geben. Die Europäische Union ist von einer starken gemeinsamen Außen- und Sicherheitspolitik und damit auch vom Status einer Weltmacht immer noch weit entfernt. Es wird großer Anstrengungen bedürfen, die alten europäischen Nationen davon zu überzeugen, dass das künftige Gewicht unserer älter werdenden Gesellschaften und die Wahrung unserer Interessen von unserer Bereitschaft zu weiterer Integration abhängig sind.

Ob das Vereinigte Königreich schließlich zu der Entscheidung gelangt, sich der EU vollständig anzuschließen, bleibt abzuwarten. Solange England es vorzieht, seinen Platz auf dem Zaun – halb drinnen, halb draußen – nicht zu verlassen, wird der Fortschritt vor allem von der engen Zusammenarbeit zwischen Franzosen und Deutschen abhängen und davon, dass sie die Führungsrolle übernehmen. Sie werden daran interessiert sein, das globale Sicherheitsbündnis mit den Amerikanern aufrechtzuerhalten, aber gleichzeitig auch bestrebt sein, ihre Selbstbestimmung zu wahren.

Gegenwärtig kommt dem EU-Beitritt der Polen, Tschechen und Ungarn hohe Priorität zu. Aber die allerhöchste Priorität muss man der institutionellen Reform einräumen.

Dem Beitritt der Türkei und damit einer Ausdehnung der künftigen gemeinsamen Außen- und Sicherheitspolitik bis an die Grenzen Syriens, des Irak und Irans und bis in die Kaukasus-Region kommt dagegen, um es vorsichtig auszudrücken, überhaupt keine Priorität zu.

In manchen Fällen wäre die ökonomische Assoziation eine angemessenere Lösung. Es wäre unklug, einige in sich noch wenig gefestigte europäische Staaten auf den internationalen Märkten umstandslos der Konkurrenz mit den hoch entwickelten europäischen Unternehmen auszusetzen. Das Schicksal der ostdeutschen Industrie nach dem Fall der Mauer liefert kein nachahmenswertes Beispiel. Es wäre auch unklug, Millionen von Arbeitern zur Migration nach Westeuropa einzuladen, wo sie versucht sein könnten, auf Dauer zu bleiben, weil sie hier fünf- oder zehnmal so hohe Löhne beziehen können wie daheim.

Europas führende Politiker sollten diese gesellschaftlichen und ökonomischen Probleme berücksichtigen, ehe sie ohne weitere Vorbereitung vorwärts preschen. Der Prozess der Erweiterung der EU zu einem Gebilde, das schließlich 27 Länder mit etwa 530 Millionen Einwohnern umfasst, unterscheidet sich grundlegend von dem Prozess, aus dem die EU entstanden ist, und kann uns nicht zu einem einheitlichen integrierten System führen.

Mehrere Optionen sind vorgeschlagen worden: ein Europa der unterschiedlichen Geschwindigkeiten, ein in konzentrische Kreise gegliedertes Europa, ein Europa zweier Ebenen. Nun, da der Erweiterungsprozess in Gang gesetzt wurde, ist klar, dass sich Europa innerhalb eines für die Menschen überschaubaren Zeitraums, also etwa in den nächsten zwanzig bis fünfzig Jahren, auf drei verschiedenen Ebenen entwickeln wird:

1. Die Strukturierung des europäischen Raumes nach Maßgabe der Erweiterung.

Diese Strukturierung wird ökonomische Probleme und solche des freien Handels betreffen und von einem gewissen Maß an politischer Integration flankiert werden. Die Priorität liegt bei der institutionellen Reform, um Funktionsfähigkeit zu erlangen – anderenfalls wird das System zusammenbrechen, wie es im vergangenen Jahr der EU-Kommission widerfuhr.

Die schlechteste Lösung bestünde darin, die Unfähigkeit zur Reform unter einer Wolke von falschen Kompromissen zu verstecken.

In diesem europäischen Raum werden alle Nationen, auch Deutschland und Frankreich, das, was sie als in ihrem Interesse liegend begreifen, mit der gebotenen Solidarität akzeptieren. Nationale Entscheidungsvollmacht werden sie in solchen Angelegenheiten behalten, die keine gemeinsamen Lösungen oder Regelungen erfordern. Das Subsidiaritätsprinzip muss endlich durchsetzbar gemacht werden.

2. Die zweite Entwicklungsebene wird die Organisation einer gemeinsamen europäischen Verteidigung sein.

Dieser Prozess wird zurzeit mit aktiver Beteiligung Großbritanniens tatkräftig vorangetrieben. Erfolgreich kann dies nur geschehen, wenn er von den Ländern ausgeht, die über ein bedeutendes Militärpotential verfügen, und er setzt in der Öffentlichkeit die Bereitschaft voraus, einen Mechanismus zu akzeptieren, der schnelle und effiziente Entscheidungen ermöglicht.

3. Auf der dritten Ebene wird es um das gehen, was von dem anfänglichen Bemühen um Integration übrig geblieben ist.

Es liegt auf der Hand, dass eine vollständige Integration für dreißig Länder mit höchst unterschiedlichen politischen Traditionen, Kulturen und ökonomischen Werdegängen kein realistisches Ziel ist. Der Versuch, so viele Länder zu vereinigen, kann nur scheitern. Es versteht sich, dass eine solche Integration keinem Land aufgenötigt werden kann, das sich ihr widersetzt.

Die einzige realistische Option besteht also darin, dass die Integration von jenen Ländern vorangetrieben wird, die den politischen Willen dazu haben und deren wirtschaftliche und gesellschaftliche Voraussetzungen nahezu gleich sind. Im Augenblick gehören alle diese Länder zum Euro-Gebiet, dessen Bevölkerung schon jetzt größer ist als die der Vereinigten Staaten.

Werden einige dieser Länder einen neuen Weg einschlagen und sich die Integration einiger ihrer politischen Kompetenzen auf einer förderativen Basis zum Ziel setzen?

Ein solcher Ansatz erfordert sicherlich eine Initiative, die von den Gründerländern Frankreich, Deutschland, Italien und den Benelux-Staaten sowie einigen anderen gutwilligen und entschlossenen Kandidaten ausgeht. Damit dieser Prozess wirksam werden kann, sind zusätzliche Institutionen nötig: ein Rat, eine parlamentarische Struktur, die tragfähige Verbindungen zu den nationalen Parlamenten unterhält, aber wahrscheinlich keine Kommission.

Die einzige Einschränkung, auf der die nicht teilnehmenden Länder beharren könnten, bestünde darin, dass diese neue Gruppe, die wir versuchsweise »Euro-Europäer« nennen könnten, alle Verpflichtungen respektiert, die sich aus der umfassenderen Europäischen Union ergeben, und dass die neuen Institutionen nicht mit den Vollmachten der bestehenden europäischen Institutionen in Konflikt geraten dürfen.

Auch wenn der Vergleich seine Grenzen hat: Diese neue Gruppierung wird auf dem europäischen Kontinent ein politisches Gebilde darstellen, ähnlich wie die USA ein eigenständiges politisches Gebilde auf dem nordamerikanischen Kontinent darstellen.

Unsere politischen Führer irren, wenn sie glauben, mit einer raschen EU-Erweiterung ließen sich die bei den Konferenzen von Maastricht und Amsterdam offen gebliebenen Probleme überdecken.

Sie irren auch, wenn sie diese offenen Fragen einer neuen Konferenz zwischen den verschiedenen Regierungen überlassen, ohne vorher gemeinsam klare politische Richtlinien für ihre Diplomaten festzulegen.

Europa bedarf der Führungskraft von Leuten, die sich ihrer Verantwortung bewusst sind, die das Vertrauen ihrer Wähler besitzen und die bereit sind, klar und deutlich ihr Ziel und ihre Entschlossenheit zu formulieren: noch einmal Geschichte zu gestalten.

Deutsch-französische Gemeinsamkeiten *(2004)*

Im Januar 2004 nahmen Helmut Schmidt und Valéry Giscard d'Estaing an einem Symposium der Foundation of Political Science in Paris teil. Thema der Tagung mit etwa 250 Gästen im Palais du Luxembourg waren die deutsch-französischen Beziehungen der siebziger und achtziger Jahre. Der Historiker Georges-Henri Soutou und der diplomatische Berater im Präsidentenamt Gabriel Robin hatten Schmidt im Vorfeld einige Fragen unterbreitet.

Ich freue mich über Ihre Einladung und danke Ihnen dafür, dass Sie glauben, ein Mann von 85 Jahren könne noch etwas beitragen. Ich freue mich besonders darüber, wieder einmal neben meinem Freunde Giscard d'Estaing zu sitzen.

Ich werde zunächst auf die von den Herren Soutou und Robin aufgeworfenen Fragen meine Antworten geben. Sodann aber will ich über die zeitliche Begrenzung auf die siebziger und achtziger Jahre hinausgehen und einige Bemerkungen vortragen über die Lage heute und in Zukunft – und über das langfristige Interesse Frankreichs und Deutschlands. Denn die Europäische Union, so wie sie Giscard und mir als Ziel vor Augen gestanden hat, findet sich seit Maastricht, seit 1992 in einer Phase des Stillstandes – und seit dem Jahre 2003 sogar in einer Krise ihrer Handlungsfähigkeit. Ein Verfall der Union ist leider nicht mehr undenkbar.

Giscard hat recht: Papiere und Akten sind das eine, die tatsächlichen Motive der handelnden Personen sind oft nicht enthalten.

1. Herr Soutou hat gefragt, ob der Präsident Giscard d'Estaing und der Kanzler Schmidt das Problem der Wiedervereinigung besprochen haben. Nach meiner Erinnerung haben wir einerseits öfter über die Lage der geteilten deutschen Nation gesprochen; auch über deren Implikationen. Aber andererseits gingen wir gemeinsam davon aus, dass erst in einer damals unabsehbaren Zukunft sich die Chance zur Vereinigung ergeben würde. Es war damals keine aktuelle Fragestellung.

Natürlich wusste der Präsident, dass wir Deutschen und so auch ich auf einen sehr langwierigen Prozess der Annäherung zwischen West und Ost setzten und dass ich mich bemühte, in beiden deutschen Nachkriegsstaaten das Bewusstsein von der gemeinsamen Nation aufrechtzuerhalten und zu stärken.

2. Zur Frage der Bedeutung von Korb III in Helsinki. – Korb III hatte nach unserem Verständnis das Ziel, die oppositionellen Kräfte gegen die kommunistische Diktatur zu stärken, besonders in Polen, in der Tschechoslowakei, in der DDR und in Ungarn. Die Oppositionellen konnten sich auf die Unterschriften der kommunistischen Staatschefs berufen. So ist es ja dann auch tatsächlich gekommen.

3. Zur Frage der Grauzone oder der sowjetischen Mittelstreckenraketen. – Nein, für mich und meine Regierung handelte es sich allein um eine gravierende Verschiebung des militärischen Gleichgewichtes zulasten des Westens. Die schnelle SS-20-Rüstung der Sowjets war im wesentlichen gegen Westdeutschland gerichtet. Sie konnte eines Tages als Drohung zum Zwecke der politischen Nötigung und Erpressung einer späteren deutschen Regierung oder der öffentlichen Meinung benutzt werden. Deshalb habe ich die Regierung Carter zunächst gedrängt, die Mittelstreckenraketen in ihre Abrüstungsgespräche mit Moskau einzubeziehen – wozu übrigens Präsident Ford bereit gewesen war. Carter aber lehnte das ab und verwies auf die überragenden amerikanischen Fähigkeiten

im Feld der weitreichenden strategischen Raketen. Ich hingegen wusste, dass man sich gar nicht darauf verlassen konnte, dass die USA im Falle einer Nötigung Deutschlands mit ihren strategischen Waffen eine Gegendrohung aussprechen würden. Dies führte zu einem offenen Konflikt zwischen Bonn und Washington.

Schließlich lud Carter sowohl den französischen Präsidenten und den englischen Premier als auch mich zum Vierergespräch nach Washington ein. Giscard d'Estaing antwortete mit einer Einladung auf die französische Insel Guadeloupe. Der dort zustande gebrachte Doppelbeschluss ist wesentlich das Verdienst meiner Freunde Giscard und Callaghan; er wurde Ende 1979 vom Nordatlantikrat übernommen und hat – fast ein Jahrzehnt später – zum allerersten Abrüstungsvertrag zwischen Ost und West geführt.

Es hat, wenn ich es richtig erinnere, in Sachen der Mittelstreckenraketen keine Meinungsverschiedenheiten zwischen dem Präsidenten Giscard und mir gegeben, auch nicht im Verhältnis zu Washington. In der Presse und in den Ministerien in Paris und in Bonn gab es gewiss vielerlei Widersprüche und Nuancen, auch in den beiden nationalen Parlamenten. An der Spitze jedoch herrschte Einvernehmen – siehe Guadeloupe. Übrigens haben, wie mir scheint, in den achtziger Jahren – wir waren beide aus unseren Ämtern ausgeschieden – die Amerikaner weder Paris noch Bonn noch die NATO über ihre Mittelstreckenraketen-Verhandlungen voll informiert; wie mir scheint, insbesondere nicht über die Gespräche zwischen Paul Nitze und Juli Kwizinski und über deren Abbruch. Erst durch Gorbatschows Initiative gegenüber Reagan in Reykjavík hat dann der Doppelbeschluss seine Früchte getragen. Das war acht Jahre nach Guadeloupe.

4. Auf die Frage nach einer französischen öffentlichen Unterstützung meiner Position in Sachen Doppelbeschluss: Nach meiner Erinnerung war der Doppelbeschluss zunächst nirgends sonderlich populär. Aber der innenpolitische organisierte Widerstand dagegen

in Deutschland begann erst im Winter 1981/82, er setzte sich auch noch 1983 zur Amtszeit Helmut Kohls fort – besonders in meiner eigenen Partei. François Mitterrand hat dann bei einer Rede in Bonn den deutschen Sozialdemokraten den Marsch geblasen und Kohl den Rücken gestärkt – und indirekt auch mir.

5. Zur Frage eines möglichen »Wettbewerbs« zwischen Paris und Bonn in der Politik gegenüber Moskau: Nach der Aktenlage des Quai d'Orsay mag ein solcher Eindruck entstehen. Tatsächlich habe ich während meiner Amtszeit einen solchen Eindruck keineswegs gehabt.

Vielleicht darf ich hier einen Exkurs einfügen. Durch die beiden Weltkriege, in denen Deutsche und Russen gegeneinander, Franzosen und Russen aber auf der gleichen Seite gekämpft haben, und wegen der ungeheuren Verluste an Menschenleben ist das Verhältnis zwischen Moskau und Bonn sehr viel schwieriger und diffiziler gewesen. Dies gilt noch viel mehr für Polen und für die deutsche Politik gegenüber Warschau. Die Judenvernichtung durch Hitler fand vor allem in Polen statt, Auschwitz liegt auf polnischem Boden! Natürlich haben die kommunistischen Führer die bösen Erinnerungen ihrer Völker auch benutzt, um sie gegen die Deutschen und gegen den Westen insgesamt einzunehmen. Ich glaube, die Erinnerung an den Holocaust wird ähnlich lange eine Rolle spielen und Deutschland belasten wie die Verschleppung der Juden aus Jerusalem durch Nebukadnezar.

Deshalb liegt mir bis auf den heutigen Tag die Normalisierung des Verhältnisses zu den Polen, den Russen, den Tschechen sehr am Herzen. Ich bin 1966 zum ersten Mal in Moskau, in Warschau und in Prag gewesen. Aber die Normalisierung und die Versöhnung bleiben noch lange Zeit eine schwierige moralische Aufgabe. Es ist zugleich eine politische Aufgabe! Im Vergleich dazu ist jede französische Regierung in ihrer Politik gegenüber den Völkern im Osten Europas gänzlich unbefangen!

6. Doch zurück zu Ihren Fragen. Nach meiner Erinnerung hat es in den achtziger Jahren zweimal eine Divergenz zwischen Paris und Bonn in der Einstellung gegenüber der Sowjetunion gegeben. Das erste Mal während der gemeinsamen Amtszeit von Valéry Giscard und mir. Die USA hatten ihre Teilnahme an der Moskauer Olympiade zugesagt und vorbereitet. Als Vergeltung wegen des sowjetischen Überfalls auf Afghanistan änderte der amerikanische Präsident, sehr spät und unerwartet, plötzlich seine Meinung und bedrängte öffentlich seine Verbündeten, ihm zu folgen. Frankreich und England und die allermeisten Staaten sind gleichwohl zur Olympiade gefahren. Allein drei Staaten haben dem amerikanischen Druck nachgegeben, nämlich Norwegen, die Türkei und die Bundesrepublik; weil diese drei unmittelbar dem militärischen Druck der Sowjetunion ausgesetzt waren und deshalb unmittelbar auf den militärischen Beistand der USA angewiesen wären, sofern es zu einer ernsten Zuspitzung gekommen wäre. Ich war damals sehr sauer auf Washington, keineswegs auf Paris oder London. Aus heutiger Sicht ist jene Episode ohne bleibende Bedeutung geblieben.

Dagegen war der andere Fall der Divergenz von weitaus größerer Bedeutung. Als sich im Herbst 1989 die Möglichkeit, oder auch nur die Denkbarkeit einer deutsch-deutschen Vereinigung am Horizont abzeichnete, versuchten Paris und London gemeinsam, sich einer solchen Entwicklung zu widersetzen. Präsident Mitterrand machte einen demonstrativen Besuch in der Sowjetunion und einen weiteren demonstrativen Besuch in der DDR. Zu jener Zeit war ich längst ein Publizist, ein Privatmann, ein bloßer Beobachter. Ich habe damals die Politik von François Mitterrand und Maggie Thatcher sehr schmerzhaft, aber nur von weitem miterlebt.

Ich habe zwar sehr deutlich den diplomatischen Fehler in Helmut Kohls Verfahren gesehen, aber in der Substanz war ich seiner Meinung: Die unerwartete Chance musste ergriffen und genutzt werden. Das tatsächliche Ergebnis ist danach zuallermeist wohl George Bush, dem Vater, zu verdanken.

7. Es bleibt noch die Frage, ob ich 1980 gemeinsam mit Präsident Giscard d'Estaing der Meinung gewesen sei, Europa solle eine gemeinsame Außenpolitik haben – sowohl gegenüber Moskau als auch gegenüber Washington. Ich meine, diese Frage bejahen zu dürfen. Wir haben allerdings nicht alle sechs Monate große Erklärungen oder Reden darüber vorgetragen, wir haben auch keine großen Programme entwickelt. Wohl aber wusste jedermann in Europa, aber ebenso in Moskau und in Washington: Jeder Versuch, Paris und Bonn gegeneinander auszuspielen, endet als Fehlschlag.

Es ist wahr, dass manch einer über das Tandem Paris/Bonn gelästert hat. Aber im Grunde haben wir im Rahmen der damaligen Europäischen Wirtschaftsgemeinschaft immer mit offenen Karten gespielt.

Dafür war der von Giscard erfundene Europäische Rat von entscheidender Bedeutung. Alle Halbjahr trafen sich die neun Regierungschefs im kleinen Kreise; zwar selbstverständlich von Ministern, Beamten und Diplomaten vorbereitet, aber ohne vorherige große Ankündigungen, ohne Fernsehen, ohne Presse, ohne tendenziöse Indiskretionen durch eifrige und übereifrige Zuträger.

So konnten wir die Direktwahl zum Europäischen Parlament vorbereiten und zu neunt in die Wege leiten. Dabei vertrauten wir stillschweigend darauf, das gewählte Parlament würde sich schon selbst seine Bedeutung erkämpfen oder verschaffen.

So auch das Europäische Währungssystem – bei dem wir stillschweigend davon ausgingen, dass der ECU uns nicht nur von wilden Wechselkursschwankungen und von der Dominanz des Dollars befreien würde, sondern auch, dass der ECU sich zur gemeinsamen Währung entwickeln würde.

Entscheidend war, dass wir – getreu dem Vorbild Jean Monnets – immer einen Schritt nach dem anderen vorbereitet, vorgeschlagen und gemacht haben. In den siebziger Jahren von sechs auf neun Mitgliedsstaaten; in den achtziger Jahren von neun auf zwölf, in den neunziger Jahren (nach der Implosion der Sowjetunion) von zwölf durch die drei Neutralen auf 15 Mitgliedsstaaten.

Es war wohl ein Anfall von Megalomanie, dass eine andere Führungsgeneration 1992 in Maastricht beschlossen hat, auf einmal zwölf Staaten plus, bedingt, die Türkei zum Beitritt zur EU einzuladen – und dies unter der Geltung aller Verfahrensregeln, die für sechs oder auch noch neun Mitglieder gemacht und ausreichend gewesen waren, die aber bei 25 oder 27 Mitgliedsstaaten in ein Chaos einmünden können.

Seit Maastricht haben wir drei weitere große Regierungskonferenzen erlebt ohne irgendeinen zu Buch schlagenden Fortschritt. Zum Teil waren sie vielmehr durch hemmungslosen nationalen Egoismus einiger Regierungen gekennzeichnet. Als man gar nicht mehr weiter wusste, hat jemand den Konvent erfunden. Dieser hat unter der umsichtigen Leitung durch Giscard im Sommer 2003 einen durchaus brauchbaren Entwurf für eine Verfassung der EU vorgelegt. Natürlich waren dafür mancherlei Kompromisse notwendig. Aber die Regierungen haben Ende des letzten Jahres den Willen zu Kompromissen nicht aufbringen können. Auch dass Paris und Bonn gemeinsam für den Entwurf eintraten, hat nichts genützt; sie hatten ihre gemeinsame Autorität in den Augen mehrerer der anderen Regierungen schon in Amsterdam und in Nizza verspielt.

Wichtiger aber war der anlässlich des von Amerika beabsichtigten zweiten Irak-Krieges von Washington, zum Teil auch von London ausgehende Versuch, die EU aufzuspalten. Als sich der Wille der amerikanischen Regierung abzeichnete, den Krieg auch ohne Beschluss des Sicherheitsrates auf jeden Fall zu führen, haben sowohl Paris als auch Bonn psychologisch und diplomatisch ungeschickt reagiert. In der Sache hatten sie freilich recht. Und sie sind durch die jetzt entstandene Lage im Irak und im ganzen Nahen und Mittleren Osten voll gerechtfertigt.

Der unilaterale, zugleich hegemoniale Anspruch Washingtons hat die Krise der EU entscheidend verschärft. Er hat zugleich eine Krise der NATO ausgelöst. Es ist denkbar, dass man in der späteren Rückschau erkennen wird, weniger das Kolossalverbrechen der Al-Qaida am 11. September 2001 als vielmehr der Irak-Krieg und seine heute noch kaum vorhersehbaren Folgen haben die Lage der Welt, vor allem aber auch die Lage Europas tiefgreifend verändert und neue Risiken geschaffen.

Die öffentliche Meinung ist fast überall in Europa gegen diesen Krieg gewesen. So auch in England. Dass gleichwohl die englische Regierung mit aller ihrer Kraft und mit ihren Streitkräften von vornherein an der Seite der USA sich am Krieg beteiligt hat, hat mich nicht überrascht. Ich habe mich im letzten Jahr besonders lebhaft an Charles de Gaulle erinnert – an seine Meinung über Englands emotionale Bindung an Amerika und infolgedessen Englands zu erwartende Rolle als Mitgliedsstaat der Europäischen Gemeinschaft.

Die Zukunft der EU ist heute unklarer als jemals während des ersten halben Jahrhunderts seit Beginn der europäischen Integration. Der Streit über den von vornherein nicht sehr klugen Stabilitätspakt ist dabei nur ein kleiner Faktor; ebenso die Wichtigtuereien der Brüsseler Kommission. Der Streit über die künftigen Regeln für die Verfahren der EU und über die Kompetenzen der Organe ist ein wichtiger Faktor der Ungewissheit. Noch wichtiger ist der Streit über Irak. Und abermals wichtiger können sich die vorhersehbaren Meinungsgegensätze auswirken, wenn sich ein weltweiter »clash of civilizations« zwischen dem Islam und dem Westen entwickeln sollte. Und ebenso, wenn die USA auf ihrem strategischen Anspruch beharren sollten, präventive Kriege zu beginnen und dabei auf die UN und ihre Satzung keine Rücksicht zu nehmen, sondern ihrem *sacro egoismo* zu folgen.

Bei solchen Eventualitäten wundert es mich nicht, dass in Frankreich eine Diskussion über die Schaffung eines »inneren Kerns« der EU stattfindet. Ich halte für möglich, dass wir eines Tages dahin kommen. Aber einstweilen halte ich die Debatte für verfrüht. Einstweilen möchte ich am Prinzip der schrittweisen Integration aller Mitgliedsstaaten festhalten. Einstweilen würde ich es für einen schweren Fehler halten, etwa den Verfassungsentwurf des Konvents aufzugeben. Ich möchte im Gegenteil die hier Versammelten dazu aufrufen, politisch und publizistisch für den Verfassungsentwurf einzutreten!

Ich will am Schluss zwei Fußnoten hinzufügen. Zum einen: Sofern es im Laufe späterer Jahre zur Bildung eines »inneren Kerns« der EU kommen sollte – sei es *de facto* oder *de jure* –, so würde doch infolge des gemeinsamen Marktes und der gemeinsamen Währung Euro die ökonomische Integration Europas zwangsläufig fortschreiten.

Die andere Fußnote betrifft die Gemeinsamkeit Frankreichs und Deutschlands. Unter all unseren europäischen Nachbarn war Frankreich derjenige, der zuallererst uns Deutschen Zusammenarbeit und, später, Versöhnung angeboten hat. Die europäische Integration ist gleichfalls von Frankreich ausgegangen, von hier kamen immer wieder die entscheidenden Anstöße zu weiteren Schritten. Dies geschah nicht nur aus Idealismus im Sinne Victor Hugos, der schon vor anderthalb Jahrhunderten 1848 in Paris die Einigung Europas proklamiert hat, sondern es geschah vornehmlich im nationalen Interesse Frankreichs. Frankreich wollte Deutschland einbinden. Und Frankreich wollte gemeinsam mit seinen Nachbarn den Gefahren aus der Welt entgegengehen.

Beide diese Zielsetzungen haben wir Deutschen akzeptiert und haben sie uns zu eigen gemacht. Deutschland ist, angesichts seiner Geschichte im 20. Jahrhundert und ebenso angesichts seiner geographischen Lage inmitten sehr vieler Nachbarn, noch stärker aus nationalem Interesse auf Frankreich und auf die Integration angewiesen.

Ich setze meine Erwartung darauf, dass die Vernunft der Staatsmänner an unserer Spitze diese fundamentalen Einsichten nicht untergehen lassen wird – so wie Giscard d'Estaing und ich zu unserer Zeit sie auch nicht haben untergehen lassen.

Ich danke Ihnen!

Europa braucht einen Kern *(2004)*

Die Spannungen infolge des 11. September 2001 hatten ein weiteres Mal deutlich gemacht, dass von einer gemeinsamen Außen- und Sicherheitspolitik der Europäer auch nicht ansatzweise die Rede sein konnte. Im Gegenteil, der amerikanische Verteidigungsminister Donald Rumsfeld unterschied in Europa zwischen willigen und unwilligen Partnern, das »alte Europa«, zu dem er Deutschland und Frankreich zählte, von den »neuen« NATO-Mitgliedern in Osteuropa, die »auf der Seite der USA stehen«. Im Frühjahr 2004 traten der Europäischen Union weitere zehn Mitgliedsstaaten bei – mit Ausnahme Zyperns und Maltas allesamt aus dem Osten und Südosten Europas.

Im Rückblick erscheint das Jahr 1992 als der bisherige Höhepunkt der europäischen Einigung. Es war das Jahr des Entschlusses zur gemeinsamen Währung und zur Einladung an eine Reihe bisher kommunistisch regierter Staaten, an der Spitze Polen, die Tschechoslowakei und Ungarn, der EU beizutreten. Gleichzeitig sind aber von diesem Zeitpunkt an zunehmend schwerwiegende Versäumnisse zu beklagen. Die Institutionen der EU und die Verteilung der Kompetenzen zwischen ihnen, die Verfahrensregeln und die finanzpolitischen Regeln waren auf einen Verbund von sechs Staaten zugeschnitten, für einen Verbund von neun Staaten hatten sie gerade noch ausgereicht; für den Verbund von zwölf und schließlich 15 Staaten – jeder Einzelne mit Vetorecht in jeder Frage – waren sie insgesamt bereits unzureichend. Die

266

Regierungschefs und die Minister der Mitgliedsstaaten haben die Defizite nicht rechtzeitig erkannt. Als sie schließlich ihre Versäumnisse begriffen, erwiesen sie sich als unfähig, Abhilfe zu schaffen. Seit Maastricht 1992 haben sie zwar drei weitere Regierungskonferenzen in Amsterdam, Nizza und Rom/Brüssel abgehalten; der Aufwand war groß, der Erfolg jedoch fast gleich null.

Dennoch lud man zwölf weitere Staaten – und zusätzlich die Türkei, wenn auch nur bedingt und undeutlich – zum Beitritt ein. Eine übereifrige Exekutive, die Kommission in Brüssel, führte die Beitrittsverhandlungen so zügig, dass im Frühjahr 2004 tatsächlich zehn zusätzliche Mitgliedsstaaten feierlich in die EU aufgenommen wurden, obwohl die Institutionen für jetzt 25 Staaten immer noch fast genauso unzureichend sind wie zwölf Jahre zuvor für damals nur halb so viele Staaten; zum Beispiel besteht die Exekutive heute aus 25 Personen, dabei wäre schon eine Kommission mit 15 Personen voll ausreichend. Eine Änderung der Institutionen und Verfahren, nunmehr aufgrund eines Entwurfes zu einer Verfassung, den ein in den geltenden Verträgen nicht verankerter Konvent und vor allem dessen Präsident Giscard d'Estaing erarbeitet haben, bedarf der Ratifikation durch alle 25 Mitgliedsstaaten. Bis zum Inkrafttreten der Verfassung werden noch einige Jahre vergehen. An dem seit 1992 anhaltenden Stillstand der EU wird sich vorerst wenig ändern.

In den Jahren 2002/03 haben die Regierungen in Washington, London und Madrid im Streit über den amerikanischen Angriff auf den Irak versucht, die EU außenpolitisch aufzuspalten. Die Regierungen von sechs weiteren Mitgliedsstaaten und von einigen Kandidatenländern haben sich angeschlossen. Weder Tony Blair noch José Maria Aznar oder Silvio Berlusconi haben im Europäischen Rat der Regierungschefs den ernsthaften Versuch einer Einigung auf eine gemeinsame Position unternommen, aber auch Jacques Chirac und Gerhard Schröder haben dies nicht getan.

Die einen haben sich bedingungslos hinter die USA gestellt und eigene Streitkräfte entsandt; die anderen haben den Anschein einer gegen die USA gerichteten Ad-hoc-Allianz mit dem russischen Staatschef Putin hervorgerufen und den Eindruck erweckt, als ob sie andere Mitglieder der EU bevormunden wollten. Zwar hatten fast alle in den Jahren zuvor grandiose Reden über eine gemeinsame Außen- und Sicherheitspolitik gehalten – der deutsche Außenminister schwärmte sogar von einer gemeinsamen europäischen Regierung –, und gemeinsam hatten sie den Spanier Solana zum außenpolitischen Sprecher der EU berufen. Aber nun erwiesen sich alle diese Proklamationen als bloßes Geschwätz.

Zu Beginn des 21. Jahrhunderts befindet sich die EU in einer tief greifenden Krise nicht nur ihrer Institutionen und ihrer außenpolitischen Handlungsfähigkeit, sondern zugleich auch ihrer ökonomischen und sozialen Strukturen. In den meisten der 25 heutigen Mitgliedsstaaten herrscht eine ungewöhnlich hohe strukturelle Arbeitslosigkeit, die im wesentlichen durch staatliche Überregulierung und Bürokratisierung, durch populistische Lohnpolitik und – teilweise – durch extrem ausgeweitete Sozialleistungen selbst verschuldet worden ist; die hervorstechenden Ausnahmen in Holland oder Dänemark bestätigen die Regel. In allen Mitgliedsstaaten findet sowohl eine Überalterung als auch gleichzeitig eine Schrumpfung der Gesellschaft statt.

Die Regierungen und die Parlamente gehen an strukturelle Reformen nur zögernd heran, weil sie unpopulär sind und deshalb Stimmen kosten. Die Brüsseler Kommission hat auf die Modernisierung der gesellschaftlichen und ökonomischen Strukturen in den Mitgliedsstaaten nur geringen Einfluss; ihre Initiativen laufen im übrigen meist nur auf zusätzliche Reglementierung hinaus. Durch die zehn EU-Beitritte des Jahres 2004, vor allem durch den Beitritt Polens, Ungarns und der Tschechischen Republik, erhöht sich die Einwohnerzahl der EU um zwanzig Prozent, das gemeinsame Sozialprodukt aber nur um fünf Prozent. Die zehn neuen Mitgliedsstaaten produzieren im Durchschnitt pro Einwohner nur gerade halb so viel wie die 15 alten Mitgliedsstaaten.

Wer den gegenwärtig kritischen Zustand der EU erkennt, muss eine längere Pause für nötig halten, ehe weitere Beitritte in Betracht kommen. Zunächst müssen die bestehenden institutionellen, ökonomischen und politischen Defizite bewältigt werden. Denn ein Scheitern der EU oder eine Schrumpfung zu einer bloßen Freihandelszone ist nicht mehr undenkbar. Ein baldiger Beitritt der armen Balkanstaaten oder der Türkei würde die finanzielle Leistungsfähigkeit der EU und ihren Zusammenhalt ernsthaft gefährden. Im Falle der Türkei sind darüber hinaus nicht nur die erheblichen kulturellen Unterschiede gegenüber Europa zu bedenken, sondern auch die kulturelle Verwandtschaft der Türken mit den Muslimen in Asien und Nordafrika. Es kommt hinzu, dass die Türkei das einzige Mitgliedsland mit einer wachsenden Bevölkerung wäre. Das Land zählt heute fast siebzig Millionen und am Ende des 21. Jahrhunderts wahrscheinlich einhundert Millionen Menschen. Das bedeutet: Schon in wenigen Jahrzehnten wäre die Türkei der volkreichste Staat der EU.

Aus englischer Sicht wären sowohl die Türkei als auch andere zusätzliche Mitgliedsländer durchaus willkommen, denn gegen eine Degeneration der EU zur Freihandelszone hat man in London nichts einzuwenden, eher im Gegenteil. England ist der EU nicht aus Überzeugung beigetreten, nicht aus der Erkenntnis, dass ein Beitritt im strategischen englischen Interesse liegt, sondern um Einfluss auf die Entwicklung Europas zu behalten. Dieses Motiv war entscheidend für die Premierminister Macmillan, Wilson, Thatcher und heute Blair; Edward Heath war die Ausnahme. Die Mehrheit der englischen Wähler empfindet ähnlich insular wie die Premierminister, sie neigt stärker zur Anlehnung an die USA als zum Verzicht noch so kleiner Teile ihrer Souveränität. Deshalb ist

England auch der gemeinsamen Euro-Währung nicht beigetreten. Es ist kaum zu erwarten, dass London Initiativen zur Überwindung der Stillstandskrise ergreift, denn aus englischer Sicht ist der Stillstand ungefährlich, jeder Schritt hin zu einer stärkeren Integration dagegen unerwünscht.

Eine ähnliche, wenngleich weniger ausgeprägte Haltung ist für die nächsten Jahre auch in Polen, in der Tschechischen Republik und im Baltikum zu erwarten.

Wenn die polnische Nation in absehbarer Zukunft gezwungen würde, sich zwischen den USA und der EU zu entscheiden, fiele die Entscheidung zugunsten Amerikas. Je mehr ein Volk unter der Bedrückung und Besatzung durch die Sowjetunion – und vorher durch Hitlers Deutschland – gelitten hat, umso deutlicher ist seine Neigung zu Amerika.

Der schwerwiegende Meinungsstreit über den Irak-Krieg und über die Bewältigung seiner höchst unübersichtlichen Folgen sowie die einstweilen noch ungelöste Frage einer Verfassung der EU tun ein Übriges, die Zukunft der EU heute unklarer erscheinen zu lassen als in allen früheren Jahrzehnten. Mehrere Möglichkeiten der künftigen Entwicklung sind denkbar:

Der ungünstigste Fall wäre das Andauern des gegenwärtigen Zustands und in der Folge der allmähliche Verfall der EU zu einer Freihandelszone mit einigen wenigen zusätzlichen Institutionen. Selbst unter dieser Voraussetzung würden aber der Gemeinsame Markt und die gemeinsame Währung funktionieren. Denn keiner der Mitgliedsstaaten könnte die großen Nachteile auf sich nehmen, die als Folge eines Rückzuges aus diesen Einrichtungen unvermeidlich wären; selbst England, an der gemeinsamen Währung unbeteiligt, würde nur unter außergewöhnlichen Umständen aus dem Gemeinsamen Markt ausscheren können. Der Euro würde in jedem Fall die zweitwichtigste Währung der Weltwirtschaft bleiben. Er würde in Europa zu einem gemeinsamen Kapitalmarkt der beteiligten Staaten und dadurch zu einer starken gegenseitigen ökonomischen Integration der am Euro beteiligten Staaten führen. Weitere EU-Mitgliedsstaaten würden deshalb wahrscheinlich dem Euro beitreten wollen.

Eine gemeinsame Außen- und Sicherheitspolitik der EU wäre jedoch undenkbar. Vielmehr würden die USA auf längere Zeit die Außen- und die Verteidigungspolitik der europäischen Staaten weitgehend dirigieren.

Etwas günstiger könnte die europäische Entwicklung verlaufen, würden – bei Nichtinkrafttreten einer europäischen Verfassung oder eines Grundvertrages – wenigstens einige der drängendsten Probleme einvernehmlich gelöst werden. Zum Beispiel könnte für bestimmte Bereiche künftig Ratsbeschluss durch qualifizierte Mehrheit gelten, nicht mehr, wie noch heute, durch Einstimmigkeit. Wünschenswert wären des weiteren eine einvernehmliche Aufteilung der Stimmrechte auf die Mitgliedsstaaten, eine Einschränkung der Aufgaben und Zuständigkeiten der Kommission sowie eine umfassende Zustimmungspflicht des Europäischen Parlaments zu allen künftigen Gesetzen (und ähnlichen Regeln) der EU. Auch in diesem Fall würde es zwar keine gemeinsame Sicherheits- und Außenpolitik geben, wahrscheinlich auch keine gemeinsame Haltung zu den Problemen der Zuwanderung, der Energiepolitik, der Beeinträchtigung des Klimas und so weiter. Immerhin aber wären der Ausbau des Gemeinsamen Marktes und eine gemeinsame Regulierung der Finanzmärkte, der Banken und Finanzhäuser denkbar.

Die gemeinsame Verfassung der EU oder ein Grundvertrag wären den hier skizzierten Alternativen natürlich bei weitem vorzuziehen. Wenn einer oder mehrere Staaten die Ratifikation der Verfassung verweigern sollten (zum Beispiel als Ergebnis einer Volksabstimmung), träte möglicherweise eine Lage ein, die dem gegenwärtigen Stillstand ähnelt. Dies könnte zum Ausscheiden einiger Mitglieder, sogar zum Zerbrechen der EU führen. Falls aber die Verfassung zustande käme, wäre die Handlungsfähigkeit der EU vermutlich auf einige Jahrzehnte gesichert.

Die Handlungsfähigkeit würde sich allerdings nur in Ausnahmefällen auf außen- und weltpolitische Problemstellungen erstrecken. Bis zu einer umfassenden gemeinsamen Außen- und Sicherheitspolitik dürften noch Jahrzehnte verstreichen. Denn es ist nicht vorstellbar, dass Frankreich und England die nationale Hoheit über ihre Nuklearwaffen oder ihr Vetorecht im Sicherheitsrat der UN aufgeben (und das am nationalen Prestige orientierte Verlangen nach einem ständigen Sitz Deutschlands im Sicherheitsrat wirkt in gleicher Richtung); genauso wenig ist es vorstellbar, dass alle Mitgliedsstaaten auf ihre Außenministerien und ihre diplomatischen Vertretungen in aller Welt verzichten. Gleichwohl wäre eine gemeinsam akzeptierte Verfassung die bei weitem beste Voraussetzung dafür, dass die Europäische Union zumindest auf allen ökonomischen Feldern die Interessen Europas wirksam verfolgen und darüber hinaus auf manch anderem Gebiet sich behaupten kann.

Unabhängig davon, welche der genannten Entwicklungen eintrifft, wird sich in der täglichen Praxis vermutlich ein innerer Kern der EU herausbilden; dieser wird mit Sicherheit Frankreich und Deutschland umfassen und wahrscheinlich auch die anderen Gründungsstaaten Italien, Holland, Belgien und Luxemburg.

Europa wächst und wächst. Es wird dadurch nicht stärker.

Stetigkeit und Zuverlässigkeit: ein Appell *(2010)*

*Die im Zuge der Griechenland-Krise im Frühjahr 2010 offen-
bar werdende Unentschlossenheit und Wankelmütigkeit der
Bundesregierung veranlasste Helmut Schmidt im Juli zu einem
Aufruf, die beiden Grundpfeiler, auf denen die deutsche Außenpolitik seit Gründung der Bundesrepublik ruhe, nicht umzusto-
ßen: Stetigkeit und Zuverlässigkeit. Das Bekenntnis zur europäischen Integration sei seit sechzig Jahren selbstverständlicher
Bestandteil der (west)deutschen Staatsräson.*

Die Zukunft der Europäischen Union und die Rolle Deutschlands in Europa werden seit der Griechenlandkrise lebhaft
diskutiert. Es liegt mir am Herzen, in diesem Zusammenhang an
eine gute Tradition der Bundesrepublik zu erinnern: an die Kontinuität ihrer Außen- und Sicherheitspolitik.

Während des erbitterten Streits zwischen dem ersten Bundeskanzler Konrad Adenauer und seinem sozialdemokratischen
Gegenspieler Kurt Schumacher wie auch zwischen unseren politischen Parteien hat in den fünfziger Jahren kaum jemand damit
gerechnet, dass nicht nur alle späteren CDU-Regierungen, sondern
ebenso auch alle SPD-Regierungen die durch Adenauer erfolgte
Bindung der Bundesrepublik an das atlantische Bündnis und an
die europäische Integration fortsetzen würden. Trotz des langen
Streits über die Wiederbewaffnung der Bundesrepublik hat von
1969 an die Regierung von Brandt den Aufbau der Bundeswehr
fortgesetzt und sie sogar modernisiert. Kaum einer hat erwartet,

dass die Regierung Kohl die Brandtsche Ostpolitik anstandslos fortsetzen würde.

Das Gleiche gilt für den unter Brandt völkerrechtlich vollzogenen Verzicht auf atomare Waffen für die Bundeswehr. Die CDU/CSU war vehement gegen diesen Verzicht, aber als sie 1982 wieder an die Regierung kam, hat Kanzler Kohl nicht etwa erwogen, den Nichtverbreitungsvertrag über atomare Waffen wieder zu kündigen. Ebenso hat Kohl schließlich die durch meine Unterschrift in Helsinki erfolgte Anerkennung der deutsch-polnischen Grenze bestätigt.

Und last, but not least: Sechzig lange Jahre haben alle Regierungen unseres Staates ohne Ausnahme sich zur europäischen Integration nicht nur bekannt, sondern sie haben tatkräftig dazu beigetragen.

Diese seit Jahrzehnten anhaltende deutsche Stetigkeit, unsere zuverlässige Berechenbarkeit ist zu einem von mehreren unverzichtbaren Faktoren des in Europa anhaltenden Friedens geworden – und zugleich zu einem von mehreren unverzichtbaren Faktoren, die heute vor zwanzig Jahren die deutsche Vereinigung möglich gemacht haben. Es war der für alle unsere europäischen Nachbarn historisch einmalige neue Eindruck stetiger deutscher Zuverlässigkeit, es war die Erfahrung deutscher Zuverlässigkeit – und dazu das Beispiel Gorbatschows –, die es Bush senior und Helmut Kohl ermöglicht haben, die Skepsis und den Widerstand unserer Nachbarn gegen die Wiedervereinigung zu überwinden.

Schließlich haben unsere Nachbarn damit Deutschland zum volkreichsten Mitgliedsstaat der Europäischen Union gemacht und zugleich zu ihrer größten Volkswirtschaft. Heute ist Deutschland doppelt so groß wie Polen, achtmal so groß wie die Tschechische Republik, fünfmal so groß wie Holland, fünfzehnmal so groß wie Dänemark, und unsere Volkswirtschaft ist die viertgrößte der ganzen Welt. Diese angesichts der bisherigen Geschichte einmalige Größenordnung unseres Vaterlandes muss uns drängen zur Rücksichtnahme auf unsere vielen Nachbarn und auf unsere EU-Partner.

Wenn ein dicker und fetter Nachbar sich gegenüber einem kleineren Nachbarn anmaßend benehmen sollte, dann weckt er bei dem Nachbarn Ängste und Abneigung.

Wenn dann noch die Erinnerung an die deutsche Besatzung und ihre Verbrechen im letzten Weltkrieg hinzukommen sollte, wenn obendrein der Genozid an den Juden keineswegs vergessen ist, dann kann daraus Unheil für beide Nachbarn entstehen.

Aber auch dann, wenn wir Deutschen uns wieder einmal in übertriebener Weise ängstigen lassen sollten, zum Beispiel heute wegen der Zukunft der Weltwährung Euro, so kann sich daraus die Versuchung zu einem deutschen Alleingang ergeben. Jedoch dürfen wir solcher Versuchung nicht nachgeben. Vielmehr muss die Rücksichtnahme auf unsere Nachbarn und Partner Vorrang behalten. Unser Feld ist nicht die Weltpolitik und nicht die atomare globale Strategie, nicht Asien, nicht der Nahe und Mittlere Osten oder Afrika, sondern unsere europäischen Nachbarn sind unser Arbeitsfeld.

Der Ausbau der Europäischen Union geschieht nicht aus Idealismus. Sondern für uns Deutsche ist er eine strategische Notwendigkeit. Das vereinigte Deutschland hat die Einbindung in die Gemeinschaft der Europäer dringend nötig. Unsere Regierung darf dabei niemals vergessen: Ohne Frankreich bliebe alle Arbeit an der Integration erfolglos.

Wenn die EU gegenwärtig als weitgehend handlungsunfähig erscheint, dann liegen die Ursachen in den Fehlern, die man seit der großen Wende gemacht hat – genauer gesagt: seit Maastricht 1991 / 92. Paris und Berlin waren gleicherweise an manchen dieser Fehler beteiligt. Wenn diese beiden Regierungen aber darüber hinaus neuerdings bei der Lösung akuter Probleme sogar gegeneinander operieren, dann können beide gemeinsam schuldig werden gegenüber allen anderen Nachbarn.

Jede Bundesregierung muss wissen: Niemand darf es riskieren, die deutsche Zuverlässigkeit in den Augen unserer Nachbarn und Partner zu verspielen.

Ohne den Euro ist alles nichts *(2010)*

Das Taktieren der Bundesregierung in der Griechenland-Krise führte im Laufe des Jahres 2010 zu immer neuen Verunsicherungen, insbesondere in den Ländern, die dringend auf Finanzhilfen aus Brüssel angewiesen waren. Zum Jahresende erinnerte Helmut Schmidt deshalb noch einmal daran, dass seit Gründung der Bundesrepublik die europäische Integration zu den unverzichtbaren Faktoren der deutschen Außenpolitik, zu deren wichtigsten strategischen Interessen zählte.
Er verschwieg nicht, dass die notwendigen Reparaturen der Krise den Deutschen abermals Opfer abverlangen würden. Und er wiederholte, was er 35 Jahre zuvor als Bundeskanzler in ähnlichem Zusammenhang schon einmal gefordert hatte: Dass die Politiker die Pflicht haben, den Bürgern zu erklären, warum diese Opfer im Interesse Europas sowie im eigenen Interesse notwendig sind.

D as Jahr 2010 hat unsere Bundesregierung nicht ganz auf der Höhe der Zeit gezeigt – nicht in Sachen Europa und nicht in Sachen Euro. Wer sich als Europäer an die Behandlung der griechischen Schuldenkrise erinnert, an die deutschen Vorwürfe und an die Bekundungen deutscher Sparsamkeit, der hätte sich stattdessen damals die Erklärung durchgreifender deutscher Hilfsbereitschaft gewünscht.

Durchgreifend in mehrfachem Sinne, nämlich erstens die Gläubiger griechischer Staats- und Bankschulden durch ein großzügiges Hilfsangebot überzeugend; zweitens an Bedingungen gekoppelt für das künftige ökonomische und fiskalische Verhalten Griechenlands; und drittens damit zugleich den global spekulierenden privaten Finanzinstituten die prinzipielle Hilfsbereitschaft auch für spätere andere Fälle signalisierend. Stattdessen hat die deutsche Unentschlossenheit eine Phase gemeineuropäischer Entschlusslosigkeit herbeigeführt und dadurch zur Spekulation gegen Irland, Portugal und andere Länder eingeladen.

Zwar hat Deutschland schließlich geholfen, aber nach allerhand Schwierigkeiten, nach überflüssigen negativen Ankündigungen und mancherlei markigen Worten. Bisweilen schien es, als ob es der Bundesrepublik allein um taktische Vorteile ging und vornehmlich um eine möglichst kleine finanzielle Belastung. Auch die heutige, meist aus England und aus den USA herüberschwappende Diskussion um die Zukunft hoch verschuldeter Mitgliedsstaaten der EU lässt uns Deutsche nicht in gutem Licht erscheinen.

In dieser Lage scheint es notwendig, uns Deutsche an unsere Geschichte der vergangenen sechzig Jahre zu erinnern. Im Gegensatz zu Kurt Schumacher und zur SPD akzeptierten Konrad Adenauer und die CDU/CSU 1950 den Schuman-Plan, später die sogenannte Wiederbewaffnung und die Bindung der Bundesrepublik an den Westen. Als Willy Brandt und die Sozialdemokraten – nach drei Jahren Vorlauf in der Großen Koalition – 1969 an die Regierung kamen, erfüllten sie selbstverständlich alle vorgefundenen Verträge. Sie stimmten für den weiteren Ausbau der europäischen Integration und für die Erweiterung zur Europäischen Wirtschaftsgemeinschaft. Sie setzten gegen den Willen der CDU/CSU die neue Ost- und Deutschlandpolitik und den vertraglichen Verzicht auf deutsche Atomwaffen durch; sie beteiligten sich gegen den Willen der CDU/CSU-Opposition an der Helsinki-Konferenz 1975 und unterzeichneten deren Schlussakte – einschließlich des Bekenntnisses zu den Menschenrechten; sie modernisierten die

Bundeswehr und wehrten sich gegen die vornehmlich gegen Westdeutschland gerichtete neue sowjetische Drohung mit atomaren Mittelstreckenraketen durch den NATO-Doppelbeschluss. Als Helmut Kohl 1982 wieder die CDU/CSU ans Ruder brachte, akzeptierte er alle diese Akte. Zu seiner Zeit öffnete sich 1989 im Osten die Chance zur Vereinigung ganz Europas und zugleich Deutschlands. Die SPD und an ihrer Spitze Oskar Lafontaine erhoben Einwände. Aber als 1998 die SPD unter Gerhard Schröder wieder ans Ruder kam, akzeptierte sie, was Helmut Kohl 1990 im Zwei-plus-Vier-Vertrag und 1991/92 in Maastricht verabredet hatte. Ebenso hielt es danach die Große Koalition unter Merkel.

Auch wenn seit 1949 die jeweilige Oppositionspartei auf das heftigste die jeweilige Bundesregierung kritisiert hat, so hat doch jede neue Regierung ohne zu zögern die Sicherheits- und Verteidigungspolitik, die Deutschlandpolitik und ebenso nachhaltig den Ausbau der europäischen Integration fortgesetzt. So haben dann auch Schröder und Merkel die unter Kohls Mitwirkung beschlossene Euro-Währung tatkräftig verwirklicht und aufrechterhalten.

Diese Stetigkeit der Bundesrepublik Deutschland ist bis heute einer der unverzichtbaren Faktoren in der Entwicklung des Gemeinsamen Marktes, der Europäischen Wirtschaftsgemeinschaft, der Europäischen Union – und der Abschreckungskraft des Nordatlantischen Bündnisses gegenüber der damals bedrohlichen Sowjetunion – und zuletzt der neuen weltweiten Euro-Währung gewesen.

Der über sechzig Jahre langen Geschichte gemeinsamer Politik aller bisherigen Bundesregierungen in Bonn und in Berlin lag – trotz allen parteipolitischen Getümmels und trotz aller abwegigen Opposition – eine entscheidende Einsicht zugrunde: Die Integration Europas liegt sowohl im langfristigen strategischen Interesse der damals noch geteilten, heute vereinten deutschen Nation als auch im Interesse aller anderen europäischen Nationalstaaten.

Der große Franzose Jean Monnet hat schon im Jahr 1950 gewusst und es auch gesagt, dass die Zusammenfügung einer Mehrzahl von europäischen Nationalstaaten zu einer dauerhaft gemeinsam agierenden Gemeinschaft ein in der Weltgeschichte bisher nirgendwo vorgekommenes Vorhaben darstellt. Dass es deshalb dafür keinen endgültigen Plan geben kann und man schrittweise vorgehen muss.

Wir befinden uns immer noch in diesem schrittweisen Prozess. Aber schon seit zwei Jahrzehnten hat dieser Prozess sich nach Osten ausgedehnt. Vor allem hat er uns Europäern mehr als sechzig Jahre Frieden gegeben. Ganz anders als in der ersten Hälfte des 20. Jahrhunderts, ganz anders als im 19. Jahrhundert: Kein großer Krieg in Europa! Zugleich ist eine Europäische Union entstanden, die weder Staatenbund ist noch Bundesstaat, sondern vielmehr etwas ganz Neues, etwas ganz Eigenartiges – und etwas zugleich immer noch Unfertiges!

Wir haben keine gemeinsame Sprache. Wir haben eigentlich nicht einmal eine gemeinsame Religion, denn Katholiken und Protestanten haben sich jahrhundertelang bekämpft – auch mit Waffen, und gemeinsam haben sie die Juden und die Muslime verfolgt und unterdrückt. Wohl aber haben wir eine große Zahl gemeinsamer Grundwerte. Wir sind alle von der Notwendigkeit der Grundrechte überzeugt. Wir sind gemeinsam Kinder der Aufklärung. Wir haben unsere Staaten und unsere Kirchen und Religionsgemeinschaften voneinander getrennt. Wir haben alle innerhalb unserer Staaten ein System der Gewaltentrennung etabliert. Wir sind gemeinsam von den Vorzügen der parlamentarischen Demokratie überzeugt. Und darüber hinaus haben wir die Musik gemeinsam, die Kunst und große Teile unserer Literatur. Wir dürfen stolz von einer gemeinsamen europäischen Zivilisation sprechen, die sich mit bedeutenden Ausläufern sogar auf Russland, auf Nord- und Südamerika und auf andere Teile der Welt auswirkt.

Inzwischen hat sich die Lage der Welt gewaltig verändert. Wir erleben die wachsende Bedeutung Chinas, Indiens, Russlands, Brasiliens oder der OPEC für die Weltwirtschaft. Wir erleben den stetigen Aufstieg bisheriger Entwicklungs- und Schwellenländer. Wir erleben gleichzeitig eine wissenschaftliche, eine technologische und eine ökonomische Globalisierung, eine Globalisierung der Angebote und der Nachfragen. Und wir müssen wissen: Am Ende des 21. Jahrhunderts werden wir Europäer nur noch etwa fünf Prozent der Weltbevölkerung ausmachen.

Es geht im 21. Jahrhundert um die Selbstbehauptung der europäischen Zivilisation. Dabei haben wir Europäer vom Schuman-Plan des Jahres 1950 bis zum heutigen Stand der Europäischen Union sechs Jahrzehnte benötigt. In dieser schrittweisen Anstrengung haben wir mit der Schaffung der gemeinsamen Euro-Währung einen wichtigen Schritt nach vorn getan. Unsere gemeinsamen Institutionen dagegen sind allzu kompliziert geraten, und das Europäische Parlament hat allzu geringe Befugnisse. Vor allem fehlt es an einer gemeinsamen ökonomischen Politik, gegenwärtig ganz besonders mit Blick auf die Verschuldung der Mitgliedsstaaten – eine zwangsläufige Folge der von den USA ausgehenden Krise der Geld- und Kapitalmärkte.

Spätestens in 18 Monaten beginnt in den USA der Wahlkampf um den Präsidenten und den Kongress. Es könnte passieren, dass eine ganz andere politische amerikanische Führung uns Europäer in neue weltökonomische und weltpolitische Schwierigkeiten stürzt. Nicht zuletzt wegen dieser Eventualität stehen die europäischen Politiker unter Zeitdruck.

Wer in dieser Lage lediglich taktiert und finassiert, wer gar jedwedes Auseinanderfallen des Euro-Verbundes öffentlich diskutiert, dem fehlt jede Weitsicht. Allein die bloße Absicht der Wiederherstellung nationaler Währungen würde sogleich einige südeuropäische Währungen ins Bodenlose abwerten und umgekehrt eine wiederhergestellte D-Mark kolossal aufwerten, damit den deutschen Export schwer behindern, die Basis unseres hohen sozialen Wohlstandes, und ungezählte deutsche Arbeitsplätze vernichten. Dem momentanen Popularitätserfolg würde ein endloser Katzenjammer folgen. Deshalb haben EZB-Präsident Jean-Claude Trichet und Luxemburgs Premierminister Jean-Claude Juncker beide recht. Wir Europäer können die früheren Fehler nicht ungeschehen machen, wohl aber müssen wir alsbald ziemlich unkonventionelle Reparaturen ins Werk setzen.

Selbstverständlich werden die notwendigen Reparaturen abermals Geld kosten. Selbstverständlich werden sie insbesondere uns Deutsche abermals viel Geld kosten. Wir sind schließlich eine der größten und zugleich eine der sozialpolitisch und finanzpolitisch leistungsfähigsten Volkswirtschaften der Welt. Wenn wir Deutschen im 19. Jahrhundert und in der ersten Hälfte des 20. Jahrhunderts erheblich zum Unfrieden in Europa und in der Welt beigetragen haben, dann müssen wir in der heutigen Situation auf eine ganz andere Weise dazu beitragen, dass die Schrecken der Vergangenheit sich nicht wiederholen können. Dafür sind weitere Opfer an Souveränität und an Geld geboten.

Es ist nicht visionärer Idealismus, sondern unser eigenes strategisches Interesse an der Aufrechterhaltung der Europäischen Union und damit der europäischen Zivilisation, das uns bewegen muss, auf kleine nationalegoistische Vorteile zu verzichten. Auf lange Sicht trägt Deutschland einen hohen Anteil an der Verantwortung dafür, dass die europäischen Staaten zu einem ökonomisch handlungsfähigen Verband zusammenwachsen. Dazu ist allerdings weder ein deutscher Oberkommandierender noch ein deutscher Schulmeister nötig, denn er würde die anderen Kapitäne nur befremden und abschrecken. Wohl aber müssen die deutschen Politiker den Bürgern erklären, dass wir und warum wir Deutschen Opfer zu bringen haben.

Ein Plan für Athen *(2011)*

Am 22. Juni 2011 unterbreiteten Bundesfinanzminister Wolf-
gang Schäuble, Peer Steinbrück und Helmut Schmidt in der
ZEIT unter der Überschrift »Was den Griechen hilft« Vor-
schläge zur Rettung Griechenlands. Schmidt erinnerte gegen
Ende seines Beitrags auch daran, dass in Griechenland vor
2500 Jahren die Demokratie als Staatsform entwickelt wurde
und dass auf diesem Erbe ein Großteil der europäischen Zivi-
lisation beruht.

Viel Aufmerksamkeit hat sich zuletzt auf kleinliche Streitigkeiten zwischen Paris und Berlin gerichtet. Dabei geriet aus
dem Blick, dass die Meinungsverschiedenheiten zwischen der
deutschen Bundeskanzlerin und dem französischen Staatspräsidenten über die Finanzhilfe für Griechenland nur eine Neben-
sache berührten. Die Frage, ob bei einem Rettungsplan für Athen
auch die Gläubiger griechischer Staatsanleihen einbezogen werden, ist müßig. Denn in jedem Fall wird das Geld der Steuerzahler
gebraucht: wenn die anderen Staaten Griechenland helfen ebenso
wie in dem Fall, dass die Gläubiger wirklich einen Teil der Lasten tragen. Denn diese Gläubiger sind in Wahrheit französische
oder deutsche oder andere Banken. Wenn diese Geldinstitute in
Schwierigkeiten geraten, weil sie griechische Staatsschulden ab-
schreiben müssen, dann kommen wieder die staatlichen Garantien
für Banken ins Spiel. Auf gut Deutsch, am Ende geht es zulasten
der Steuerzahler.

Viel wichtiger ist es zu erkennen, dass Griechenland durchgreifend geholfen werden muss. Das gilt auch für den Extremfall, dass die griechische Regierung gegenüber ihren ausländischen Gläubigern die Zahlungsunfähigkeit erklärt. Selbst dann – und dann erst recht! – wird es entscheidend, dass Europa die griechische Wirtschaft wieder in Gang bringt. Ich denke dabei nicht exakt an einen neuen Marshallplan, wie er vor einem halben Jahrhundert den Wiederaufbau in ganz Westeuropa ermöglicht hat. Die Ausgangslage ist heute anders: Die Art und Weise, wie die Regierungen das Schuldenproblem Griechenlands seit 2009 behandelt haben, hat die griechische Volkswirtschaft zusätzlich in eine tiefe deflatorische Rezession geführt. Womöglich ist schon das Wort einer Depression angemessen. Jedenfalls ist die tiefe Unruhe in der griechischen Bevölkerung heute für alle Seiten besorgniserregend.

Dabei ist zu beachten: Wir haben eine Schuldenkrise einzelner kleinerer Euro-Länder, keine Krise der Euro-Währung. Selbst der Bankrott eines einzelnen, kleineren Mitgliedsstaates hätte nur eine vorübergehende psychologische Wirkung auf sie. Wenn man die ersten zehn Jahre des Euro mit den vorausgegangenen letzten zehn Jahren der Deutschen Mark vergleicht, dann schneidet der Euro sowohl im Innern als auch nach außen besser ab: Die Inflationsrate im Euro-Raum war geringer, der Wechselkurs des Euro war stabiler. Diese Stabilität des Euro dürfte anhalten. Deshalb ist der Euro heute auch die zweitwichtigste Reservewährung der Welt geworden. Ich gehe davon aus, dass wir in etwa zwanzig Jahren drei Weltwährungen haben werden: den amerikanischen Dollar, den Euro und den chinesischen Renminbi. Es geht also gar nicht um die Währung, wohl aber geht es um Europa!

Die europäischen Staatslenker dürfen nie vergessen: Von 1950 bis 2050 wird der europäische Anteil (einschließlich ganz Russlands) an der Wertschöpfung der Menschheit (globales Bruttoinlandsprodukt) von über dreißig Prozent auf unter zehn Prozent sinken. Zudem sind wir der einzige Kontinent, dessen Bevölkerung nicht nur altert, sondern auch schrumpft. Am Ende dieses Jahrhunderts werden wir Europäer nur noch fünf Prozent der Weltbevölkerung ausmachen. Deshalb müssen die Nationen und die Staaten Europas zusammenhalten!

Deshalb braucht Griechenland – selbst im extremen Fall eines Staatsbankrotts! – ein über lange Zeit greifendes Programm, weit über Finanzhilfen hinaus. Das Programm muss orientiert sein an Leitideen wie Beschäftigung, Produktivität und Volkseinkommen. Es muss den griechischen Bürgern eine Wohlstandsperspektive eröffnen. Es muss aus konkreten Projekten bestehen. Zum Beispiel der Integration Griechenlands in eine Energiewende, sodass Sonnenenergie aus Athen nach Nord- und Mitteleuropa exportiert werden kann. Zum Beispiel Infrastrukturprojekte. Zum Beispiel mit Hilfe von Beschäftigungsgesellschaften, die einen Teil der enormen Jugendarbeitslosigkeit aufsaugen. Zugleich ist aus fiskalischen Gründen der Verkauf von Flughäfen, Häfen und anderem Staatseigentum geboten.

Wenn die EU tatsächlich ein solches Programm zustande bringen wollte, dann wäre dafür gewiss ein treuhänderischer Administrator erforderlich, der ökonomisches Wissen, politische und administrative Erfahrung vereint. Diesen zu finden und sich auf seine Kompetenzen zu einigen wird schwierig, aber unumgänglich sein. Niemand in Athen kommt dafür infrage (auch unter den Politikern oder Bankern in Deutschland sehe ich niemanden, dem diese Aufgabe zuzutrauen wäre). Vielleicht ist Jean-Claude Trichets jüngster Vorstoß eine nützliche Anregung.

Es wäre nicht auszuschließen, dass ein solches Programm dann auch für Portugal oder für Irland fällig wird. Weil aber alle drei Staaten zusammen nur etwa fünf bis sechs Prozent des gemeinsamen Marktes der EU ausmachen oder weil – anders als 1990 in der DDR – keinerlei Systemwechsel nötig ist, so handelte es sich selbst in solchem Falle nicht um eine exorbitante Größenordnung. Wir hätten die Fähigkeiten – was uns fehlt, sind Entschlusskraft und Wille.

Jedenfalls gibt es für die Europäer zwei zwingende Gründe, bei der Wiederankurbelung der griechischen Wirtschaft zu helfen. Denn die Instanzen der EU und der EU-Staaten haben schuldhaft ihre Pflichten versäumt. Auch die Bankenaufsichten haben geschlafen, als Geldhäuser, zum Beispiel die deutsche Pfandbriefbank Hypo Real Estate, dem griechischen Staat in leichtfertiger Weise Anleihen abgekauft haben, die zu bedienen unter Umständen unmöglich wird. Die Kommission in Brüssel hat geschlafen, die Finanzminister haben geschlafen – dürfen sie nun den Armen in Athen schuldig werden lassen? Der Arme ist allerdings auch selber schuldig.

Der zweite Grund hat noch mehr Gewicht: Wenn die EU zulässt, dass einer ihrer Mitgliedsstaaten in Konkurs geht, dann wird damit ein politisches und psychologisches Präjudiz geschaffen, das künftig die Union als Ganzes gefährden könnte. Griechenland ist Mitglied der Europäischen Gemeinschaft seit 1981, das Land war Mitglied der EU, als 1991/92 in Maastricht der Beschluss zu einer gemeinsamen Währung gefasst wurde. Inzwischen hat die EU die Zahl ihrer Mitglieder mehr als verdoppelt. Dabei hat sie leider versäumt, die alten Spielregeln der Einstimmigkeit mit Blick auf die größer gewordene Familie umzugestalten. Die Verteilung der Kompetenzen zwischen der Europäischen Union und den Nationalstaaten ist nach wie vor nicht wirklich geklärt. Man sieht dies auch an der nebensächlichen Rolle, die man dem Europäischen Parlament zugewiesen hat. Man sieht dies an der abstrusen Konstruktion der Europäischen Kommission mit 27 Mitgliedern. Man sieht es auch am Vertrag von Lissabon, dessen komplizierte Bestimmungen selbst versierte Juristen nicht verstehen.

In den vergangenen zwei Jahren haben sich die europäischen Instanzen de facto als nicht handlungsfähig erwiesen. Handlungsfähig war nur die Europäische Zentralbank. Weil die Staaten nicht gehandelt haben, nicht die Regierungen, ist die EZB in die Lücke gesprungen. Sie hat in erheblichem Maße griechische Staatsanleihen auf eigene Kosten aus dem Markt genommen. Natürlich muss die EZB auf diese sogenannten Guthaben eines Tages Abschreibungen vornehmen. Ein Politiker aber, der das Engagement der Bank heute kritisiert, sollte sich an die eigene Nase fassen. Er selber hat nämlich nichts zustande gebracht.

In diesen Wochen erleben wir, dass Griechenland die Zahlungsunfähigkeit droht. Wir erleben aber eine ebenso gravierende Krise der EU. Angesichts dieser Situation sind wochenlange Streitigkeiten aus Geltungsbedürfnissen, Eitelkeiten und Populismus über unwichtige Details nur schädlich – auch wenn sich Berlin und Paris nun einmal wieder einig zeigen.

Was ist das grundlegende deutsche Interesse? Die Einbindung Deutschlands in die EU ist für uns noch wichtiger als die Einbindung der deutschen Streitkräfte in die NATO. Keine andere Nation in Europa ist angesichts der Geschichte des 20. Jahrhunderts stärker darauf angewiesen, nicht isoliert dazustehen, sich auch selber nicht zu isolieren. Keine andere Nation hat mehr Nachbarn als wir, die wir im Zentrum leben. Kein Land hat in Europa mehr zu verlieren als Deutschland, das wirtschaftsstärkste Land Europas.

In diesen Tagen, in denen es immer um Milliarden geht, müssen aber auch zweieinhalb Jahrtausende der Geschichte eine Rolle spielen. Griechenland ist das Mutterland der Demokratie – und der Renaissance und der Aufklärung! Ein ganz großer Teil der europäischen Zivilisation beruht auf den Leistungen großer Griechen. Ohne Homer, ohne Euripides, ohne Sophokles – was wären wir denn? Ohne Sokrates, Platon, ohne Aristoteles? Oder ohne Perikles? Einige der heutigen Spitzenkräfte in Athen mögen korrupt sein, aber ihre Urahnen und ihre Geschichte verdienen Respekt. Wer einmal den Poseidon-Tempel auf Kap Sounion oder die Akropolis erlebt hat, wird das nie vergessen.

In langen Zeiträumen denken *(2011)*

Am 4. Dezember 2011 hielt Helmut Schmidt auf dem Bundes-
parteitag der SPD in Berlin eine flammende Europarede. Er
würdigte die Europäische Union als eine in der Geschichte ein-
malige politische Leistung, wandte sich gegen jede Form von
deutscher Kraftmeierei und rief dazu auf, mit jenen Nachbarn
und Partnern, die heute – auch aufgrund von Versäumnissen in
Brüssel selbst – in Bedrängnis sind, »ein mitfühlendes Herz«
zu haben.

Im Blick auf alle Parteipolitik bin ich altersbedingt schon jenseits von Gut und Böse angekommen. Schon lange geht es mir
in erster und in zweiter Linie um die Rolle unserer Nation im un-
erlässlichen Rahmen des europäischen Zusammenschlusses.

Als inzwischen sehr alter Mann denkt man naturgemäß in langen
Zeiträumen – sowohl nach rückwärts in der Geschichte als ebenso
nach vorwärts in die erhoffte und erstrebte Zukunft. Gleichwohl
habe ich vor einigen Tagen auf eine sehr einfache Frage keine eindeutige Antwort geben können. Wolfgang Thierse hatte mich gefragt: »Wann wird Deutschland endlich ein normales Land?« Und
ich habe geantwortet: In absehbarer Zeit wird Deutschland kein
»normales« Land sein. Denn dagegen steht unsere ungeheure, aber
einmalige historische Belastung. Und außerdem steht dagegen
unsere demographisch und ökonomisch übergewichtige Zentral-
position inmitten unseres kleinen aber vielfältig nationalstaatlich
gegliederten europäischen Kontinents.

Auch wenn in einigen wenigen der rund vierzig Nationalstaaten Europas das heutige Nationenbewusstsein sich erst verspätet entfaltet hat – so in Italien, in Griechenland und in Deutschland –, so hat es doch überall und immer wieder blutige Kriege gegeben. Man kann diese europäische Geschichte – von Mitteleuropa aus betrachtet – auch auffassen als eine schier endlose Folge von Kämpfen zwischen Peripherie und Zentrum und umgekehrt zwischen Zentrum und Peripherie.

Heutzutage sind die konfligierenden territorialen Ansprüche, die Sprach- und Grenzkonflikte, die noch in der ersten Hälfte des 20. Jahrhunderts im Bewusstsein der Nationen eine sehr große Rolle gespielt haben, de facto weitgehend bedeutungslos geworden, jedenfalls für uns Deutsche.

Während im Bewusstsein der öffentlichen Meinung und in der veröffentlichten Meinung in den Nationen Europas die Kenntnis und die Erinnerung der Kriege des Mittelalters weitgehend abgesunken sind, so spielt doch die Erinnerung an die beiden Weltkriege des 20. Jahrhunderts und an die deutsche Besatzung immer noch eine sehr große Rolle.

Für uns Deutsche scheint mir entscheidend zu sein, dass fast alle Nachbarn Deutschlands – und außerdem fast alle Juden auf der ganzen Welt – sich des Holocaust und der Schandtaten erinnern, die zur Zeit der deutschen Besatzung in den Ländern der Peripherie geschehen sind. Wir Deutschen sind uns nicht ausreichend im klaren darüber, dass bei fast allen unseren Nachbarn wahrscheinlich noch für viele Generationen ein latenter Argwohn gegen die Deutschen besteht.

Auch die nachgeborenen deutschen Generationen müssen mit dieser historischen Last leben. Sie können ihr nicht entgehen. Und die heutigen dürfen nicht vergessen: Es war der Argwohn gegenüber einer zukünftigen Entwicklung Deutschlands, der 1950 den Beginn der europäischen Integration begründet hat …

Je mehr im Laufe der sechziger, der siebziger und achtziger Jahre die damalige Bundesrepublik ökonomisch, militärisch und politisch an Gewicht zugenommen hat, umso mehr wurde in den Augen der westeuropäischen Staatslenker die europäische Integration zu einer Rückversicherung gegen eine abermals denkbare machtpolitische Verführbarkeit der Deutschen. Der anfängliche Widerstand zum Beispiel Margaret Thatchers oder Mitterrands oder Andreottis 1989/90 gegen eine Vereinigung der beiden deutschen Nachkriegsstaaten war eindeutig begründet in der Besorgnis vor einem allzu starken Deutschland im Zentrum dieses kleinen europäischen Kontinents.

De Gaulle und Pompidou haben in den sechziger und frühen siebziger Jahren die europäische Integration fortgesetzt, um Deutschland einzubinden – nicht aber wollten sie auch ihren eigenen Staat auf Gedeih und Verderb einbinden. Danach hat das gute Verständnis zwischen Giscard d'Estaing und mir zu einer Periode französisch-deutscher Kooperation und zur Fortsetzung der europäischen Integration geführt, eine Periode, die nach dem Frühjahr 1990 zwischen Mitterrand und Kohl erfolgreich fortgesetzt worden ist. Zugleich ist seit 1950/52 die europäische Gemeinschaft bis 1991 schrittweise von sechs auf zwölf Mitgliedsstaaten gewachsen.

Dank der weitgehenden Vorarbeit durch Jacques Delors, damals Präsident der Europäischen Kommission, haben Mitterrand und Kohl 1991 in Maastricht die gemeinsame Euro-Währung ins Leben gerufen, die dann zehn Jahre später im Jahre 2001 greifbar geworden ist. Zugrunde lag abermals die französische Besorgnis vor einem übermächtigen Deutschland – genauer gesagt: vor einer übermächtigen D-Mark und dem damit verbundenen politischen Gewicht.

Inzwischen ist der Euro zur zweitwichtigsten Währung der Weltwirtschaft geworden. Diese europäische Währung ist nach innen wie auch im Außenverhältnis bisher stabiler als der amerikanische Dollar – und sie ist in den zehn Jahren ihrer Existenz stabiler, als die D-Mark in ihren letzten zehn Jahren gewesen ist. Alles Gerede und Geschreibe über eine angebliche »Krise des Euro« ist in Wahrheit leichtfertiges Geschwätz von Medien, von Journalisten und von Politikern.

Seit Maastricht 1991/92 hat sich aber die Welt gewaltig verändert. Wir haben die Befreiung der Nationen im Osten Europas und die Implosion der Sowjetunion erlebt. Wir erleben den phänomenalen Aufstieg Chinas, Indiens, Brasiliens und anderer sogenannter »Schwellenländer«, die man früher pauschal »Dritte Welt« genannt hat. Gleichzeitig haben sich die tatsächlichen Volkswirtschaften und damit große Teile der Welt »globalisiert«, auf Deutsch: Fast alle Staaten der Welt hängen heute wirtschaftlich von einander ab. Vor allem haben die Akteure auf den globalisierten Finanzmärkten sich eine einstweilen ganz unkontrollierte Macht angeeignet. Man kann auch sagen: Die Politiker haben zugelassen, dass andere sich die Macht angeeignet haben.

Aber zugleich – und fast unbemerkt – hat sich die Menschheit explosionsartig auf sieben Milliarden Menschen vermehrt. Als ich geboren wurde, waren es gerade mal zwei Milliarden gewesen. Alle diese enormen Veränderungen haben gewaltige Auswirkungen auf die Völker Europas, auf ihre Staaten und auf ihren Wohlstand.

Auf der anderen Seite überaltern alle europäischen Nationen – und schrumpfen nach der Zahl ihrer Bürger. Der ganze Rest der Welt ist explodiert, aber die Europäer überaltern und schrumpfen. In der Mitte dieses 21. Jahrhunderts werden vermutlich sogar neun Milliarden Menschen auf der Welt leben, während dann die europäischen Nationen zusammen nur noch ganze sieben Prozent der Weltbevölkerung ausmachen. Sieben Prozent von neun Milliarden Menschen im Jahr 2050! Bis an das Jahr 1950 waren die Europäer über zwei Jahrhunderte lang über zwanzig Prozent der Weltbevölkerung gewesen und sie haben die Welt regiert. Aber seit fünfzig Jahren schrumpfen wir Europäer – nicht nur in absoluten Zahlen, sondern vor allem schrumpfen wir in Relation zu Asien, zu Afrika und Lateinamerika. Ebenso schrumpft der Anteil der Europäer am globalen Sozialprodukt oder anders gesagt: Unser Anteil an der Wertschöpfung und der ganzen Menschheit schrumpft und schrumpft und schrumpft. Er wird bis 2050 auf etwa zehn Prozent der Wertschöpfung absinken; 1950 hatte er noch bei dreißig Prozent gelegen.

Jede einzelne der europäischen Nationen wird 2050, und das ist keine vierzig Jahre mehr weg von heute, nur noch einen Bruchteil von einem Prozent der Weltbevölkerung ausmachen. Das heißt: Wenn wir die Hoffnung haben wollen, dass wir Europäer eine Bedeutung für die Welt haben, dann können wir das nur gemeinsam. Denn als einzelne Staaten – ob Frankreich, Italien, Deutschland oder ob Polen, Holland oder Dänemark oder Griechenland – kann man uns am Ende nicht mehr in Prozentzahlen messen, sondern nur noch in Promillezahlen.

Daraus ergibt sich das langfristige strategische Interesse der europäischen Nationalstaaten an einem integrierenden Zusammenschluss. Dieses strategische Interesse an der europäischen Integration wird zunehmend an Bedeutung gewinnen. Es ist bisher den Nationen weitestgehend noch nicht bewusst. Es wird ihnen durch ihre Regierungen auch nicht bewusst gemacht.

Falls jedoch die Europäische Union im Laufe der kommenden Jahrzehnte nicht zu einer – wenn auch begrenzten – gemeinsamen Handlungsfähigkeit gelangen sollte, so ist eine selbstverursachte Marginalisierung der einzelnen europäischen Staaten und der europäischen Zivilisation insgesamt nicht auszuschließen. Ebenso wenig kann in solchem Falle das Wiederaufleben von Konkurrenz- und Prestigekämpfen zwischen den Staaten Europas ausgeschlossen werden. In solchem Falle könnte die Einbindung Deutschlands kaum noch funktionieren. Das alte Spiel zwischen Zentrum und Peripherie könnte abermals Wirklichkeit werden.

Wenn wir am Ende des Jahres 2011 Deutschland von außen betrachten mit den Augen unserer mittelbaren und unmittelbaren Nachbarn, dann löst Deutschland seit einem Jahrzehnt Unbehagen aus – neuerdings auch politische Besorgnis. In den allerletzten Jahren sind erhebliche Zweifel in die Stetigkeit der deutschen Politik aufgetaucht. Das Vertrauen in die Verlässlichkeit der deutschen Politik ist beschädigt.

Dabei beruhen diese Zweifel und Besorgnisse auch auf außenpolitischen Fehlern unserer deutschen Politiker und Regierungen. Sie beruhen zum anderen Teil auf der für die Welt überraschenden ökonomischen Stärke der vereinigten Bundesrepublik. Unsere Volkswirtschaft hat sich – beginnend in den siebziger Jahren, damals noch zweigeteilt – zur größten in Europa entwickelt. Sie ist technologisch, sie ist finanzpolitisch und sie ist sozialpolitisch heute eine der leistungsfähigsten Volkswirtschaften auf der ganzen Welt. Unsere wirtschaftliche Stärke und unser seit Jahrzehnten vergleichsweise sehr stabiler sozialer Friede haben auch Neid ausgelöst – zumal unsere Arbeitslosigkeitsrate und auch unsere Verschuldungsrate durchaus im Bereich der internationalen Normalität liegen. Allerdings ist uns selbst nicht ausreichend bewusst, dass unsere Wirtschaft in hohem Maße sowohl in den gemeinsamen europäischen Markt integriert als auch zugleich in hohem Maße globalisiert und damit von der Weltkonjunktur abhängig ist. Wir werden im kommenden Jahr erleben, dass die deutschen Exporte nicht mehr sonderlich wachsen können.

Gleichzeitig hat sich aber eine schwerwiegende Fehlentwicklung ergeben, nämlich anhaltende enorme Überschüsse unserer Handelsbilanz und unserer Leistungsbilanz. Die Überschüsse machen seit Jahren etwa fünf Prozent unseres Sozialproduktes aus, sie sind ähnlich groß wie die Überschüsse Chinas. Das ist uns nicht bewusst, weil es sich nicht mehr in DM-Überschüssen niederschlägt, sondern in Euro-Überschüssen. Es ist aber notwendig für unsere Politiker, sich der enormen deutschen Zahlungsbilanzüberschüsse bewusst zu sein.

Denn alle unsere Überschüsse sind in Wirklichkeit die Defizite der anderen europäischen Staaten. Die Forderungen, die wir an andere haben, sind deren Schulden – oder anders gesagt: Ihre Schulden sind unsere Forderungen. Es handelt sich um eine ärgerliche Verletzung des 1967 zum gesetzlichen Ideal erhobenen »außenwirtschaftlichen Gleichgewichts«. Diese Verletzung musste unsere Partner beunruhigen. Und wenn es neuerdings ausländische, meistens amerikanische oder englische Stimmen gibt – inzwischen kommen sie von vielen Seiten –, die von Deutschland eine europäische Führungsrolle verlangen, so weckt all dies zusammen bei unseren Nachbarn zugleich zusätzlichen Argwohn. Und es weckt böse Erinnerungen.

Diese ökonomische Entwicklung und die gleichzeitige Krise der Handlungsfähigkeit der Organe der Europäischen Union haben Deutschland abermals in eine zentrale Rolle gedrängt. Gemeinsam mit dem französischen Staatspräsidenten hat die Bundeskanzlerin diese Rolle willig akzeptiert. Aber es gibt in vielen europäischen Hauptstädten und ebenso in den Medien mancher unserer Nachbarstaaten abermals eine wachsende Besorgnis vor deutscher Dominanz. Dieses Mal handelt es sich nicht um eine militärisch und politisch überstarke Zentralmacht, wohl aber um ein ökonomisch überstarkes Zentrum! An dieser Stelle ist eine sorgfältig abgewogene Mahnung an die deutschen Politiker, an die Medien und an unsere öffentliche Meinung insgesamt notwendig.

Wenn wir Deutschen uns verführen ließen, gestützt auf unsere ökonomische Stärke, eine politische Führungsrolle in Europa zu beanspruchen oder doch wenigstens den Primus inter Pares zu spielen, so würde eine zunehmende Mehrheit unserer Nachbarn sich wirksam dagegen wehren. Die Besorgnis der Peripherie vor einem allzu starken Zentrum Europas würde ganz schnell zurückkehren. Die wahrscheinlichen Konsequenzen solcher Entwicklung wären für die EU verkrüppelnd. Und Deutschland würde in Isolierung fallen.

Die sehr große und sehr leistungsfähige Bundesrepublik Deutschland braucht – auch zum Schutze vor uns selbst – die Einbettung in die europäische Integration. Weil man das schon vor zwanzig Jahren erkannt hat, gilt seit Helmut Kohls Zeiten, seit 1992 der Artikel 23 des Grundgesetzes, der uns zur Mitwirkung »... bei der Entwicklung der Europäischen Union« verpflichtet. Der Artikel 23 verpflichtet uns für diese Mitwirkung auch zu dem »Grundsatz der Subsidiarität...«. Die gegenwärtige Krise der Handlungsfähigkeit der Organe der EU ändert nichts an diesen Grundsätzen des deutschen Grundgesetzes.

Unsere geopolitische Zentrallage, dazu unsere unglückliche Rolle im Verlaufe der europäischen Geschichte bis in die Mitte des 20. Jahrhunderts, dazu unsere heutige Leistungsfähigkeit, all dies zusammen verlangt von jeder deutschen Regierung ein sehr hohes Maß an Einfühlungsvermögen in die Interessen unserer EU-Partner. Und unsere deutsche Hilfsbereitschaft ist unerlässlich.

Wir Deutschen haben doch unsere große Wiederaufbauleistung der letzten sechs Jahrzehnte auch nicht allein und nur aus eigener Kraft zustande gebracht. Sondern sie wäre nicht möglich gewesen ohne die Hilfen der westlichen Siegermächte, nicht ohne unsere Einbettung in die europäische Gemeinschaft und in das atlantische Bündnis, nicht ohne die Hilfen durch unsere Nachbarn, nicht ohne den politischen Aufbruch im Osten Mitteleuropas und nicht ohne das Ende der kommunistischen Diktatur. Wir Deutschen haben Grund zur Dankbarkeit. Und zugleich haben wir die Pflicht, uns der empfangenen Solidarität würdig zu erweisen durch unsere eigene Solidarität mit unseren Nachbarn!

Dagegen wäre ein Streben nach einer eigenen Rolle in der Weltpolitik und das Streben nach weltpolitischem Prestige ziemlich unnütz, wahrscheinlich sogar schädlich. Jedenfalls bleibt die enge Zusammenarbeit mit Frankreich und mit Polen unerlässlich, mit allen unseren entfernten Nachbarn und Partnern in Europa.

Nach meiner Überzeugung liegt es im kardinalen, langfristig-strategischen Interesse Deutschlands, sich nicht zu isolieren und sich nicht isolieren zu lassen. Eine Isolation innerhalb des Westens wäre gefährlich. Eine Isolation innerhalb der Europäischen Union oder des Euro-Raumes wäre hoch gefährlich. Für mich rangiert dieses Interesse Deutschlands eindeutig höher als jedwedes taktische Interesse aller politischen Parteien. Die deutschen Politiker und die deutschen Medien haben die verdammte Pflicht und Schuldigkeit, diese Einsicht nachhaltig in der öffentlichen Meinung zu vertreten.

Wenn aber jemand zu verstehen gibt, heute und künftig werde in Europa Deutsch gesprochen; wenn ein deutscher Außenminister meint, fernseh-geeignete Auftritte in Tripolis, in Kairo oder in Kabul seien wichtiger als politische Kontakte mit Athen, Lissabon, mit Madrid, mit Warschau oder Prag, mit Dublin, Den Haag, Kopenhagen, Oslo oder Helsinki; wenn ein anderer meint, eine europäische »Transfer-Union« verhüten zu müssen – dann ist das alles bloß schädliche deutsche Kraftmeierei.

Tatsächlich ist Deutschland doch über lange Jahrzehnte ein Nettozahler gewesen! Wir konnten das leisten und haben es seit Adenauers Zeiten getan. Und natürlich waren Griechenland, Portugal oder Irland immer Netto-Empfänger. Diese Solidarität mag heute der deutschen politischen Klasse nicht ausreichend bewusst sein. Aber bisher war sie selbstverständlich gewesen. Ebenso selbstverständlich – und außerdem seit Lissabon vertraglich vorgeschrieben – ist das Prinzip der Subsidiarität: Das, was ein Staat nicht selbst regeln oder bewältigen kann, das muss die Europäische Union übernehmen.

Alle parteipolitische, alle innenpolitische, alle außenpolitische Taktik hat nie das langfristig-strategische Interesse der Deutschen infrage gestellt. Deshalb konnten alle unsere Nachbarn und Partner sich jahrzehntelang auf die Stetigkeit der deutschen Europapolitik verlassen. Diese Kontinuität und Stetigkeit bleibt uns auch in Zukunft geboten.

Konzeptionelle deutsche Beiträge waren immer selbstverständlich. Das sollte auch künftig so bleiben. Dabei sollten wir allerdings nicht der fernen Zukunft vorgreifen. Vertragsänderungen könnten ohnehin die vor zwanzig Jahren in Maastricht und später in Lissabon geschaffenen Tatsachen, die Unterlassungen und Fehler nur zum Teil korrigieren. Die heutigen Vorschläge zur Änderung des geltenden Lissaboner Vertrages erscheinen mir für die unmittelbare Zukunft als wenig hilfreich, wenn man sich nämlich an die bisherigen Schwierigkeiten mit allseitiger nationaler Ratifikation erinnert oder an die negativ ausgegangenen Volksabstimmungen.

Ich stimme deshalb dem italienischen Staatspräsidenten Napolitano zu, wenn er Ende Oktober 2011 in einer bemerkenswerten Rede verlangt hat, dass wir uns heute auf das konzentrieren müssen, was heute notwendig zu tun ist. Und dass wir dazu die Möglichkeiten ausschöpfen müssen, die der heute geltende EU-Vertrag uns gibt – besonders zur Stärkung der Haushaltsregeln und der ökonomischen Politik im Euro-Währungsraum.

Die gegenwärtige Krise der Handlungsfähigkeit der in Lissabon geschaffenen Organe der Europäischen Union darf nicht Jahre andauern! Mit der Ausnahme der Europäischen Zentralbank haben die Organe – das Europäische Parlament, der Europäische Rat, die Brüsseler Kommission und die vielen Ministerräte – sie alle haben seit Überwindung der akuten Bankenkrise 2008 und besonders der anschließenden Staatsverschuldungskrise nur relativ wenig an heute wirksamen Hilfen zustande gebracht.

Für die Überwindung der heutigen Führungskrise der EU gibt es kein Patentrezept. Man wird mehrere Schritte benötigen, zum Teil gleichzeitig, zum Teil nacheinander. Man wird nicht nur Urteilskraft und Tatkraft benötigen, sondern auch Geduld. Dabei dürfen konzeptionelle deutsche Beiträge sich nicht auf Schlagworte beschränken. Sie sollten nicht auf dem Fernseh-Marktplatz, sondern stattdessen vertraulich im Rahmen der Gremien der Organe der EU vorgetragen werden. Dabei dürfen wir Deutsche weder unsere ökonomische noch unsere soziale Ordnung, weder unser föderatives System noch unsere Haushalts- und Finanzverfassung den europäischen Partnern als Vorbild oder als Maßstab vorstellen, sondern lediglich als Beispiele unter mehreren verschiedenen Möglichkeiten.

Für das, was Deutschland heute tut oder unterlässt tragen wir alle gemeinsam die Verantwortung für die zukünftigen Wirkungen in Europa. Wir brauchen dafür europäische Vernunft. Wir brauchen aber Vernunft nicht allein, sondern ebenso ein mitfühlendes Herz gegenüber unseren Nachbarn und Partnern und das gilt ganz besonders für Griechenland.

In einem wichtigen Punkt stimme ich mit Jürgen Habermas überein, der jüngst davon gesprochen hat, dass »...wir tatsächlich jetzt zum ersten Mal in der Geschichte der EU einen Abbau von Demokratie erleben!!«. In der Tat: Nicht nur der Europäische Rat inklusive seiner Präsidenten, ebenso die Europäische Kommission inklusive ihres Präsidenten, dazu die diversen Ministerräte und die ganze Brüsseler Bürokratie haben gemeinsam das demokratische Prinzip beiseite gedrängt! Ich bin damals, als wir die Volkswahl zum Europäischen Parlament einführten, dem Irrtum erlegen, das Parlament würde sich schon selbst Gewicht verschaffen. Tatsächlich hat es bisher auf die Bewältigung der Krise keinen erkennbaren Einfluss genommen, denn seine Beratungen und Entschlüsse bleiben bisher ohne öffentliche Wirkung.

Deshalb wird es höchste Zeit, dass die sozialdemokratischen, christdemokratischen, sozialistischen, liberalen und grünen Kollegen sich gemeinsam, aber drastisch zu öffentlichem Gehör bringen. Wahrscheinlich eignet sich das Feld der seit der G20 im Jahre 2008 abermals völlig unzureichend gebliebenen Aufsicht über Banken, Börsen und deren Finanzinstrumente am besten für einen solchen Aufstand des Europäischen Parlaments.

Tatsächlich haben einige zigtausend Finanzhändler in USA und in Europa, dazu einige Ratingagenturen, die politisch verantwortlichen Regierungen in Europa zu Geiseln genommen. Es ist kaum zu erwarten, dass Barack Obama viel dagegen ausrichten wird. Das Gleiche gilt für die britische Regierung. Tatsächlich haben zwar die Regierungen der ganzen Welt im Jahr 2008/2009 mit Garantien und mit dem Geld der Steuerzahler die Banken gerettet. Aber schon seit 2010 spielt diese Herde von hochintelligenten, zugleich psychose-anfälligen Finanzmanagern abermals ihr altes Spiel um Profit und Bonifikation. Ein Hazardspiel zulasten aller Nicht-Spieler, das Marion Dönhoff und ich schon in den neunziger Jahren als lebensgefährlich kritisiert haben.

Wenn sonst keiner handeln will, dann müssen die Teilnehmer der Euro-Währung gemeinsam handeln. Dazu kann der Weg über den Artikel zwanzig des geltenden EU-Vertrages von Lissabon gehen. Dort ist ausdrücklich vorgesehen, dass einzelne oder mehrere EU-Mitgliedsstaaten »...untereinander eine verstärkte Zusammenarbeit begründen«. Jedenfalls sollten die an der gemeinsamen Euro-Währung beteiligten Staaten gemeinsam für den Euro-Raum durchgreifende Regulierungen ihres gemeinsamen Finanzmarktes ins Werk setzen. Von der Trennung zwischen normalen Geschäftsbanken und andererseits Investment- und Schattenbanken bis zum

Verbot von Leerverkäufen von Wertpapieren auf einen zukünftigen Termin, bis zum Verbot des Handels mit Derivaten, sofern sie nicht von der offiziellen Börsenaufsicht zugelassen sind – und bis hin zur wirksamen Einschränkung der den Euro-Raum betreffenden Geschäfte der einstweilen unbeaufsichtigten Ratingagenturen.

Natürlich würde die globalisierte Bankenlobby abermals alle Hebel dagegen in Bewegung setzen. Sie hat ja schon bisher alle durchgreifenden Regulierungen erfolgreich verhindert. Sie hat für sich selbst ermöglicht, dass die Herde ihrer Händler die europäischen Regierungen in die Zwangslage gebracht haben, immer neue »Rettungsschirme« erfinden zu müssen – und sie durch »Hebel« auszuweiten. Es wird hohe Zeit, sich dagegen zu wehren. Wenn die Europäer den Mut und die Kraft zu einer durchgreifenden Finanzmarkt-Regulierung aufbringen, dann können wir auf mittlere Sicht zu einer Zone der Stabilität werden. Wenn wir aber hier versagen, dann wird das Gewicht Europas weiter abnehmen – und die Welt entwickelt sich in Richtung auf ein Duumvirat zwischen Washington und Peking.

Für die unmittelbare Zukunft des Euro-Raumes bleiben gewisslich all die bisher angekündigten und angedachten Schritte notwendig. Dazu gehören die Rettungsfonds, die Verschuldungsobergrenzen und deren Kontrolle, eine gemeinsame ökonomische und fiskalische Politik, dazu eine Reihe von jeweils nationalen steuerpolitischen, ausgabenpolitischen, sozialpolitischen und arbeitsmarktpolitischen Reformen. Aber zwangsläufig wird auch eine gemeinsame Verschuldung unvermeidbar werden. Wir Deutschen dürfen uns dem nicht national-egoistisch versagen.

Wir dürfen aber auch keineswegs für ganz Europa eine extreme Deflationspolitik propagieren. Vielmehr hat Jacques Delors recht, wenn er verlangt, mit der Gesundung der Haushalte zugleich wachstumsfördernde Projekte einzuleiten und zu finanzieren. Ohne Wachstum, ohne neue Arbeitsplätze kann kein Staat seinen

Haushalt sanieren. Wer da glaubt, Europa könne durch Haushalts-
einsparungen oder Steuererhöhungen allein gesund werden, der
möge gefälligst die schicksalhafte Wirkung von Heinrich Brünings Deflationspolitik der Jahre 1930/32 studieren. Sie hat eine
Depression und ein unerträgliches Ausmaß an Arbeitslosigkeit
ausgelöst und sie hat damit den Untergang der ersten deutschen
Demokratie eingeleitet.

Eigentlich muss man nicht so sehr den Sozialdemokraten Solidarität predigen. Denn die deutsche Sozialdemokratie ist seit
anderthalb Jahrhunderten internationalistisch gesinnt gewesen –
in viel höherem Maße als Generationen von Liberalen, von Konservativen oder von Deutsch-Nationalen. Wir Sozialdemokraten
haben zugleich an der Freiheit und an der Würde jedes einzelnen
Menschen festgehalten. Wir haben zugleich festgehalten an der
repräsentativen, der parlamentarischen Demokratie. Diese Grundwerte verpflichten uns heute zur europäischen Solidarität.

Gewiss wird Europa auch im 21. Jahrhundert aus Nationalstaaten bestehen, jeder mit seiner eigenen Sprache und mit seiner
eigenen Geschichte. Deshalb wird aus Europa gewiss kein Bundesstaat werden. Aber die Europäische Union darf auch nicht zu
einem bloßen Staatenbund verkommen. Die Europäische Union
muss ein dynamisch sich entwickelnder Verbund bleiben. Es gibt
dafür in der ganzen Menschheitsgeschichte kein Beispiel. Wir
Sozialdemokraten müssen zur schrittweisen Entfaltung dieses Ver-
bundes beitragen.

Auch als alter Mann halte ich immer noch fest an den drei
Grundwerten des Godesberger Programms der SPD: Freiheit, Ge-
rechtigkeit, Solidarität. Dabei denke ich übrigens, dass heute die
Gerechtigkeit vor allem auch Chancengleichheit für Kinder, für
Schüler und für junge Leute insgesamt verlangt.

Wenn ich zurückschaue auf das Jahr 1945 oder zurückschauen
kann auf das Jahr 1933 – damals war ich gerade 14 Jahre alt gewor-

den –, so will mir der Fortschritt, den wir bis heute erreicht haben, als fast unglaublich erscheinen. Der Fortschritt, den die Europäer seit dem Marshall-Plan 1948, seit dem Schuman-Plan 1950, den wir dank Lech Walesa und Solidarność, dank Václav Havel und der Charta 77, den wir dank jener Deutschen in Leipzig und Ostberlin seit der großen Wende 1989/91 heute erreicht haben.

Wenn heute der größte Teil Europas sich der Menschenrechte und des Friedens erfreut, dann hatten wir uns das weder 1918 noch 1933 noch 1945 vorstellen können. Lasst uns deshalb dafür arbeiten und kämpfen, dass die historisch einmalige Europäische Union aus ihrer gegenwärtigen Schwäche standfest und selbstbewusst hervorgeht!

Pflicht zur Solidarität *(2012)*

*Die Krise Europas sei noch lange nicht überwunden, schrieb
Helmut Schmidt zum Jahreswechsel 2012/13, auch wenn viele
inzwischen wieder etwas optimistischer in die Zukunft blickten.
Er beklagte mangelnde Führung, das Fehlen einer strengen
Bankenregulierung und auch die Mitschuld der Medien, denen
das Thema Europa offensichtlich zu langweilig sei. Ohne ein
stärkeres Engagement aller Bürger in Europa drohe die Strahlkraft des europäischen Modells langsam zu verblassen.*

Am Ende des Jahres meint mancher, in Europa sei das
Schlimmste überstanden. Dass die Leute ein bisschen opti-
mistischer werden, ist ganz nützlich. Aber in Wirklichkeit ist die
Staatsschuldenkrise noch nicht beseitigt. Die Jugendarbeitslosig-
keit in Griechenland oder in Spanien ist ungelöst. Ein unerhörtes
Versagen unserer Gesellschaften insgesamt, und das schließt die
Deutschen, die Franzosen und die anderen EU-Mitglieder ein.

Wenn überhaupt einer in diesem Jahr 2012 erfolgreich Krisenbe-
wältigung betrieben hat, dann war es Mario Draghi, der Präsident
der Europäischen Zentralbank. Er hat in großem Umfang Staatsanleihen gekauft – was er eigentlich nicht soll. Das ist relativ in-
flationsfrei geschehen. Alle deutsche Angstmacherei vor einer drohenden Inflation war überflüssig. Die Regierungen dagegen haben
sich bisher der Staatsschuldenkrise nicht gewachsen gezeigt. Ein
Gipfel nach dem anderen, aber immer noch keine Lösung. Frau
Merkel gibt sich alle Mühe, die große Abschreibung griechischer

Schulden auf die Zeit nach der Bundestagswahl zu verschieben. Vielleicht gelingt ihr das – sicher ist es nicht.

Was fehlt, ist Führung. Aber die kann nicht von allen 27 Mitgliedern der EU-Kommission kommen. Gegen diesen Mangel an Führung sollte das Europäische Parlament aufbegehren. Es könnte sich zum Beispiel Anfang des Jahres 2013 der mittelfristigen EU-Finanzplanung verweigern. Ein solcher »Putsch« der Abgeordneten gegen die Kommission würde die Debatte über die Kompetenzen des Europäischen Parlaments mit Sicherheit voranbringen.

Jedes der offenen Probleme in Europa ist letztlich ein Ruf nach Reform. Die gemeinsame Bankenaufsicht funktioniert noch lange nicht. Eine wirksame Regulierung der globalen Finanzmärkte gibt es nicht, trotz der grundlegenden Beschlüsse am Ende des Jahres 2008. Es gibt sie auch nicht im Euro-Raum. Es gibt sie deshalb nicht, weil alle mitreden wollen. Es fehlen aber Personen vom Format Churchills oder de Gaulles, es fehlen Personen vom Typus Jacques Delors oder Raymond Barre. Es fehlen Leute, die nicht nur Resolutionen verfassen, sondern die das, was in den Resolutionen steht, hinterher auch tatsächlich durchsetzen. Deshalb konnten die Investmentbanker und die von ihnen bezahlten Rating-Agenturen zu Herren der Weltpolitik werden. Sie verstehen immer mehr von immer weniger – und produzieren Schrecken.

Entscheidend ist die Rolle der Medien. Die europäischen Zeitungen berichten darüber, dass einer der 27 Kommissare die Zigarettenpackungen noch abschreckender machen möchte. Das ist eine von tausend Nachrichten, die breitgetreten werden. Immer kommen neue Meldungen aus Brüssel. Aber sie betreffen weniger die Staatsschuldenkrise, sondern vielmehr Lappalien, drittrangiges Zeug. Das Missvergnügen an der EU, das sich in Europa ausgebreitet hat, haben die Medien erzeugt. Die Analyse ist für den Tagesjournalismus nicht interessant genug.

Dabei gibt es wahrhaftig wichtige Themen. Beispielsweise den Sozialstaat. Er ist die große kulturelle Errungenschaft der Europäer im 20. Jahrhundert. Wegen der Überalterung und der Schrumpfung der europäischen Gesellschaften bedarf der Wohlfahrtsstaat aber der Reform.

Die Amerikaner werden das europäische Vorbild nicht übernehmen, noch weniger die Chinesen. Aber de facto werden beide gezwungen sein, ihre eigene Art von Wohlfahrtsstaat zu errichten. Das wird ein langer Prozess, der dreißig Jahre und mehr dauern kann. In China findet ein ungeheurer Urbanisierungsprozess statt. Deshalb werden die Chinesen gezwungen sein, eine Alters- und Krankenversorgung für das ganze Volk zu schaffen.

Dagegen verblasst die Strahlkraft des europäischen Gesellschaftsmodells, auch wegen der undurchsichtigen Zukunft der Europäischen Union. Vor zwanzig Jahren haben die Europäer in Maastricht voller Begeisterung jeden weiteren Staat, der das wollte, eingeladen, Mitglied in der EU zu werden. Damals hatte die Europäische Union zwölf Mitglieder, heute zählt sie mehr als doppelt so viele. Jeder will mitreden, jeder soll deshalb einen Kommissar stellen. Tatsächlich liegt die politische Entscheidungsmacht bei den Regierungschefs und ihren Finanzministern.

Weil Führung fehlt, weist manch einer in Europa den Deutschen diese Rolle zu. Wir sollten uns aber vor einer solchen deutschen Führungsrolle hüten! Denn einerseits verlangt zwar mancher diese Führung; wenn die EU aber nicht funktioniert, wird man den Deutschen dafür die Schuld geben.

Führen kann in Europa bis heute allein das deutsch-französische Tandem. Doch nur, wenn die entscheidenden Personen es wollen. Frau Merkel ist sozialisiert worden in der gerechtfertigten grundsätzlichen Ablehnung der kommunistischen Diktatur. Sie hat damals in Richtung der Freiheitsstatue von New York geblickt. Die Notwendigkeit der Zusammenarbeit mit den Franzosen und den übrigen europäischen Nachbarn, insbesondere mit den Polen, hat sie erst nach der großen Wende 1990 erkannt. Sie ist zu einer Europäerin aus Vernunft geworden – ihr Finanzminister Wolfgang Schäuble aber ist ein Europäer aus Vernunft und aus ganzem Herzen.

Ein wichtiger Teil unserer Überschüsse kommt aus dem Export von Kriegswaffen; Deutschland ist heute deren drittgrößter Exporteur auf der Welt – ein unangenehmer Rekord! Viele Deutsche fühlen sich für Menschenrechte auf der Erde mitverantwortlich. Wem es damit ernst ist, sollte gegen die hohen deutschen Kriegswaffenexporte protestieren.

Als uralter Mann beschäftige ich mich wenig mit dem Jahr 2013, sondern ich denke in zukünftigen Jahrzehnten. Und ich tue das auf der Basis der Erfahrung aus der Zeit seit Adenauer, seit de Gaulle, seit Churchill. Der hielt 1946 eine große Rede in Zürich, wo er seinen französischen Kriegskameraden gesagt hat, ihr müsst euch mit den Deutschen vertragen, und ihr müsst gemeinsam die Vereinigten Staaten von Europa errichten. Übrigens hat Churchill auch gesagt, wir Engländer machen natürlich nicht mit, denn wir haben ja unser Commonwealth. Heute sind die Engländer beinahe schon wieder so weit.

De Gaulle wäre das wahrscheinlich ganz recht, er wollte die Engländer nicht drinhaben in Europa. Ich war damals anderer Meinung, weil hamburgisch anglophil erzogen. Allerdings habe ich Anfang der sechziger Jahre längst gewusst, dass ohne Frankreich alles gar nichts ist. Und inzwischen weiß ich, dass es auch ohne Polen nicht geht. Ich war der erste deutsche Kanzler, der Auschwitz besucht hat. Auf dem Rückweg hat Herbert Wehner zu mir gesagt, man muss die Polen schon deshalb lieben, weil sie am stärksten von allen europäischen Völkern gelitten haben. Das war historisch nicht ganz richtig, denn die Juden hatten am meisten gelitten. Aber es waren zumeist polnische Juden; es waren auch französische Juden, auch dänische Juden, es waren die Juden aus ganz Europa. Trotzdem – der Hinweis auf die Leiden des polnischen Volkes, eingeklemmt zwischen Russland, Österreich und Preußen, der war richtig.

Es gibt eine moralische Pflicht zur Solidarität unter uns Europäern; seit zwanzig Jahren steht sie im Grundgesetz. Das solidarische Hauptmotiv für die Aufnahme Griechenlands in die EU war, die griechische Demokratie zu stützen; denn die Griechen hatten es aus eigener Kraft fertiggebracht, ihre Militärdiktatur zu beseitigen. Heute ist Solidarität mit dem griechischen Volk genauso nötig wie damals.

Solidarität verträgt sich schlecht mit politischem Machtgebaren. Der von mir hoch verehrte Julius Leber, der 1945 von den Nazis umgebracht worden ist, hat gesagt: »Der Wille zur Macht muss aus der Pflicht gegenüber der Gemeinschaft erwachsen.« Der Wille zur Macht ist vielfältig vorhanden. Jedoch die Pflichten gegenüber der europäischen Gemeinschaft bedürfen künftig eines weit größeren Engagements aller Beteiligten.

Europa jetzt!

Ein Gespräch zwischen
Helmut Schmidt und Joschka Fischer
moderiert von Matthias Naß *(Die Zeit)*

Joschka Fischer: Als der erste Beitrag dieses Bandes erschien, im Juni 1948, war ich zwei Monate alt. Wir führen hier also ein Gespräch über Europa, das zwei Generationen umfasst. Schon damals – es ging um das Ruhrstatut – sah der junge Helmut Schmidt darin eine große Integrationschance für Europa und weniger eine Bedrohung für Deutschland. Die damalige sozialdemokratische Parteiführung war »not amused«. Ich muss sagen, es hat richtig Vergnügen gemacht, diese alten und älteren Texte zu lesen, insbesondere die Bundestagsreden. Was auffällt, ist eine sich über die Jahrzehnte hinweg durchziehende proeuropäische historische Linie. Die findet man heute – egal in welcher Partei – so kaum noch. Es gibt in Deutschland zwar regelmäßig Rückgriffe auf das, was man den Grundbestand an Europa-Sprüchen nennen kann – in stark dogmatisierter Form –, aber können Sie sich an eine Europa-Debatte seit Ausbruch der Krise 2008 erinnern, in der – ob von rechts oder von links – in einer historischen Perspektive versucht wurde, deutsche Politik einzuordnen? Wo wollen wir hin, was müssen wir ändern, was wollen wir behalten? Ich kann mich nicht erinnern, dass es so etwas bisher gegeben hat. Alle sprechen mehr oder weniger denselben Text, ohne wirklich klarzumachen, in welche Richtung Deutschland agieren soll.

Helmut Schmidt: Mich stimmt die gegenwärtige Lage in Europa pessimistisch. Es steht in keiner Bibel geschrieben, dass die Europäische Union in ihrer heutigen Gestalt das Ende des 21. Jahrhunderts erlebt. Sie kann durchaus zerfasern, weil sich die Regierungschefs über den Ernst der Lage überhaupt nicht im klaren sind. Das 20. Jahrhundert hat die Weltbevölkerung vervierfacht, und der Anteil der Europäer an dieser Weltbevölkerung nimmt konstant ab, bei gleichzeitig zunehmender Überalterung: Das ist der Kern des Problems. Ich vermute mal, dass während meiner Lebenszeit, das heißt in den letzten 95 Jahren, die durchschnittliche Lebenserwartung um zwölf bis fünfzehn Jahre gestiegen ist. Noch 1914 starb die Masse der Leute, die einen Anspruch auf Rente hatten, lange vor Erreichen des Rentenbeginns.

Fischer: Na, nicht nur 1914. Bei mir in der Grundschule – Volksschule hieß es damals – hat nur *ein* Vater die gesetzliche Altersgrenze erreicht; alle anderen sind vorher gestorben. Weil nur Männer den Vollanspruch hatten – die Frauen waren ja nur neben- oder gar nicht erwerbstätig, die meisten waren Hausfrauen –, hieß das für die Frauen, die in der Regel älter wurden, dass sie mit 40 Prozent Witwenrente oder wie viel auskommen mussten.

Schmidt: Das Witwengeld war ziemlich schmal bemessen, und das offizielle Renteneintrittsalter war der siebzigste Geburtstag. Deshalb war die Rente eine ganz billige Sache damals: Jeder musste einzahlen, und niemand kriegte was raus.

Fischer: Jedenfalls nicht sehr viele. Und vergessen wir nicht die vielen Heimatvertriebenen, die nicht aus dem früheren Deutschen Reich kamen, sondern aus Ländern, wo es keine Bismarck'sche Sozialgesetzgebung gab; von denen hatten viele nur ganz geringe Renten-Anwartschaften. Dann gab es auch viele Selbständige, die überhaupt nie eingezahlt hatten. Meine Mutter musste mit 54 Jahren, nachdem mein Vater vom Schlag getroffen bei der Arbeit umfiel, als nicht qualifizierte Kraft im Supermarkt arbeiten gehen.

Schmidt: Was hat denn Ihr Vater gemacht?

Fischer: Metzger.

Schmidt: Richtig!

Fischer: Er hatte eine eigene Metzgerei gehabt, in Ungarn.

Schmidt: Wann sind Sie aus Ungarn weggegangen?

Fischer: 1946, nach der Potsdamer Konferenz.

Schmidt: 1946 – da waren Sie noch ein kleines Kind.

Fischer: Ich war noch nicht auf der Welt. Ich bin geboren im April 1948 – ein Kind der Hoffnung, gezeugt im heißen Sommer 1947. Das Leben geht weiter …

Schmidt: Wie ist es möglich, dass sich Ungarn in den letzten Jahren vom Westen weg entwickelt hat?

Fischer: Die Ungarn sind ein merkwürdiges Volk. Ich kann es nur darauf zurückführen, dass sie sich isoliert fühlen, zu keiner der großen europäischen Sprachgruppen gehören …

Schmidt: Das gilt aber auch für die Finnen und die Esten.

Fischer: Ja, aber die leben ganz am Rande des Kontinents; die Ungarn leben in dessen Mitte, umgeben von der slawischen, der germanischen und der romanischen Sprachgruppe. Hinzu kommt, dass das jüdische Bürgertum durch die Nazis vertrieben oder vernichtet wurde, und die Juden hatten in Ungarn eine wichtige Mittlerfunktion inne. Die Weltläufigkeit der jüdischen Bourgeoisie, die in Budapest, aber auch in vielen anderen Städten Ungarns eine entscheidende Rolle gespielt hat, fehlt heute, und auch deshalb ist der Nationalismus, auf den man zurzeit in Ungarn trifft, so dumpf.

Schmidt: Frau Loah und ich sind in diesem Sommer mit der Donaudampfschifffahrt bis ins Eiserne Tor und zurück gefahren, wir passierten Budapest auf der Hinfahrt am Tage und auf der Rückfahrt bei Nacht, und was mir aufgefallen ist, war die unglaubliche Schönheit der hell erleuchteten beiden Ufer.

Fischer: Budapest ist die einzige Stadt an der Donau, die sich getraut hat, diesen riesigen Fluss in die Mitte zu nehmen. Alle anderen Städte wenden sich von dem Strom eher ab, indem sie sich an dem einen oder dem anderen Ufer ausbreiten, Wien zum Beispiel ...

Schmidt: Wien, Bratislava ...

Fischer: Ich bin öfters in Warschau, und wenn Sie Warschau mit Budapest heute vergleichen, dann ist Budapest die weitaus schönere Stadt, aber man denkt, die Wende war gerade vorgestern, während Warschau eine große Dynamik ausstrahlt, auch Modernität; man merkt, da ist etwas in Bewegung geraten, während in Budapest vieles sehr starr und vergangenheitsbezogen wirkt.

Schmidt: Wir Mitteleuropäer verstehen von der Geschichte Ungarns seit dem Zweiten Weltkrieg nicht genug, wir wissen zum Beispiel kaum etwas über den ungarischen Aufstand 1956 und dessen Folgen.

Fischer: Oh, der war für mich sehr wichtig, da war ich acht Jahre alt. Es war faktisch noch die Vor-Fernsehen-Zeit – es gab zwar schon Fernseher, aber nur sehr vereinzelt –, und ich erinnere mich, wie meine Eltern am Radio hingen, die Mutter weinte, der Vater hatte auch gerötete Augen. Es gab noch viel Verwandtschaft in Ungarn, auch in Budapest, und die Sorge war groß. Aus Kinderperspektive war das eine der großen Krisen, die ich durchaus als prägend bezeichnen würde.

Schmidt: War Ihnen denn der Name des Mannes geläufig, der als Führer des Aufstandes angesehen wurde und den sie später umgebracht haben?

Fischer: Imre Nagy – ja. Und auch der militärische Führer, Pál Maléter, war mir ein Begriff. Dann die Befreiung von Kardinal Mindszenty aus dem Gefängnis – die Bilder sind mir noch sehr präsent.

Schmidt: Wie hieß der Mann, der dann Ministerpräsident wurde?

Fischer: János Kádár.

Schmidt: Den Kádár habe ich ganz gut gekannt; er hat eine selt-

314

same Entwicklung durchgemacht. Ich erinnere mich an ein Gespräch mit ihm in der zweiten Hälfte der siebziger Jahre im Auto in Bonn; da konnte er sicher sein, dass keiner mithörte, und da fragte er mich plötzlich: »Sagen Sie mal, Herr Schmidt, was muss ich machen, wenn ich auf die Dauer Ungarn in die Europäische Gemeinschaft führen möchte?«

Fischer: Es war gut, dass er das im Auto gesagt hat! Wäre das bekannt geworden, hätte es ihn Kopf und Kragen gekostet.

Schmidt: Genau das habe ich ihm gesagt: »Wenn Sie das im Ernst verfolgen, dann spielen Sie mit Ihrem Leben!« Genau so habe ich es formuliert. Das also war der Mann, der wahrscheinlich mitschuldig war am Tod von Imre Nagy, und jetzt, zwanzig Jahre später, wollte er nach Europa. Er war Europa jedenfalls sehr viel mehr zugewandt als etwa Tito, dessen Politik eindeutig darum bemüht war, die Mitte zu halten zwischen der Sowjetunion und dem Westen.

Die Zeit: Die Ungarn haben 1989 bei der Überwindung der europäischen Teilung eine besonders wichtige und konstruktive Rolle gespielt, als sie den Grenzzaun nach Österreich durchschnitten. Ist das, was man jetzt erlebt, in gewisser Weise ein Rückfall hinter die damalige Haltung? Herr Schmidt nennt in den vorliegenden Aufsätzen immer wieder drei Staaten in Osteuropa, deren schnelle Aufnahme in die EU er für wünschenswert hielt: Polen, Tschechien und Ungarn. Fällt aus der Perspektive des Jahres 2013 Ungarn nicht eindeutig zurück?

Fischer: Aus meiner Sicht wird Orbán die Ungarn ein weiteres Jahrzehnt kosten, weil er aus persönlichen und innenpolitischen Gründen auf Renationalisierung setzt – übrigens auch in der Wirtschaft, wenn man die Automobilindustrie ausklammert. Das mag für eine gewisse Zeit die innenpolitische Macht stabilisieren, aber für Ungarn ist es ein, wie ich finde, tragischer Rückfall. In der Frage einer Revision von Trianon sind nämlich alle anderer Meinung als die Ungarn. Eine Revision von Trianon wird es nicht geben, aber damit spielt Orbán, und insofern isoliert er Ungarn. Vergleicht man Ungarn mit der Slowakei, ist die Slowakei weit voraus – bei allen Problemen, die die Slowakei auch hat.

Schmidt: Ihre Erwähnung von Trianon, das war 1920 einer der so genannten Pariser Vorortverträge …

Fischer: … spielt heute in Ungarn nach wie vor eine zentrale Rolle.

Schmidt: … muss eine Riesenrolle spielen, denn niemand ist in den Pariser Vorortverträgen schlechter behandelt worden als die Ungarn. Die Slowakei, das Burgenland, Kroatien, Dalmatien, Slawonien, das Banat, Siebenbürgen – all das haben sie damals verloren.

Fischer: Aber alle anderen sind der Meinung, dass eine Revision von Trianon nicht infrage kommt. Alle anderen, alle direkten und indirekten Nachbarn – von den Großmächten ganz zu schweigen.

Schmidt: Ich bleibe dabei: Es gibt niemanden, der noch schlechter behandelt worden ist als die Ungarn in den Pariser Vorortverträgen – einschließlich uns Deutschen. Wir Deutsche sind glimpflich davongekommen, wenn man den Versailler Vertrag ins Verhältnis setzt zu der Art und Weise, wie mit den Ungarn umgegangen wurde.

Fischer: Was den Versailler Vertrag angeht, habe ich eine klare Haltung. Er war für die Deutschen hart, aber er war nicht hart genug, wenn man bedenkt, dass die Militärkaste unbeschadet davongekommen ist und zwanzig Jahre später Europa erneut in einen Weltkrieg stürzte.

Schmidt: Der Versailler Vertrag war in sich falsch, weil er einen falschen Ansatz verfolgte, nämlich die dauerhafte Marginalisierung Deutschlands. Aber ich stimme Ihnen zu: Wenn man dieses Ziel verfolgte und Deutschland auf Dauer kleinhalten wollte, hätte man konsequenter sein müssen. – Bleiben wir noch kurz bei Trianon. Es gibt viele Ungarn in der Slowakei, es gibt noch mehr Ungarn auf rumänischem Boden und auf serbischem Boden – wenn nicht auch auf bosnischem Boden, das weiß ich nicht; wahrscheinlich gibt es auch Ungarn in Slowenien und Kroatien.

Fischer: Kroatien ja, Slowenien weiß ich nicht. Ein großes Problem zwischen den drei Ländern bis heute ist jedenfalls die starke ungarische Minderheit in der Südslowakei, die mehrere Hunderttausend Köpfe zählt, und in Rumänien. Die Geschichte spielt da eine wichtige Rolle, und was von außen ähnlich erscheint, erweist sich bei näherer Betrachtung oft als sehr unterschiedlich.

Die Zeit: Und bringt oft unerwartete Antworten hervor. Hat 1989 irgendjemand damit gerechnet, dass sich die Tschechoslowakei aufspaltet?

Fischer: *(an Schmidt gewandt)* Haben Sie damit gerechnet? Ich nicht.

Schmidt: Nein.

Die Zeit: Wie ist es aus Ihrer Sicht zu erklären, dass die drei Länder, von denen Sie zu Recht gesagt haben, sie müssten als erste nach Europa – Polen, Ungarn, die Tschechoslowakei –, einen so unterschiedlichen Weg gegangen sind? Hat wenigstens Polen die Erwartungen erfüllt?

Schmidt: Polen ist durch die Situation nach den beiden Weltkriegen in eine spezielle Bredouille gebracht worden. Aus Sorge vor übermächtigen Nachbarn sowohl an ihrer West- als auch an ihrer Ostgrenze richtete sich die Hoffnung der Polen auf Amerika. Die Polen haben schon immer gern nach USA geguckt; wenn Sie nach Milwaukee gehen oder nach Chicago, da wimmelt es von Polen. Aus dieser Sorge vor zwei übermächtigen Nachbarn hat sich vor allem in den ersten Jahren nach der Wende mancher europakritische, nationalistische Ton eingeschlichen – denken Sie an die Reden der Brüder Kaczynski.

Fischer: Also ich finde, Polen ist beeindruckend und wird – das dauert noch eine Zeit – in Europa eine wichtige Rolle spielen. Da Sie die Kaczynskis angesprochen haben: Als die regierten, haben sich die Deutschen – und zwar ohne dass je darüber geredet wurde und über alle Parteigrenzen hinweg – sehr klug verhalten, indem sie nichts sagten. Es gab offensichtlich ein instinktives Gefühl, da liegt etwas quer, das aus der Geschichte kommt, aus der Zeit des Zweiten Weltkriegs, das muss in Polen gelöst werden; wir müssen das ertragen und müssen da jetzt durch. Geduld und ein schweigendes Verständnis für die Situation sind oft das Vernünftigste, und das hat sich auch in diesem Fall als richtig erwiesen. Inzwischen ändert sich durch eine junge Generation nicht nur das Deutschlandbild in Polen – ich bin oft in Polen –, sondern auch das Europabild hat sich massiv geändert, weil die Hoffnungen gegenüber Amerika enttäuscht wurden, vor allem in der Bush-Ära und im Zusammenhang mit dem Irak. Hinzu kommen die segensreichen Auswirkungen gemeinsamer Agrarpolitik. Der polnische Bauer, der euroskeptisch war, wenn nicht gar gegen Europa, hat erkannt, dass er vom gemeinsamen Markt profitiert, so einfach ist das. Insofern gibt es in Polen heute sehr spannende Veränderungen, die viel Hoffnung machen. Was fehlt, ist eine starke demokratische Linke, das ist das Problem in vielen osteuropäischen Ländern.

Die Zeit: Würden Sie sagen, dass an der ehemaligen Nahtstelle zwischen den Blöcken allmählich etwas zusammenwächst? Und wenn dem so ist, lässt sich daraus dann der Schluss ziehen, dass wir Deutsche es im Hinblick auf Polen, Tschechien und Ungarn alles in allem richtig gemacht haben?

Schmidt: Die Europäische Union ist gegenwärtig gefährdet durch die Unfähigkeit der Regierungen, sich über ihre Finanzen und

318

ihre Banken zu einigen. Dagegen sind die historischen Remi-
niszenzen, über die wir uns eben ausgetauscht haben, relativ be-
langlos.

Fischer: Es sind zwei unterschiedliche Ebenen. Ich bleibe mal auf
der regionalen Ebene und verweise auf die großen europäischen
Wirtschaftsräume. Werfen Sie einen Blick an die deutsche West-
grenze, was sich da entwickelt hat in dem Dreieck zwischen
Nordrhein-Westfalen, Belgien und den Niederlanden. Da sind
Wirtschaftsräume entstanden, die jahrhundertelang durch Grenzen zerschnitten waren. Ähnlich ist das im Großraum Wien, der
heute von Linz über Bratislava bis Budapest reicht. Die Mitgliedschaft in der EU, der gemeinsame Markt und der Wegfall
der Grenzkontrollen spielen für das Entstehen solcher Wirt-
schaftsregionen eine große Rolle, und ich zweifle nicht, dass wir
mit Polen eine ganz ähnliche Entwicklung bekommen werden.
Wenn Sie heute in Tegel landen, spüren Sie sofort, dass Tegel für
Westpolen der zentrale internationale Flughafen ist – nicht Warschau, sondern Berlin. Die Sachsen erzählen ähnliches aus dem
Grenzverkehr sowohl mit Tschechien als auch mit Schlesien.
Dass sich unter den neuen Bedingungen die alten Verbindungen
wieder auftun, finde ich eine sehr interessante Entwicklung.

Schmidt: Es ist mehr eine Folge der allgemeinen Globalisierung
des Wirtschaftens als ein Fortschritt in der europäischen Integration.

Fischer: Der Wegfall der Grenzkontrollen spielt eine nicht zu
unterschätzende Rolle, auch psychologisch; man fährt einfach
mal rüber.

Schmidt: Der entscheidende Punkt ist die Sprache. Die Sprache
bleibt ein enormes Hemmnis für das Zusammenwachsen. Tatsächlich werden alle grenzüberschreitenden Unternehmungen,
auch die kleinen und mittelständischen, auf Englisch geführt.
Englisch ist die Weltsprache geworden, auch innerhalb der Eu-

ropäischen Union, auch bei einem Geschäft zwischen Sachsen und Polen.

Fischer: Dabei hilft, dass viele jüngere Polen in England und in Irland gelebt und gearbeitet haben. Großbritannien hatte seinen Arbeitsmarkt ja früh geöffnet, zu einer Zeit, als unserer nur bedingt offen war, und das macht sich jetzt positiv bemerkbar, denn viele Polen sind während der Krise in ihre Heimat zurückgegangen.

Schmidt: Heute arbeiten Hunderttausende Polen in Deutschland; sie sind genauso zuverlässig wie Deutsche. Ich selbst habe zwei polnische Pflegerinnen, die rund um die Uhr da sind. Alle sechs Wochen wechseln sie sich ab. Die eine stammt aus Torun, dem ehemaligen Thorn, also aus Westpolen, die andere stammt aus Südostpolen, nahe der Grenze zur Slowakei. Beide haben ihre Häuser und ihre Familien in Polen, und wenn die sechs Wochen um sind und die andere übernimmt, dann fahren sie nach Hause.

Fischer: Im Großraum Berlin sind polnische Unternehmen und Arbeitskräfte eine Selbstverständlichkeit.

Schmidt: Gibt es Statistiken zur Anzahl der polnischen Beschäftigten in Deutschland? Ich meine nicht die offiziell Beschäftigten, die kann man nachsehen, ich meine die, die nicht offiziell hier sind, die Saisonarbeiter, die Leute am Bau, die Putzhilfen. Ihre Zahl muss weit über eine Million hinaus gehen, vermute ich.

Fischer: Weil es sich für beide Seiten rechnet, solange die Wechselkurse zusätzlichen Gewinn abwerfen. In dem Moment, wo Polen dem Euro beitreten würde, wäre es damit vorbei. In Polen gibt es bereits heute ukrainische Saisonarbeiter.

Schmidt: Schon vor dem Zweiten Weltkrieg war es übrigens ganz selbstverständlich, dass Polen als Saisonarbeiter zur Ernte nach Deutschland kamen. Loki und ich haben 1943 zum Beispiel in einer polnischen Schnitterkaserne bei Bernau gewohnt, nachdem wir hier in Hamburg ausgebombt worden waren. Schnitter nannte man die Erntearbeiter, und wie eine Kaserne sah das Gebäude eigentlich nicht aus, hieß aber so. Bei Fliegeralarm trafen sich alle im Keller, und da redeten die Frauen polnisch miteinander. Schon ihre Eltern waren Saisonarbeiter gewesen, die zur Erntezeit nach Deutschland gingen.

Die Zeit: Herr Schmidt, Sie haben zu Anfang dieses Gespräches gesagt, es stehe nirgendwo geschrieben, dass die Europäische Union am Ende des 21. Jahrhunderts in ihrer gegenwärtigen Form noch existiert. Wie bedrohlich ist die gegenwärtige Krise, wie tief reicht sie, und kann sie sich existenzgefährdend auswirken?

Schmidt: Ich kann mich da nur wiederholen. Im Jahr 1950, das ist jetzt über sechzig Jahre her, lag der Anteil der Europäer an der Weltbevölkerung bei weniger als 20 Prozent, knapp einem Fünftel; weitere fünfzig Jahre früher, um 1900, war der Anteil sogar noch etwas höher gewesen. Im Jahr 2050, das ist noch knapp vierzig Jahre hin, wird der Anteil der Europäer unter zehn Prozent liegen, vielleicht bei neun Prozent. Wenn ich mir vorstelle, wie das Verhältnis im Jahr 2100 aussehen wird, wird mir schwarz vor Augen. Hinter der politischen Krise, die wir gegenwärtig in Europa erleben, steckt also eine demographische Krise. Und die demographische Krise bringt mit sich eine Verminderung des europäischen Anteils am Weltsozialprodukt. Der Anteil der Europäer lag 1950 bei 30 Prozent und wird im Jahr 2050 vermutlich unter zehn Prozent des Weltsozialprodukts liegen. Warum? Weil alle anderen, mit der Ausnahme Japans und Russlands, gewaltig gewachsen sind und weil sie alle produzieren. Und weil sie inzwischen auf europäischem und amerikanischem Niveau produzieren – gucken Sie nur nach China oder Indien – und dabei viel billiger sind, wachsen sie zu ernsthaften Konkurrenten heran. Ich vermute, dass der durchschnittliche chinesische Arbeiter, real gerechnet, weniger als die Hälfte dessen verdient, was ein europäischer Arbeiter verdient.

Fischer: Was Sie gerade beschreiben, ist von der Politik bisher kaum zur Kenntnis genommen worden, nämlich dass mit dem Ende des Kalten Krieges eine globale Zäsur stattgefunden hat, die man eine fortschreitende Entwestlichung nennen könnte. Die Globalisierung ist gewissermaßen ein Vehikel gewesen, die westlichen Jahrhunderte, die Jahrhunderte der europäischen Vorherrschaft, an ihr Ende zu führen. Heute beobachten wir einen Transfer des Wohlstands von West nach Ost, der unumkehrbar scheint. Infolgedessen werden die Parameter der politischen und wirtschaftlichen Weltordnung zu Beginn des 21. Jahrhunderts völlig anders dekliniert, als die Europäer das aus den vergangenen zwei Jahrhunderten gewohnt sind. Das hat seine positiven und seine negativen Seiten. Positiv ist, dass die Europäer nicht mehr machtvoll genug sind, um ihre Probleme weltweit zu exportieren, was sie ja seit Kolumbus eigentlich immer gemacht haben. Die Rivalitäten um Machtzuwachs in Europa wurden global ausgetragen, sobald sich die Möglichkeit dazu bot. Das ist vorbei, das ist positiv. Aber damit ist den alten europäischen Mächten meines Erachtens auch die Grundlage jeder Machtpolitik entzogen. Ich glaube nicht, dass einzelne europäische Nationen – und jetzt reden wir nur von den drei Großen, Frankreich und Großbritannien als Sicherheitsratsmitgliedern und Deutschland als der stärksten Wirtschaft in Europa – heute noch jene Größenordnung erreichen, die im 21. Jahrhundert wirklich entscheidet. Gewicht hat Europa nur als Ganzes. Aber dieses Europa ist jetzt in seiner schwersten Krise seit dem Beginn des europäischen Einigungsprojekts, und ich sehe bei den gegenwärtigen politischen Führungen der Mitgliedsstaaten – vorneweg Deutschland und Frankreich – nicht die intellektuelle

Kraft, die erforderlich wäre, den Europa-Gedanken so voranzutreiben, wie es jetzt, zu Beginn des 21. Jahrhunderts, nötig wäre und wie es noch in Ihrer Generation, aber auch noch unter Kohl und Mitterrand selbstverständlich war.

Die Zeit: Haben wir also eine Führungskrise in Europa?

Schmidt: Wie Sie es nennen wollen, ist mir egal. Die Tatsache, dass wir nicht einmal einen erstklassigen Mann an der Spitze der Europäischen Kommission in Brüssel haben, spricht Bände. Wir haben Europa einfach schlecht organisiert. Die Folge ist, dass die Vereinheitlichung von Verpackungen den meisten Politikern dringlicher erscheint als die Frage, wie wir mit den Folgen der demographischen Entwicklung fertigwerden.

Fischer: Meine Beobachtung ist, dass Deutschland mitverantwortlich ist für diese Entwicklung, weil es seine traditionelle Rolle innerhalb der Europäischen Union ein Stück weit aufgegeben hat. Deutschland war in allen Stadien der europäischen Integration, gemeinsam mit Frankreich, in einer Vorreiterrolle gewesen. Wir haben zwar immer auch an unsere nationalen Interessen gedacht, aber wir haben nie den Ehrgeiz gehabt, von einem Gipfel in Brüssel nach Hause zu kommen und uns dafür öffentlich loben zu lassen, wie viel wir aus Brüssel mitgebracht haben. Wir haben gegeben, wir haben genommen, und es war nicht zu unserem Schaden, ganz im Gegenteil.

Sie haben in einer Ihrer Bundestagsreden erwähnt, dass Frankreich zum Souveränitätsverzicht immer nur bedingt bereit war. Wir sind jetzt in einer Situation, in der das deutsch-französische Verhältnis neu definiert wird. Ich sehe nicht, was passieren würde, wenn die Deutschen ihre traditionelle Rolle aufgeben, Europa zu finanzieren. Ich erwarte da nichts Gutes! Das hat Deutschland – genauer gesagt, Westdeutschland – immer gemacht, zum eigenen Nutzen, wie ich noch mal betone; es war nicht milde christliche Nächstenliebe, sondern politisch ausgesprochen klug, den eigenen Nutzen gemehrt zu haben, indem man Europa finanzierte. Das wird meines Erachtens in Zukunft nicht mehr gehen, wenn Frankreich nicht bereit ist, den Schritt zu weiterem Souveränitätsverzicht zu machen, denn ich sehe nicht, egal in welcher politischen Konstellation, dass es mit Deutschland ein Maastricht II geben wird, das heißt materielle Vergemeinschaftung ohne wirkliche politische Vergemeinschaftung.

Es ist eine eigentümliche Dialektik. Deutschland und Frankreich sind sich heute näher denn je – und doch so weit voneinander entfernt. Man steht mehr und mehr Rücken an Rücken, auch in der Kultur. Welche Rolle hat früher das französische Kino in Deutschland gespielt! Und auch die Literatur. Man hat den Eindruck, der Rhein ist breiter geworden, obwohl er heute viel leichter zu überqueren ist. Eine merkwürdige Dialektik.

Schmidt: Frau Merkel würde wahrscheinlich nie auf die Idee kommen, die für mich eine Leitidee war, heute vor vierzig Jahren: Nichts ohne Frankreich! Das war ein unausgesprochener Grundsatz für mich: Nichts ohne Frankreich! Deswegen habe ich zum Beispiel auf französischen Wunsch der Aufnahme Griechenlands in die Europäische Union zugestimmt. Ich habe gewusst, dass Griechenland kein Staat war, mit dem man sich Unter den Linden sehen lassen kann. Ich war nicht der Meinung, dass Griechenland reif war, in den gemeinsamen Markt aufgenommen zu werden, aber Giscard war überzeugt: Jetzt haben die aus eigener Kraft die Militärdiktatur abgeschafft – ebenso die Spanier, ebenso die Portugiesen –, jetzt müssen wir ihnen dadurch beistehen, dass sie uns beitreten. Diese Position macht auch heute noch Sinn für mich. Also, die Vorstellung »Nichts ohne Frankreich«, die gibt es bei Frau Merkel nicht.

Die Zeit: Sind Frankreich und Deutschland heute noch diejenigen, auf die es ankommt, vielleicht mehr denn je? Und wenn das so ist, muss dann Deutschland angesichts der momentanen französischen Schwäche nicht mehr Führungsverantwortung übernehmen?

Fischer: Es geht hier nicht um Führungsverantwortung, schon gar nicht um die alleinige von Deutschland. Ganz im Gegenteil gilt der von Helmut Schmidt eben erwähnte vierzigjährige Grundsatz »Nichts ohne Frankreich!« heute mehr denn je, wenn Europa einen Weg aus der Krise finden soll. Deutschland muss seiner traditionellen Rolle gerecht werden, den europäischen Einigungsprozess zu finanzieren, und zwar gemeinsam mit Frankreich. Ich glaube, der entscheidende Punkt, an dem Deutschland seine traditionelle Rolle aufgegeben hat, war, als Angela Merkel sagte, in dieser Krise muss jeder für sich selbst zu Hause aufräumen. Das war der Beginn jener unseligen Renationalisierung, die wir heute überall in der EU finden können. Das war für mich der entscheidende Moment. Und was meinen Sie mit französischer Schwäche? Wir unterschlagen gern den französischen Anteil – wir zahlen nicht allein! Den zweitgrößten Anteil bestreitet Frankreich, aber das nimmt hierzulande kaum noch jemand wahr. Und Italien den drittgrößten in der Währungsunion.

Herr Schmidt hat in dem ersten Aufsatz, der in diesem Band veröffentlicht wird, am Beispiel des Ruhrstatuts nachvollziehbar gemacht, um was es geht: um die Integration Deutschlands in ein gemeinsames Europa. Statt einer nationalistischen oder revanchistischen Alternative haben Sie eine Integrationsidee entwickelt, die das Ruhrstatut als Instrument begriffen hat für eine Vergemeinschaftung der strategisch wichtigen Stahl- und Montanindustrie, wie es ja dann auch historisch der Fall war. Die europäische Idee machte sich damals letztendlich an der Überwindung des deutsch-französischen Widerspruchs, an der Überwindung dieser Erbfeindschaft fest. Und daran hat sich meines Erachtens durch alle Erweiterungsrunden hindurch nichts verändert, das gilt bis heute.

Die Zeit: Alles, was Sie sagen, würde Frau Merkel sofort unterschreiben – nichts ohne Frankreich.

Schmidt: Da bin ich mir nicht sicher. Eines der aktuellen Probleme Europas ist die enorm hohe Jugendarbeitslosigkeit; in Spanien sind mehr als 50 Prozent aller jungen Leute ohne Arbeit, und das Gleiche gilt für Griechenland, das Gleiche gilt *nota bene* für Zypern, und auch in Italien gibt es mindestens 35 Prozent Jugendarbeitslosigkeit. Das ist das akute Problem. Was notwendig wäre, wäre ein gemeinsames europäisches Programm, um der Jugendarbeitslosigkeit zu Leibe zu rücken. Das ist eine Zeitbombe, von der man nicht weiß, wann sie explodiert, aber dass sie explodieren könnte, davon bin ich leider überzeugt. Und ich bin davon überzeugt, dass man gemeinsam etwas tun müsste. Aber Frau Merkel ist davon nicht überzeugt. Frau Merkel ist der Meinung, die Südländer sollten gefälligst ihren Arbeitsmarkt und ihre Sozialversicherung und ihr Ausbildungssystem auf richtige Füße stellen, jeder nach seinem eigenen Gusto. – Wenn ich noch ein Wort zur Führungsverantwortung sagen darf: Deutschland ist zu schwach, um zu führen, nicht so sehr aus ökonomischen Gründen oder aus demographischen Gründen, sondern zu schwach wegen Auschwitz und wegen der fabrikmäßigen Ermordung von sechs Millionen europäischen Juden. Deutschland ist zu schwach wegen dieser entsetzlichen Erbschaft. Das Problem der Deutschen ist zu führen, ohne als Führer zu erscheinen.

Fischer: Und dafür ist Europa die perfekte Bühne! Wenn wir unsere nationalen Interessen zu europäischen machen und sozusagen als die Promotoren für Europa erscheinen, tun wir für uns selbst das Beste, auch in der Außen- und Sicherheitspolitik. Das geht mal leichter, mal weniger leicht, Europa ist nie nur die Summe seiner Teile. Aber wenn man nur seinen nationalen Standpunkt durchsetzen will und nicht bereit ist, dem anderen zuliebe einen Schritt zu machen – wie Sie eben am Beispiel

Ihres Disputs mit Giscard wegen Griechenland gezeigt haben –, dann wird es schwer.

Die Jugendarbeitslosigkeit ist ein besonders dramatischer Teil einer allgemeineren Krise. Ich sehe nicht, wie die Krisenländer wirklich rauskommen sollen aus einer langfristigen Rezession oder gar Depression, ohne dass man zum Beispiel eine Altschulden-Regelung ins Auge fasst. Jetzt haben wir das Paradox: Je mehr die Griechen sparen, desto tiefer geraten sie in die Verschuldung, weil durch die Austeritätspolitik die Wirtschaft schrumpft und damit die Schulden ansteigen. Die Altschulden-Regelung ist eine Frage, die von uns permanent vertagt wird, aus Gründen, die auf der Hand liegen – das würde etwas kosten. Genauso brauchen wir eine gemeinsame Neuverschuldungsperspektive, also das, was sich hinter dem Begriff Eurobonds verbirgt, oder wie immer man das Kind auch nennen mag. Sonst werden die Krisenländer im Süden tiefer in die Verschuldung rutschen, und damit wird die Depression zunehmen. Und genauso wenig wie aus Mecklenburg-Vorpommern Baden-Württemberg wird oder aus Sachsen-Anhalt Bayern, genauso wenig werden Portugal oder Griechenland eine deutsche Automobilwirtschaft haben oder den deutschen Maschinenbau. Und damit bin ich beim dritten Punkt: Es wird auch ohne Transfers nicht gehen.

Schmidt: Ich bin Ihrer Meinung.

Die Zeit: Das hieße Länderfinanzausgleich auf europäischer Ebene, also doch letztlich gemeinsame Schuldenregelung.

Fischer: Ja.

Die Zeit: Frau Merkel tritt in den entscheidenden Momenten immer auf die Bremse und sagt dann, ich muss die Bevölkerung mitnehmen. Dafür ist sie jetzt grandios wiedergewählt worden.

Fischer: Sie könnten auch sagen, die Grünen und die Sozialdemokraten haben Frau Merkels Politik immer mitgetragen

– was ich bitte nicht kritisiere! – und wurden dafür abgestraft. Aber so einfach lässt sich die letzte Bundestagswahl nicht interpretieren.

Die Zeit: Aber warum haben alle Parteien bis auf eine das Europa-Thema aus dem Wahlkampf ausgeblendet? Weil man damit keine Stimmen gewinnt?

Fischer: Ja, das dachten sie alle, aber das halte ich für Quatsch.

Schmidt: Das europäische Thema war nicht nur aus dem Wahlkampf ausgeblendet, es war auch aus anschließenden Koalitionsverhandlungen ausgeblendet. Runde für Runde haben sie sich da über sozialpolitische und arbeitsmarktpolitische Randthemen wie Mindestlohn unterhalten. Das europäische Thema ist zehnmal so wichtig wie das Thema Mindestlohn, aber Mindestlohn war das große Thema.

Fischer: Schlimmer noch! Wenn es stimmt, was zu lesen war, dass bei einem der ersten Treffen der drei Parteivorsitzenden von CDU, CSU und SPD Mindestlohn gegen Eurobonds aufgerechnet wurde, dann kann man für Europa nur schwarzsehen.

Die Zeit: Frau Merkel steht in Europa gut da – kritisch gesehen von vielen, aber auch als die Frau, die Europa vertritt wie niemand anders.

Schmidt: Sie vertritt Europa nicht. Das würde ich nicht unterschreiben. Zurzeit ist die Zentralbank unter Mario Draghi die einzige Instanz in ganz Europa, die vernünftig funktioniert.

Fischer: Und die führt. Mit Billigung der Staats- und Regierungschefs einschließlich unserer Kanzlerin. Die Europäische Zentralbank ist ja eigentlich nicht für die Fiskalpolitik vorgesehen, aber faktisch reicht das, was Draghi macht, weit in die Fiskalpolitik hinein. Man wollte diese Fragen nach Frankfurt schieben, um das Thema zu entpolitisieren, weit weg von den Wählern zu halten.

Die Zeit: Es ist doch ganz clever, die politische Verantwortung abzuwälzen auf Institutionen und Instanzen, die dafür nicht vorgesehen sind. Aber bringt es auch voran?

Fischer: Es bringt schon voran, aber es ist eine Notlösung, und je länger Sie an einer Notlösung festhalten … Wenn Ihr Haus brennt, setzen Sie es unter Wasser, um ein vollständiges Niederbrennen zu verhindern. Aber wenn Sie es zu lange unter Wasser setzen und nach der Löschung nicht bald mit dem Abpumpen beginnen, kriegen Sie ein Problem. In dem Zustand befinden wir uns gegenwärtig, nur sehen die meisten Menschen noch nicht die Schäden, die das Löschwasser von Herrn Draghi anrichtet. Wenn jetzt nicht neue, quasi gouvernementale Strukturen, mit demokratischer Verantwortung gekoppelt, langsam die Aufgabe übernehmen – so etwas können meines Erachtens nur Frankreich und Deutschland anschieben –, dann, fürchte ich, werden wir an einem nicht allzu fernen Tage an der ganzen Rettungsaktion noch ersaufen.

Schmidt: Mir fällt ein Beispiel aus den siebziger Jahren ein. Damals war Italien in der Bredouille, nahe an einem Staatsbankrott, und brauchte dringend Geld. Karl Klasen, der damalige Bundesbankchef, und ich waren uns über den Ernst der Lage völlig im klaren und einig darin, dass man helfen musste. Und dann haben wir etwas erfunden, was es nicht gab, nämlich einen zwischenstaatlichen Kredit. Es war eine Riesensumme damals, ich glaube zwei Milliarden Dollar, als Kredit der Bundesbank an die Banca d'Italia – unter Umgehung des Parlaments. Die Herren von der Bundesbank bestanden darauf, dass Italien sein Gold verpfändete, aber die Italiener sind wieder auf die Beine gekommen, konnten ihr Gold behalten und haben zurückgezahlt. Die Eurobonds könnte man heute auf ähnliche Weise organisieren.

Die Zeit: Es hat in dieser Europakrise bereits Situationen gegeben, wo das Parlament eigentlich keine Mitsprache mehr hatte, weil es von der Regierung unter erheblichen zeitlichen Druck gesetzt wurde.

Fischer: Da muss ich widersprechen. Der Zeitdruck war ja kein feiges Komplott der Bundesregierung, um demokratische Entscheidungsstrukturen auszuhebeln, sondern entsprach der Dramatik der objektiven Situation.

Die Zeit: Jürgen Habermas hat im Zusammenhang mit der Krise immerhin den Vorwurf des Postdemokratischen erhoben: Es habe eigentlich nur noch die Exekutive gehandelt, genau genommen nur noch Frau Merkel. Ist es nicht in der Tat ein Problem, dass die Entscheidungskompetenzen im Europäischen Rat liegen, also weder bei der Kommission noch im Europaparlament, sondern bei den nationalen Regierungen? Die Krise war sozusagen die Stunde der Exekutive.

Fischer: Es war die Stunde der Währungsunion und nicht der EU 27 – Gott sei Dank auch nicht die Stunde der Bundesbank. Denn wäre es nach der Bundesbank gegangen, gäbe es den Euro nicht mehr. Wäre es nach den EU 27 gegangen, wäre keine Entscheidung rausgekommen, das muss man auch sehen. Es war die Stunde der Währungsunion, und die Währungsunion hat nun mal ein massives politisches Defizit, da entscheiden die nationalen Parlamente, nicht das Europaparlament.

Ich will noch eine Nachbemerkung machen zu der traditionellen deutschen Rolle, Europas Einheit zu finanzieren. Diese Rolle war bisher nur einmal begrenzt: in den späten neunziger Jahren durch die Kosten der deutschen Einheit. Selbst die Regierung Kohl konnte am Ende nicht mehr so großzügig sein, weil aufgrund dieser nationalen Anstrengung die finanziellen Spielräume Deutschlands erheblich reduziert waren. Für uns war das eine schwierige Phase. Im März 1999, als wir die Ratspräsidentschaft übernahmen und den siebenjährigen Haushalt verhandeln mussten, hat sich Jacques Chirac gegenüber Gerhard Schröder bei den Verhandlungen in Berlin nicht gerade wie ein Gentleman benommen, um es mal diplomatisch zu formulieren.

Schmidt: Chirac ist nie ein Europäer geworden.

Fischer: Im Verhältnis zu seinem Nachfolger Sarkozy war er ein französischer Staatschef in seinen europäischen Widersprüchen. Mit Sicherheit war er kein Giscard.

Schmidt: Er war auch nicht ein Mitterrand, ein gewandelter Mitterrand.

Fischer: Wobei ich mir bei Mitterrand, ehrlich gesagt, nicht so sicher bin, wie weit er sich wirklich gewandelt hat. Ich kannte ihn nicht, aber das, was ich über ihn und seine Politik gelesen habe, lässt mich zweifeln. Er war gewiss von der deutsch-französischen Aussöhnung überzeugt, aber ob ihn das gleichzeitig zu einem Europäer gemacht hat? In seiner beeindruckenden letzten Rede im Straßburger Europaparlament hat er diesen Satz, der mir nicht aus dem Kopf geht, gesagt: Le nationalisme c'est la guerre – der Nationalismus, das ist der Krieg. Und da steckt viel Vermächtnis drin. Aber ob er deswegen zu einem Europäer geworden ist ...

Schmidt: Er war jedenfalls in einem stärkeren Maße ein Europäer geworden, als sein Nachfolger Chirac je gewesen ist. Ihr habt ja Glück gehabt, dass ihr euch getroffen habt mit Chirac in der Ablehnung der Beteiligung am zweiten Irakkrieg.

Fischer: Ja! Seitdem liefen die Dinge anders, bis dahin waren sie sehr schwierig. Sehr schwierig, weil viel Misstrauen mit hineinspielte.

Schmidt: Wann musstet ihr euch entscheiden, Deutschland am zweiten Irakkrieg nicht zu beteiligen?

Fischer: Ich kannte die amerikanischen Neokonservativen nicht. Als ich sie dann kennenlernte im Zusammenhang mit Afghanistan und dem 11. September stellte ich fest, das waren keine Konservativen, sondern das waren ehemalige Linksradikale, die jetzt konservativ waren, aber sie lebten noch immer in der Vorstellung, man könnte mit Krieg und bewaffneter Intervention die Welt zu einer besseren machen, und das führte eben weg vom 11. September und hin zum Irak. Schröder und ich waren recht früh der Meinung, dass wir ein großes Problem bekommen, weil wir da nicht mitmachen können. Die Verfassungslage bei uns war klar, und es gab keine Fakten, die die Geheimdienste oder wer auch immer hätten beibringen können, dass Saddam Hussein mit Al Qaida irgendetwas zu tun hatte – im Gegenteil, die beiden waren damals Todfeinde. Bei uns fiel die Entscheidung vor dem Eintritt in die parlamentarische Sommerpause 2002, und zwar Anfang Juli. Es gab einen deutsch-französischen Gipfel, zu dem wir gemeinsam im Hubschrauber flogen, und zwar von Berlin nach Schwerin, und vorher hatten wir uns noch zum Frühstück getroffen im Beisein des außenpolitischen Beraters von Gerhard Schröder, und da haben wir darüber gesprochen. Ich habe dem Kanzler gesagt, dass ich für uns keine Möglichkeit sehe, und ich könnte dafür auch nicht eintreten, weil ich überhaupt nicht überzeugt sei. Er sah das nicht nur ähnlich, sondern genauso.

Schmidt: Und wann habt ihr erfahren, dass die Franzosen es aus ihren Gründen ähnlich beurteilten?

Fischer: Es gab eine lange Phase, in der wir sehr unsicher waren, wie sich Frankreich entscheiden würde – eigentlich bis Februar 2003. Chirac hat im Hinblick auf die innenpolitische Situation bei uns sehr lange eine Festlegung vermieden; im September 2002 standen Bundestagswahlen an, und die Unionsparteien hatten ihm offensichtlich signalisiert, er solle keine Festlegungen treffen. Es gab aber auch Gründe, die in der französischen Diplomatie lagen. Im späten August, während des Wahlkampfes, kam es zu einem Treffen in Hannover im Privathaus von Bundeskanzler Schröder, bei dem Chirac immer noch im Unklaren blieb, und das hat natürlich unsererseits das Misstrauen geschürt. Meine große Sorge war, dass wir am Ende allein im Sicherheitsrat sitzen mit unserer Ablehnung, vielleicht gemeinsam mit den Syrern, und das wäre nicht gegangen. Es ging bis in den Februar 2003, bis zur Münchner Sicherheitskonferenz; da hat es das Kanzleramt dann geschafft, Putin und Chirac mit uns zusammenzubringen, aber bis dahin war es eine offene Frage.

Schmidt: Das heißt, diese Unsicherheitsphase hat mehr als ein halbes Jahr, fast ein Dreivierteljahr gedauert.

Fischer: Ja. Chirac hat zwar immer in unsere Richtung argumentiert, aber eine definitive Festlegung immer vermieden. Er ging wohl davon aus, dass wir im September 2002 bei den Bundestagswahlen verlieren – es sah ja nicht gut für uns aus.

Schmidt: Schröders Rede in Goslar hat ohne Zweifel geholfen.

Fischer: Ohne Zweifel. Aber ich hätte die Festlegung von Goslar so nicht gemacht; ich glaube, sie war nicht nötig, um die Wahlen zu gewinnen. Was Schröder gemacht hat in Goslar, war zu sagen, egal was der Sicherheitsrat entscheidet, wir sind nicht dabei. Das war der springende Punkt, und wenn wir wirklich isoliert gewesen wären, wären wir in eine ...

Schmidt: Dann wäre die Regierung auseinandergegangen.

Fischer: Ich hätte da nicht mitgemacht.

Die Zeit: Wenn der Vizekanzler gesagt hätte »Ohne mich«, wäre Schröder aufgrund seiner vorzeitigen Festlegung sozusagen ...

Fischer: Ich möchte da jetzt nicht zu sehr ins Detail gehen. Die Lage war die: Wir hatten Koalitionsverhandlungen im Herbst 2002, und diese Koalitionsverhandlungen sind sehr unglücklich verlaufen. In Wirklichkeit haben alle erwartet, dass die Reformen, die dann im März 2003 unter dem Begriff Agenda 2010 vom Bundeskanzler verkündet wurden, ein Ergebnis der Koalitionsverhandlungen sein würden. Das waren sie aber nicht. Sondern der Bundeskanzler war nach den Bundestagswahlen für seine Verhältnisse nach links gerückt, und da hat er viel an öffentlichem Kredit verloren, sodass am Ende sein Nein zum Irakkrieg der einzige Nagel war, an dem seine Glaubwürdigkeit hing. Da konnte er nicht von weg, unter keinen Umständen, das hätte ihn politisch jeden Kredit gekostet. Andererseits, Deutschland zu isolieren hätte bedeutet, in eine Lage zu geraten, in der wir seit 1949 nicht gewesen waren. Gegen alle unsere westlichen Partner zu stimmen, war nicht möglich.

Die Zeit: Die Situation im Vorfeld des zweiten Irakkrieges hat deutlich gemacht, dass die Europäische Union nicht handlungsfähig war. Auf der einen Seite Schröder und Chirac, auf der anderen Seite die »Koalition der Willigen«, wie die Amerikaner das nannten, Blair, Aznar, Berlusconi, die Polen. Europa war gespalten. Ist die Europäische Union außen- und verteidigungspolitisch überhaupt handlungsfähig?

Schmidt: Nein, das ist sie nicht. Sie ist es nicht mehr gewesen seit Maastricht.

Die Zeit: Wie kann sie es wieder werden?

Schmidt: Das kann sie nicht wieder werden, weil sie dazu die Verträge ändern müsste. Die Änderung der Verträge ist unausweichlich, aber in diesem Jahrzehnt wird sie nicht mehr zustande kommen. Es gibt im Lissabonner Vertrag die Klausel, dass es unter bestimmten erheblich einschränkenden Bedingungen erlaubt ist, dass einzelne Mitglieder miteinander verabreden können, enger zusammenzuarbeiten. Auf der Grundlage dieser Klausel ist eine ganze Menge an gemeinsamer Finanzpolitik denkbar. Eine gemeinsame Außen- und Sicherheitspolitik auf Basis dieser Klausel ist sehr unwahrscheinlich.

Fischer: Aber es ginge, denn es gibt eine Extraklausel im verteidigungspolitischen Bereich, der eine strukturierte Zusammenarbeit im militärischen Bereich zulässt; da könnte man sicherheits- und außenpolitisch ansetzen. Ich sehe keine Vertragsänderung, da stimme ich Ihnen völlig zu, Herr Schmidt, aber es muss vorangehen. Gerade jetzt, bedingt durch die Krise, hat eine Neuverteilung der Aufgaben in der Europäischen Union stattgefunden, und dabei hat sich faktisch die Eurogruppe als Avantgarde herausgebildet. Die EU von 2009 war eine andere als die, die sie heute ist; denken Sie nur an die überragende Rolle Draghis und der EZB, die faktisch Regierungsaufgaben mit übernommen haben. Es gibt viele gravierende Veränderungen, die im Rahmen der existierenden Verträge eingetreten sind, und das finde ich eine sehr spannende Entwicklung.

Die Zeit: Sind solche Veränderungen *de facto* auch im Bereich der Außen- und Sicherheitspolitik denkbar?

Fischer: Ich sehe eine große Chance darin liegen, die aber nicht genutzt wird, weil sich Deutschland zurückgezogen hat auf eine Rolle, die weder mit London noch mit Paris eine engere Zusammenarbeit zulässt. Und Amerika ist mittlerweile offensichtlich egal, ob die Europäer zu einer gemeinsamen Haltung finden oder nicht.

Die Zeit: Waren wir in der Außenpolitik, gerade in Ihrer Zeit, nicht schon mal weiter? Wir haben Verantwortung auf dem Balkan übernommen, wir haben uns an dem Einsatz in Afghanistan beteiligt. Die Bundeskanzlerin und der noch amtierende Außenminister scheinen zu gar nichts mehr bereit, im Augenblick spielt Deutschland außen- und sicherheitspolitisch eine so passive Rolle wie zu Genschers Zeiten. Woran liegt das?

Schmidt: Woran das liegt, ist eindeutig. Es sind zu viele Leute in der EU, die rumquatschen, aber zu wenige Leute, die wissen, wovon sie reden. Ein handlungsfähiger Verein von 28 gleichberechtigten Mitgliedern ist eine Unmöglichkeit. Die Kompetenz, neue Mitglieder aufzunehmen, lag und liegt bei der Kommission, und die hat davon phantastischen Gebrauch gemacht und den Verein über Nacht mehr als verdoppelt. Die Kommission ist zuständig für alle Aufgaben der Währungsunion und gleichzeitig für die Aufgaben der Europäischen Union, das sind beinahe doppelt so viele. Ich hab in Erkenntnis dieser Tatsache neulich zu Martin Schulz gesagt, ich möchte mir einen Putsch des Europäischen Parlaments wünschen.

Fischer: Das europäische Parlament ist nicht »putschfähig«, Herr Schmidt. Was Ihre Kritik an der zu schnellen Erweiterung der EU angeht, sehe ich das etwas anders. Wie war die Lage nach dem Fall von Mauer und Stacheldraht? Für die Osteuropäer gab es eine klare Ansage: rein in die Nato, rein in die EU. Das war der neue Stabilitätsrahmen. Ich sehe nicht, dass eine kleine Erweiterung möglich gewesen wäre. Etwa die Balten draußen zu lassen, hätte eine klare Ansage an Russland bedeutet: So ernst ist es uns nicht.

Schmidt: In meinen Augen war es ein Fehler, alle gleichzeitig in die EU und in die Nato aufzunehmen – eine von beiden Mitgliedschaften hätte gereicht.

Fischer: Das sehe ich anders. Es waren zwei unterschiedliche Stränge. Der Nato-Beitritt war zuerst; Deutschland hat dabei sehr viel Druck gemacht, Verteidigungsminister Volker Rühe an der Spitze, und dann haben die Amerikaner darauf gedrungen, es auf breiter Grundlage zu machen. Was die EU angeht, so sehe ich nicht, wie das hätte funktionieren sollen, hier eine kleine Gruppe, dann da wieder eine kleine Gruppe; ich sehe nicht, wie die Staats- und Regierungschefs bei ihren unterschiedlichen Interessen da je einen Konsens hätten erzielen können. Im übrigen waren da auch die Interessen Frankreichs und Deutschlands sehr gegensätzlich.

Schmidt: Der Fehler ist in Maastricht gemacht worden, da wurde jedermann eingeladen, Mitglied der EU zu werden, und gleichzeitig wurde jedermann eingeladen, Mitglied des Währungsverbunds zu werden. Das Letztere war falsch, solange man gleichzeitig keine fiskalischen Regeln einführte. Und dann hat man auch noch die Türkei in den Status eines künftigen Mitglieds der EU gehoben!

Fischer: Ja, da war ich sehr dafür, weil ich der Meinung bin, dass wir jedes strategische Interesse an der Modernisierung der Türkei haben; es ging darum, den Modernisierungsschub zu unterstützen, den die Türkei gebraucht hat. Und dazu bedurfte es des Inputs der Europäischen Union insbesondere im Rechtsbereich; die Reform des Rechtssystems der Türkei ist einer der wesentlichen Beiträge, die die Europäische Union geleistet hat. Ob das dann später zur Vollmitgliedschaft führt oder nicht, war nicht der entscheidende Punkt und ist für mich eine offene Frage.

Schmidt: Verhandlungen können eines Tages zur Vollmitgliedschaft führen. Dann muss man wissen, dass die Türken sehr zeugungsfreudig sind und es vor dem Ende des 21. Jahrhunderts hundert Millionen Türken geben wird.

Fischer: Wobei mit Beginn der Modernisierung die Geburtenrate auch in der Türkei abgeflacht ist, das darf man nicht unterschätzen. Die Türkei ist heute eine andere, sie hat sich dramatisch gewandelt, nicht nur im Großraum Istanbul oder an der Mittelmeerküste, sondern sehr stark jetzt auch in den Metropolen in Anatolien. Umso bitterer ist es, wenn man sieht, wie der Premierminister seine eigenen Erfolge infrage stellt.

Schmidt: Es gibt zwei Faktoren, die unveränderlich bleiben. Der eine ist das Kurdenproblem – das sind immerhin 15 Millionen, vielleicht ein paar mehr –, und der andere ist die Tatsache, dass die Masse der Türken muslimisch ist. Letzteres ist der noch wichtigere Faktor. Die Aufnahme der Türkei in die Europäische Union bedeutet Freizügigkeit für alle Türken, und die werden mit zig Millionen nach Mitteleuropa drängen.

Fischer: Ich glaube, dass kurzfristig niemand daran denkt, dass es so weit kommt. Fakt ist, dass wir jetzt schon die Rückwanderung gut ausgebildeter junger Deutschtürken erleben, die einfach genug davon haben, dass sie permanent in ihrer Identität infrage gestellt werden. Die sind in Berufen tätig, die sehr nachgefragt und gut bezahlt sind. Das strategische Interesse an der Türkei, das wir haben, macht sich nicht fest an der Frage der Vollmitgliedschaft, ja oder nein. Ob es so weit kommt – ich wiederhole es nochmals –, das weiß ich nicht, ja, ich bezweifle mittlerweile sogar, dass die Mehrheit der Türken noch ein Interesse an der Vollmitgliedschaft hat. Nichtsdestotrotz wird die Türkei für Europa wirtschaftlich und strategisch ein zentraler Partner in dieser Krisenregion sein, und insofern hat die Beitrittsperspektive, die ja heute faktisch eingefroren ist, unter Modernisierungsgesichtspunkten sehr viel gebracht. Es wurde mir von verschiedener Seite in der Türkei bestätigt, dass die Status-Verbesserung in Kopenhagen der entscheidende Punkt war.

Die Zeit: Das bedeutet aber doch – trotz aller Bekenntnisse zur Türkei –, dass Sie den Beitrittsgesprächen kein positives Ergebnis einräumen.

Fischer: Doch, doch! Das ist nicht der Punkt. Ich weiß nur nicht, ob es so weit kommen wird. Erst einmal finde ich es vernünftig, dass die Kultusminister sich jetzt endlich geöffnet und entschieden haben, islamischen Religionsunterricht so zu organisieren wie anderen Religionsunterricht auch, dass an den Universitäten jetzt islamische Theologie angeboten wird. Im übrigen haben wir das Problem des Islams durch Zuwanderung überall in Europa. Bei uns werden die islamischen Zuwanderer eher aus der Türkei kommen, in Frankreich eher aus dem Maghreb, in Großbritannien vom indischen Subkontinent, in Skandinavien, in Benelux, in Italien, überall haben wir das gleiche Phänomen – Spanien hat schon heute eine sehr starke muslimische Zuwanderung. Das hat nicht direkt mit der Frage der Mitgliedschaft der Türkei zu tun; das Problem eines europäischen Islam ist da, und es wird nicht wieder verschwinden, sondern es wird eher zunehmen.

Schmidt: Vor neunzig Jahren begründete Kemal Atatürk die laizistische Türkei, aber im Laufe der Jahre, die seither vergangen sind, hat eine Reislamisierung der Türken stattgefunden. Und im Jahr 2050 wird der Islam in der Türkei eine größere Rolle spielen, als er sie im Jahr 2013 spielt. Deswegen kommt die Türkei für mich als Mitgliedsland der Europäischen Union nicht in Betracht. Aus ähnlichen Gründen gebe ich auch der Ukraine und Weißrussland keine Chance. Der älteste russische Staat war die Kiewer Rus, das heißt, Russland ist in der Ukraine begründet worden als Staat; seither hat die Ukraine zu Russland gehört, und da gehört sie auch im 21. Jahrhundert hin. Es handelt sich um eine Bevölkerung von knapp fünfzig Millionen – mehr als Polen –, und jeder Versuch, dem Putin auch noch die Ukraine wegzunehmen, ist Größenwahn. Wozu eigentlich? Nur um dieses unfähige Europa noch unfähiger zu machen? Ich habe nichts dagegen, wenn die Ukrainer und die Weißrussen sich am gemeinsamen Markt beteiligen wollen – das gilt auch für die Türken –, aber sie in diesen Verbund, der angeblich eine gemeinsame Außen- und Sicherheitspolitik betreibt, aufzunehmen, halte ich für dummes Zeug.

Fischer: Bei der Ukraine geht es gegenwärtig um ein Assoziierungsabkommen, das heißt um erleichterten Zugang zum gemeinsamen Markt. Entscheidend für mich ist, dass die postsowjetische Ordnung in Europa bestehen bleibt. Und dabei spielt die Unabhängigkeit der Ukraine eine zentrale Rolle. Ich glaube nicht, dass jetzt oder in absehbarer Zeit eine Entscheidung ansteht über die EU-Mitgliedschaft der Ukraine. Was Putin aber forciert, ist ihre Mitgliedschaft in der Eurasischen Union, und das würde die unabhängige Position der Ukraine erschüttern. Ich denke, wir Europäer haben jedes Interesse zu begreifen, dass die Unabhängigkeit der Ukraine die postsowjetische Ordnung stabilisiert. Nirgendwo wird das so gut verstanden wie in Polen.

Die Zeit: Das heißt, die Europäische Union hat ihre Grenzen erreicht. Was ist mit den Balkanstaaten?

Fischer: Ich bin der Meinung, dass man die Politik, die man auf dem Balkan begonnen hat, langfristig weiterführen muss, und zwar mit vollem Engagement. Man darf dort nicht den Eindruck entstehen lassen, die wollen uns gar nicht. Man mag über die Türkei und die Ukraine streiten, ob sie zu Europa gehören oder nicht, aber dass der Balkan Europa ist, und zwar ein ganz schwieriger Teil von Europa und mit großen Risiken behaftet, das werden die Europäer nicht vergessen dürfen. Für Frieden und Stabilität in dieser Region ist die Beitrittsperspektive nicht zu unterschätzen, und dazu zählt auch, Serbien die Möglichkeit einer Öffnung zu geben – das halte ich für dringend geboten.

Die Zeit: Wir haben die globalen Veränderungen, denen die Europäische Union seit Mitte der neunziger Jahre ausgesetzt ist, bisher nur gestreift. Dieser Themenkomplex lässt sich in der Frage zuspitzen: Welche Rolle spielt die Europäische Union zwischen den beiden Blöcken USA und China? Schafft sie es als dritte Kraft auf Dauer zu reüssieren, oder droht uns der Abstieg?

Schmidt: Da möchte ich noch etwas loswerden, was ich vorhin versäumt habe zu erwähnen, als wir über die demographische Explosion im 20. Jahrhundert sprachen. Ich meine die weltweite Verstädterung. Heute vor fünfzig Jahren waren Manila oder Shanghai Städte mit einer Bevölkerung im einstelligen Millionenbereich. Heute sind es in Manila über zwanzig Millionen, in Shanghai fast genau so viele. Noch mehr Menschen haben Sie in Mumbai, in São Paulo oder in Mexiko City – allesamt riesenhafte Städte. Noch vor einem halben Jahrhundert hat die Masse der

Menschheit mehr oder minder in Hütten oder kleinen Häusern gewohnt. Das ist lang vorbei. Am besten illustriert sieht man das in China, wo am Reißbrett Megastädte für dreißig Millionen Menschen entstehen; die Mehrheit der Bevölkerung wohnt dort inzwischen in Städten, und zwar nicht in Hütten, sondern in vielen Stockwerken übereinander. Die Mehrheit der Weltbevölkerung lebt heutzutage in Städten, und diese Verstädterung bringt mit sich das Problem der Regierbarkeit. Die Verführbarkeit der Massen durch elektronische Medien hat ein Ausmaß erreicht, das zur Zeit der Dörfer und der Hütten unvorstellbar gewesen ist. Jeder hat heutzutage theoretisch die Möglichkeit, politisch Stimmung zu machen und einen Einfluss zu nehmen, der weit über das hinausgeht, was vor sechzig oder siebzig Jahren der damalige Chefredakteur der *Zeit* sich vorstellen konnte. Was wir heute in Amerika erleben, nämlich die Funktionsunfähigkeit der Verfassung gegenüber dem Kongress, hätte sich ein amerikanischer Präsident vor dreißig Jahren auch nicht vorstellen können.

Fischer: Dieser Beschreibung kann man nur zustimmen. Das heißt aber, dass die Probleme von morgen auch eine ganz andere ökologische Dimension haben, denn die Verstädterung treibt natürlich auch den spezifischen Pro-Kopf-Verbrauch von nahezu allen Ressourcen in eine ganz andere Dimension. Ich bin dreißig Jahre jünger als Sie, aber auch meine Kindheit ist nicht durch tägliches Duschen bestimmt gewesen, sondern man wurde von der Mutter in einen Waschzuber gestellt, abgeseift und abgewaschen, abgetrocknet, und das war's. Einmal in der Woche oder einmal in vierzehn Tagen gab es ein Wannenbad, das teuer war, also gingen alle Kinder der Reihe nach durch. Nichts mit täglicher Dusche, nichts mit Spülmaschine oder Waschmaschine. Wenn nun der spezifische Pro-Kopf-Verbrauch an Energie, an Wasser, an allem, was dazugehört, die verstädterte Welt von morgen bestimmt, werden die Probleme enorm wachsen. Wenn man den Schweinefleisch-Verbrauch der Deutschen auf China umrechnet, steht man vor der Frage der Machbarkeit. Dennoch werden sich alle Nationen in exakt die Richtung entwickeln, die Sie gerade beschrieben haben.

Zu der Ausgangsfrage, welche Rolle Europa zwischen Amerika und China spielen wird: Was mir auffällt ist, dass unter dem Gesichtspunkt der Kreativität, was die Entwicklung von Neuem sowohl im zivilen, im kulturellen als auch im militärischen Bereich angeht, Amerika fast überall noch immer ein Monopol hat. Ob das Drohnen sind, der Übergang zu einer nicht mehr bemannten Luftstreitmacht, ob es die Unterhaltungselektronik ist, ob es die großen IT-Netzwerke sind, ob es Hollywood ist, ob es Suchmaschinen sind, was auch immer: Alles ist eine Erfindung Amerikas, die USA sind nach wie vor der Schrittmacher, und wenn sie diese Rolle halten können, werden sie nur schwer abzulösen sein. Ich sehe nicht, dass China oder Indien unter dem Gesichtspunkt der Kreativität schnell werden aufholen können; sie können nachahmen, aber ob sie in der Lage sind, selbst die zivilisatorischen Vorgaben zu machen, das bezweifle ich. Die Frage wird sein, was dabei aus uns Europäern wird.

Die Zeit: Aber eines wollen die Amerikaner immer weniger sein: die Weltordnungsmacht oder der Weltpolizist. Nach zehn Jahren Krieg ist Amerika diese Rolle herzlich leid.

Fischer: Und was ist die Alternative? Die Alternative wäre: keine Ordnungsmacht. Das erleben wir gerade im Nahen Osten. Lassen Sie mich eine provokante Frage stellen: Kann China seinen gewaltigen Ressourcenbedarf militärisch selbst sichern? Ich sage nein. China ist nicht in der Lage, seine Hauptschifffahrtswege offen zu halten, noch längere Zeit nicht. Wer tut das? Die US Navy! Das ist heute die Realität.

Schmidt: Ich will mal in die Geschichte zurückgehen. Heute vor über zweihundert Jahren hat Malthus die Welt beglückt mit der Theorie, dass wir irgendwann an die Grenze der Ernährung stoßen werden. Damals lebten auf der Erde weniger als eine Milliarde Menschen, inzwischen sind wir sieben Milliarden, und die werden fast alle immer noch ernährt, die Chinesen im übrigen besser als damals. Die Ernährung ist nicht das Problem. Das wirklich große Problem sehe ich in der Verführbarkeit städtischer Massen. Dabei fällt mir Gustave Le Bon ein, der vor mehr als hundert Jahren über die Psychologie der Massen geschrieben hat. Und wenn ich das übertrage auf den Zustand der Demokratie heute, dann könnte es sein, dass das 21. Jahrhundert eine Krise der Demokratie mit sich bringt. Die Demokratie ist eine gute Sache in meinen Augen – so gut, dass ich als alter Mann noch auf die Barrikaden gehen würde, wenn sie verteidigt werden müsste. Andererseits kann ich nicht darüber hinwegsehen, dass die Demokratie eine europäische Erfindung ist – erfunden in Athen, heute vor beinahe zweieinhalbtausend Jahren – und dass sie nur ganz kurze Zeit funktioniert hat. Funktioniert hat die athenische Demokratie deshalb, weil die Athener einen Perikles hatten, einen Führer – oder, wie Joschka Fischer mich jetzt verbessern würde, einen »leader«.

Fischer: Ja, da wir jetzt alle Englisch sprechen und es auf Englisch besser klingt.

Schmidt: Im Gegensatz zu Ihnen bin ich zunächst der Meinung, dass die Chinesen etwas im Hinterkopf haben. Die chinesische Zivilisation gibt es seit beinahe viertausend Jahren. Die ältesten chinesischen Schriftzeichen sind knapp viertausend Jahre alt, und sie werden heute noch benutzt, um die chinesischen Zeitungen damit zu füllen. Wenn Sie die Zeitungen lesen wollen, müssen Sie mindestens dreitausend Schriftzeichen einigermaßen beherrschen. Wenn Sie gebildet sein wollen, müssen Sie sechstausend Schriftzeichen kennen, die Gelehrten und Wissenschaftler haben wahrscheinlich zwölftausend Zeichen. Diese Zeichen sind uralt und werden heute genauso gelernt, wie sie früher gelernt worden sind, heute allerdings von der Mehrheit der Chinesen; alle verstehen Mandarin.

Die Zeit: Sie haben eben beide den Begriff Zivilisation verwendet. Sie, Herr Fischer, sprachen von dem zivilisatorischen Fortschritt, der durch die USA gewährleistet wird. Herr Schmidt spricht von der viertausendjährigen Zivilisation der Chinesen, der er auch für die Zukunft enormes Potenzial zutraut. Reden wir also von verschiedenen Dingen, wenn wir von Zivilisation reden?

Fischer: Nein. Man könnte vielleicht die These aufstellen, dass die Globalisierung die Großzivilisationen sehr viel mehr in den Vordergrund bringt, als das früher der Fall war, zur Zeit des europäischen Kolonialismus und der Nationalstaaten. Weil die Globalisierung Großräume geöffnet hat. Die arabisch-muslimische Welt ist ein anderes Beispiel einer solchen Großzivilisation, die erst durch die Globalisierung wieder in unseren Blick gerückt ist. Und in diesem Sinne würde ich heute auch von der transatlantischen Zivilisation sprechen. Mit chinesischen Augen oder indischen Augen gesehen, sind Differenzen der Europäer untereinander nicht wirklich wahrnehmbar. Umgekehrt wird ein Europäer, der sich China oder Indien genauer anschaut, feststellen, dass es da große Unterschiede gibt zwischen Nord und Süd oder Ost und West. Es gab Zeiten, da spielte das eine nachrangige Rolle, da kamen weite Teile der Weltbevölkerung überhaupt nicht vor, selbst die größten Imperien lebten weitgehend isoliert voneinander. Der Begriff Zivilisation wird aktualisiert werden und eine größere Bedeutung bekommen.

Die Zeit: Was sehen Sie als den entscheidenden Beitrag der europäischen Zivilisation zu dieser globalen Entwicklung? Was würde die Welt verlieren, wenn Europa vor die Hunde geht?

Schmidt: Jedenfalls hätte sie ein Problem weniger, das wir Europäer für ein Problem halten, nämlich die Verantwortung für die sogenannten Menschenrechte, die responsibility to protect. Aus dieser Verantwortung heraus sind die Europäer heute notfalls bereit, Kriege zu führen – die Chinesen nicht.

Die Zeit: Noch nicht. Aber Zivilisationen entwickeln sich und beeinflussen sich, und es gibt heute schon Chinesen, die sich für Menschenrechte aussprechen.

Schmidt: Ja, die gibt es immer, es gibt immer solche intellektuellen Minderheiten.

Fischer: Wenn man sich die Entwicklung der letzten zwanzig Jahre anschaut, stellt sich für mich folgende Frage: Sind die anderen dabei – Chinesen, Inder, Muslime –, sich mehr zu europäisieren, oder sind wir es, die sich mehr sinisieren, indisieren, muslimisieren? Jedenfalls ist China heute, bei allem, was es da an Abwehr gibt, der Idee der Menschenrechte und ihrer Verwirklichung sehr viel näher, als das noch vor zwanzig Jahren der Fall war. Dasselbe gilt für die islamische Welt – mit allem, was es da zu beklagen gibt. Das heißt, mit der Verbreitung der westlichen Zivilisation wird auch deren normative Grundlage universaler.

Die Zeit: Normativ aus welcher Perspektive?

Fischer: Ich spreche von der Unabhängigkeit des Rechts und damit auch von den Menschenrechten. Das ist eines der ganz großen Probleme in Russland und in China, weil sich eine freie Wirtschaft ohne klare Gewaltenteilung und ohne unabhängige Justiz sehr schwertut. Wir haben vorhin über die Türkei geredet. Für mich war es erstaunlich zu sehen, dass Erdogan, der ja in Syrien intervenieren und klassische türkische Machtpolitik betreiben wollte, den Rückwärtsgang einlegen musste, weil die türkische Öffentlichkeit heute dem Individuum, sprich: dem möglichen Verlust von Leben von Soldaten, eine sehr viel höhere Bedeutung beimisst, als das noch vor einem Jahrzehnt der Fall war. Ähnliches hört man aus den entwickelten Regionen

345

in China, wo immer wieder Arbeitsbedingungen und Umweltzerstörungen angeprangert werden. Insofern hängt die heutige chinesische Führung sehr viel mehr ab von den Wünschen und der Stimmung in der Bevölkerung als das noch für die vorletzte Regierung gegolten hat.

Schmidt: Dass die verschiedenen Kulturen sich gegenseitig beeinflussen, ist eine ziemliche Novität. Die alten Ägypter hatten keine Ahnung von der gleichzeitigen Existenz eines Kaisers von China. Und kein Kaiser von China hatte eine Vorstellung von der gleichzeitigen Existenz der Perser. Die Ersten, die die Unabhängigkeit der Rechtsprechung zustande gebracht haben, waren die Römer, und man kann deshalb wohl sagen, es sei eine europäische Erfindung.

Die Zeit: Dass viele Chinesen heute möglicherweise europäischer denken als ihre Väter und Großväter, ist das eine. Etwas anderes ist die globale Machtverschiebung. Die Chinesen fangen an aufzurüsten, sie bauen Flugzeugträger, der Militärsektor verzeichnet jährlich zweistellige Wachstumsraten. Vieles deutet darauf hin, dass sie zumindest den westlichen Pazifik als ihre Hemisphäre betrachten, und sie haben angefangen, im Indischen Ozean einen Stützpunkt an den anderen zu reihen, die sogenannte Perlenkette, um sich abzusichern.

Schmidt: In Kenntnis der chinesischen Geschichte würde ich sagen, bisher haben die Chinesen sich sehr viel zurückhaltender gegenüber fremden Völkern benommen als etwa die Engländer, die Franzosen, die Italiener, die Spanier, die Portugiesen und zum Schluss auch noch die Deutschen – sehr viel zurückhaltender. Mein Kronzeuge ist der sagenhafte Admiral Zheng He, der zu Beginn des 15. Jahrhunderts über Schiffe verfügte, die um ein Vielfaches größer waren als die Schiffe, mit denen hundert Jahre später Vasco da Gama oder Christoph Kolumbus ihre Eroberungen eingeleitet haben. Die Schiffe waren nicht nur um ein Vielfaches größer, sie trugen außer ihren Besatzungen auch mehr als 25 000 Soldaten an Bord. Die spanische Armada war eine Badewannenflotte im Vergleich mit dieser Flotte der Chinesen. Aber die Chinesen haben weder Japan erobert, noch haben sie Indien erobert oder Indonesien. Sie haben auch keine Kolonien errichtet. Sie waren zufrieden, das Reich der Mitte zu sein. Die Fremden kamen, mussten dreimal Kotau machen, mit der Nase am Boden, durften ihre Geschenke abliefern und wurden in Gnaden wieder entlassen. Es spricht vieles dafür, dass die Chinesen auch in Zukunft bei dieser Politik bleiben.

Die Zeit: Die Frage ist, ob man aus der chinesischen Geschichte lernen kann, ob man aus Geschichte überhaupt lernen kann. Die Zeiten sind doch andere. Heute kommen die Amerikaner und andere nicht, machen Kotau, tauschen Geschenke und gehen wieder, sondern heute errichten sie Stützpunkte, und die Chinesen wären dumm, wenn sie sich dem nicht anpassten.

Fischer: Ich denke, man muss unterscheiden zwischen der globalen Macht China und der Regionalmacht China. Wenn ich in Ostasien zu Hause wäre, außerhalb Chinas, würde ich mich nicht sehr gemütlich fühlen. Wenn China klug ist, begreift es, welche Ängste seine Nachbarn vor ihm haben, die Vietnamesen, die Malaien, die Indonesier – ich spreche gar nicht von den Japanern oder Südkoreanern. Wenn die Chinesen dort als Großmacht auftreten mit imperialem Gestus, was durchaus sein kann, werden sie große Probleme bekommen. Es liegt im übrigen im Interesse Chinas, dass die USA dort präsent sind, weil nur die USA die Widersprüche in dieser Region so ausbalancieren können, dass es nicht zu der Gefahr einer militärischen Konfrontation kommt.

China als Weltmacht ist etwas anderes, und da neige ich sehr stark Ihnen zu, Herr Bundeskanzler. Sie haben lange die Bundesrepublik Deutschland West regiert; ich glaube, wir können uns nicht vorstellen, was es heißt, ein Land mit 1,3 Milliarden

Menschen zu regieren. Die chinesische Regierung, das Politbüro, die Entscheidungsträger an der Spitze müssen sich im
Zustand eines permanenten Overstretch befinden – das Land
zusammenzuhalten, die Leute satt zu machen, die nationalen
Interessen zu verteidigen. Bei 1,3 Milliarden Menschen, glaube
ich, bewegt man sich in einer auch qualitativ anderen Dimension. Hier kommt nun die chinesische Zivilisation ins Spiel, die
ich sehr verehre; aber letztendlich ist der Konfuzianismus eine
Zivilisation für die Chinesen. Einen universalen Werteanspruch,
wie ihn die westliche Zivilisation kennt, hat der Konfuzianismus
in meinen Augen nicht.

Die Zeit: Was den westlichen Wertekanon angeht, hat Herr
Schmidt darauf hingewiesen, dass die Menschenrechte ein Teil
dieses Kanons sind, für den außerhalb der europäischen oder
nordatlantischen Kultur aber kaum jemand Verständnis hat. Herr
Fischer hat die Unabhängigkeit des Rechts hervorgehoben. Gibt
es weitere Beiträge des europäischen Wertekanons zur zivilisatorischen Entwicklung im 21. Jahrhundert?

Schmidt: Das wirft zunächst die Frage auf, seit wann es den Begriff des Wertekanons eigentlich gibt. Hat es den im 17. Jahrhundert schon gegeben? Seit wann gibt es den Begriff der Menschenrechte?

Die Zeit: Seit der Französischen Revolution, also seit gut zweihundert Jahren.

Schmidt: In der Bibel jedenfalls kommt er nicht vor.

Fischer: Aber die Reformation trägt ganz wesentlich zur Freiheit
des Christenmenschen bei. Die Menschenrechte sind ja Ausfluss
einer tieferen geistigen Strömung, die ihren Anfang nahm im
Dualismus zwischen Kaiser und Papst; im römisch dominier-
ten Westen Europas konnte sich eine unitäre oberste Macht
nicht durchsetzen. Aus diesem Dualismus hat sich dann hier in
Deutschland die Reformation entwickelt, das heißt, die Kraft

zur Infragestellung der obersten kirchlichen Autorität. In der direkten Kommunikation zwischen dem Individuum und seinem Schöpfer entstand die Freiheit des Individuums. Und dies wiederum eröffnete Perspektiven zu einem viel weiter gehenden Freiheitsgedanken. Die Menschenrechte sind für mich Ausfluss dieser geistigen Strömung.

Schmidt: Ich würde diese geistige Bewegung, die Sie sehen, nicht mit Luther beginnen lassen, ich würde sie tatsächlich in der Aufklärung beginnen lassen, deutlich in Erscheinung getreten das erste Mal in der Französischen Revolution. Luther hat immerhin den Antisemitismus gewaltig gefördert und sich mit Nachdruck gegen die Bauern gestellt.

Die Zeit: Wo auch immer wir die Vorgeschichte beginnen lassen, heute sind die Menschenrechte Teil der UN-Charta, unterzeichnet von jedem einzelnen Mitglied der Vereinten Nationen im Moment des Beitritts. Darauf können sich alle berufen, und schon das halte ich für ein europäisches Vermächtnis. Trotzdem noch einmal die Frage: Welche Rolle spielt Europa darüber hinaus, machtpolitisch, als dritte Kraft zwischen den Blöcken?

Fischer: In einem sind sich Washington und Beijing sofort einig: Die Europäer spielen keine Rolle mehr; wir müssen dort unsere Interessen sichern, sagen beide Mächte, aber ernst zu nehmen sind die Europäer nicht. Ich habe in Beijing mehr Sorge über die Zukunft des Euro erlebt als in Berlin, um ehrlich zu sein.

Schmidt: Im Grunde sind wir uns einig darüber, dass der Einfluss der Europäer auf den Rest der Welt zurückgeht – und zwar deutlich.

Fischer: Daraus ergibt sich für mich die Frage: Sind andere in der Lage, unsere Interessen einigermaßen gleichrangig zu vertreten, mit einigen wenigen Abstrichen oder sogar besser, als wir das könnten? Die Einzigen, die mir einfallen, sind die USA, aber die Entwicklung dort geht eher in die Richtung, nicht mehr für andere da sein zu wollen. Gleichzeitig müssen wir sehr achtgeben in den kommenden zwei Jahrzehnten, dass Europa nicht zum Streitfall zwischen China und Amerika wird. Man könnte in Washington wie in Beijing eines Tages zu der Ansicht gelangen, dass Europa den tipping point ausmacht in der globalen Machtbalance der G2, das Zünglein an der Waage der beiden. Und da könnte Deutschland, wenn es nicht zu mehr Integration in Europa kommt, durchaus wieder in einer nicht sehr komfortablen Mittellage sein, nämlich wirtschaftlich von beiden abzuhängen, mehr noch von China als von den USA. Integriert in ein stärkeres Europa, würde Deutschland eine andere Antwort finden können. Auch unter diesem Gesichtspunkt erachte ich die europäische Integration für uns von ganz zentraler Bedeutung. In Paris gibt es diese Debatte bereits heute: Wohin geht Deutschland? Die Franzosen meinen immer noch, nach Russland – das halte ich für einen Irrtum. Aber die wachsende wirtschaftliche Abhängigkeit von China würde ich nicht unterschätzen.

Schmidt: In diesem Zusammenhang möchte ich einmal erinnern: Seit wann gibt es eigentlich die Deutschen als Nation? In Wirklichkeit hat das Bewusstsein, eine Nation zu sein, sich in Deutschland erst durchgesetzt nach 1871. Ein Nationenbewusstsein hat es in Frankreich gegeben, hat es in England gegeben, hat es in Holland gegeben – hat es bis zur Mitte des 19. Jahrhunderts nicht gegeben in Italien und nicht in Deutschland. Das Nationenbewusstsein der Deutschen hat sich entwickelt zwischen 1871 und 1914, ist dann nach 1933 ins Überdimensionale gewachsen und 1945 zusammengebrochen. Heute halten wir es wieder für selbstverständlich, eine Nation zu sein. Für meinen Großvater war das gar nicht selbstverständlich.

Die Zeit: Worauf wollen Sie hinaus, Herr Schmidt?

Schmidt: Wenn Joschka Fischer hier die Frage stellt, wohin geht Deutschland, und von der Aufgabe der Deutschen redet, dann stelle ich die Frage: Wer sind die Deutschen? Seit wann gibt es sie eigentlich? Die Deutschen als Nation gibt es in Wirklichkeit erst seit hundertfünfzig Jahren.

Fischer: Ich lese gerade ein faszinierendes Buch von einem englischen Historiker, ich muss es mal kurz herausholen: Brendan Simms: *The Struggle for Supremacy. 1453 to the Present.* Ein faszinierendes Buch! Die Ausgangsthese ist, dass die globale Ausdehnung Europas mit dem Fall Konstantinopels begann, weil dessen Eroberung durch die Türken 1453 Heinrich den Seefahrer und andere zur Flankenbewegung im Abwehrkampf gegen die Türken zwang, und so entwickelte sich die globale Ausdehnung Europas. Im Kern ging es jedoch immer um die Mitte Europas. Bei jedem Versuch der Machtakkumulation durch die Begründung von Weltreichen in Übersee – Spanien, Portugal, Holland, England – ging es im Grunde um den Machteinfluss im europäischen Zentrum, und im Zentrum lag immer Deutschland. Alle Bemühungen der Nachbarn waren darauf gerichtet, dieses Deutschland politisch gespalten zu halten. Als das nach 1871 nicht mehr ging, begann das große Durcheinander.

Schmidt: Wichtig ist zu erkennen, dass dieses Zentrum niemals ein eigenes Machtzentrum gewesen ist – mit wenigen Ausnahmen. Die erste Ausnahme war Karl der Große heute vor zwölfhundert Jahren, die letzte war Adolf Nazi. Dazwischen war das Zentrum meist weitgehend machtlos, Kampfzone der Randmächte. Die wichtigsten haben Sie genannt, die Spanier, die Portugiesen, die Engländer, man muss in diesem Zusammenhang wohl auch die Schweden, die Franzosen, die Russen nennen. Das Heilige Römische Reich deutscher Nation war ein machtloses Gebilde. Vielleicht kann man zu den Ausnahmen noch Karl V. zählen, unter bestimmten Bedingungen auch Napoleon.

Fischer: Im politischen Bewusstsein der Deutschen ist diese Problematik der Mittellage heute so gut wie nicht mehr vorhanden. Bei Bismarck hieß das Hammer oder Amboss, eine furchtbare Alternative, wenn man sich die deutsche Geschichte anschaut; weder das eine noch das andere ist eine berückende Option. Mit Blick auf die ökonomische Dominanz oder Superdominanz, in der sich die Deutschen zurzeit befinden, halte ich es für dringend erforderlich, diese historischen Konnotationen zu berücksichtigen, die eine deutsche Vormachtstellung bei unseren Nachbarn auslöst.

Die Zeit: Aber ist Europa nicht seit langem und durchaus mit Erfolg bemüht, nationalstaatliches Denken über Bord zu werfen, den Nationalstaat zu überwinden?

Schmidt: Der Nationalstaat wird nicht überwunden werden, jedenfalls nicht in diesem Jahrhundert.

Fischer: Ich stimme Ihnen hier ausdrücklich zu, ich glaube sogar, den Nationalstaat wird es noch lange über dieses Jahrhundert hinaus geben. Das ist der Kern dessen, was neu gedacht werden muss, wenn man sich als europäischer Föderalist bezeichnet: das Verhältnis des Nationalstaats zu Europa. Diese Vorstellung, es gibt da die Kommission, das ist eigentlich eine europäische Regierung im Wartestand, und eines Tages werden die nationalen Regierungen abtreten, und es wird antreten eine europäische Regierung namens Kommission, verantwortlich nur dem europäischen Parlament – so wird das nicht laufen. Denn so lange wird die Europäische Union einfach nicht mehr funktionieren, wenn die zentrifugalen nationalen Kräfte sich durchsetzen. Wenn Frau Le Pen gewählt wird und ernst macht mit dem Euro-Austritt Frankreichs, dann war's das.

Die Zeit: Solange wir die Währungsunion haben und auf eine Wirtschafts-, Fiskal- und Bankenunion hinsteuern ...

Schmidt: Eine Währungsunion haben wir nicht in Wirklichkeit. Was wir haben, ist eine europäische Zentralbank, die in der Lage ist, Geld zu drucken. Wir haben in Wahrheit keine Währungsunion.

Die Zeit: Aber wir haben das Ziel einer Wirtschafts- und Währungsunion, nicht zuletzt auch um den Nationalstaat zu überwinden ...

Schmidt: Nein. Der Nationalstaat bleibt am Leben.

Fischer: Den muss man auch nicht überwinden. Ich will ihn nur in etwas modifizierter Form. Ich glaube, der Fehler ist, dass wir als Vorbild insgeheim immer Amerika im Hinterkopf haben. Wir sollten uns besser die Schweiz anschauen. Von der Schweiz – ohne das eins zu eins übertragen zu können – lässt sich sehr viel mehr für die Zukunft des europäischen Föderalismus lernen, als das beim amerikanischen Modell der Fall ist. Wir sprechen nicht eine Sprache. Die europäischen Nationen sind alle um das Jahr 1000 herum entstanden, und seitdem gibt es unterschiedliche politische Kulturen, unterschiedliche historische Narrative. Lässt sich das alles zusammenführen auf einer Grundlage, bei der die nationalen Überlieferungen einschließlich der Nationalstaaten selbst auf lange Sicht eine sehr viel stärkere Rolle spielen werden, als das der Fall war in den USA? Ich meine, ja.

Schmidt: Der Nationalstaat reicht auf Dauer nicht aus, aber auch der Staatenbund reicht nicht aus. Wir reden von Europa, und zwar von dem gegenwärtigen Europa, als von einem Aliud, einem Dritten, das es noch nicht gibt und das weder Nationalstaat ist noch Staatenbund. Die deutschen Völkerrechtler – und unsere Verfassungsrichter! – kennen nur diese beiden Begriffe.

Fischer: Aus der Krise kann man vielleicht die Lehre ziehen, dass eine europäische Regierung nicht von der Kommission, sondern von den Staats- und Regierungschefs der Mitgliedsstaaten her gedacht werden sollte. In der Eurogruppe sind die Staats- und Regierungschefs ja bereits heute so etwas wie eine Vorform einer gemeinsamen Regierung. Und warum denken wir nicht darüber nach, über den Zwischenschritt einer Eurokammer eine zweite Kammer einzuführen? Warum nicht dieses Durcheinander des Rates auflösen – in die eine Richtung als europäische Regierung, in die andere Richtung durch Etablierung der Vertreter der nationalen Parlamente als Eurokammer mit der Perspektive einer zweiten Kammer des Europaparlaments? Damit wären die direkt legitimierten nationalen Parlamente und Regierungen mit in die europäischen Angelegenheiten eingebunden.

Schmidt: Jetzt sind wir allerdings nicht mehr im Jahr 2013, sondern mindestens bereits im Jahr 2023.

Fischer: Okay. Aber sie müssen es 2013 denken, 2014 den üblichen europäischen Prozess eines Berichts einfädeln und so weiter. Es ist sicher ein Zehnjahresprojekt, aber ich behaupte, wenn die europäischen Staatsfrauen und Staatsmänner mit solchen Ideen mal rüberkämen, wäre das zum Beispiel für die Wahrnehmung des Euros an den Märkten eine ganz neue Perspektive, weil die Leute merken würden, die geben sich selbst eine Zukunft.

Die Zeit: Von einem Putsch des Europäischen Parlaments, von dem Herr Schmidt vorhin sprach, halten Sie nichts?

Fischer: Das Europäische Parlament hat nicht die Macht für einen Putsch. Die einzige Macht, die das Parlament in Straßburg hat, ist nein zu sagen bei bestimmten Fragen. Es hat kein Initiativrecht. Und bei der Bewältigung der Eurokrise – wenn wir über Schuldenvergemeinschaftung, Altschuldenregelung, gemeinsame Schuldenneuaufnahme reden – reden wir über das nationale Budgetrecht, da ist das Europäische Parlament außen vor!

Schmidt: Ich habe mir bei dem Wort vom Putsch des Europäischen Parlaments, den ich mir wünschen möchte, gedacht, dass das Europäische Parlament von sich aus ein Gesetz vorlegt, das die Altschulden regelt und die gegenwärtigen Schulden genauso.

Fischer: Das dürfen die nicht! Die haben kein Initiativrecht.

Schmidt: Deswegen habe ich ja das Wort Putsch gewählt, weil man sich über geltendes Recht hinwegsetzen würde. Was ich im Sinne hatte, war eine bewusste Überschreitung der Kompetenzen durch das Parlament, wohl wissend, dass ein solches Gesetz einen Aufstand hervorruft und dass es einen Riesenkrach gibt.

Fischer: Eine konstitutionelle Krise wollten Sie also auslösen?

Schmidt: Ja, wollte ich. Aber dass es dazu nicht kommen wird, weil nicht nur die Engländer nicht mitmachen würden, sondern auch die Dänen und die Schweden und die Polen und wer weiß ich ...

Fischer: Der Gedanke gefällt mir immer mehr, je mehr wir darüber reden! Man könnte es in der Euro-Gruppe machen.

Schmidt: Man könnte.

Fischer: Wenn man wollte.

Die Zeit: Das ist der Aufruf, es zu tun!»Putscht endlich!«

Schmidt: Es gibt noch jemanden, der den Aufstand proben könnte, das ist Mario Draghi. Draghi könnte eine große Rede halten und sagen:»Ich stehe vor dem und dem Problem. Ich weiß, dass ich meine Politik vielleicht noch zwei oder drei Jahre, aber sicherlich nicht zwanzig Jahre fortsetzen kann, weil sie zur großen Inflation und zum großen Preisverfall führen wird. Deswegen schlage ich vor: Erstens, zweitens, drittens.« Draghi wird es aber nicht tun.

Die Zeit: Wenn man einen Putsch für nicht sehr wahrscheinlich hält, was ist dann konkret im Augenblick zu tun, was müssen die Regierungen jetzt beschließen, damit Europa aus der Krise inklusive Wachstumsproblem, Jugendarbeitslosigkeit und zunehmender Verarmung herauskommt? Klar ist, es wird Geld kosten, und daran schließt sich dann gleich die zweite Frage, die Frage der Vermittlung. Die Leute müssen davon überzeugt werden, dass es für sie gut ist, wenn das Geld nach Griechenland, nach Italien, nach Spanien fließt und nicht hier in die Verschönerung ihrer Vorstädte.

355

Fischer: Ich werde oft eingeladen zu Diskussionen über die europäische Krise und stehe oft vor einem Publikum von Mittelständlern, in dem FDP und CDU-CSU nach wie vor eine große Mehrheit haben. Die Leute sind überhaupt nicht dafür, den Italienern oder den Griechen Geld zu geben, die Debatte ist immer sehr emotional. Aber es endet immer in derselben Art:»Sie glauben wirklich, Europa geht kaputt, wenn wir das nicht machen?« –»Ja.« Und dann kommt immer dieselbe Reaktion: Wenn das der Preis für Europa ist, dann müssen wir es wohl machen. Ich lerne daraus, dass die These, Europa ist nicht zu verkaufen, harte Entscheidungen sind nicht zu verkaufen, schlicht und einfach Ausdruck der Schwäche der Politiker ist. Fast alle wesentlichen Entscheidungen in der Geschichte der Bundesrepublik mussten gegen breite Mehrheiten durchgefochten werden. Über die Einheit hätte man auch keine Volksabstimmung durchführen dürfen, wenn wir mal ehrlich sind.

Schmidt: Die heutigen Politiker wollen wiedergewählt werden.

Fischer: Das wollten wir auch.

Schmidt: Und das ist viel wichtiger für sie, als Risiken zu laufen. Man muss als Leader der Nation wissen, dass man abgewählt werden kann. Und man muss das billigend in Kauf nehmen.

Fischer: Frau Merkel ist jetzt dreimal gewählt worden, ein viertes Mal werden die Deutschen sie nicht wählen, da wird es ihr nicht anders ergehen als Helmut Kohl. Irgendwann kommt der Faktor Gesicht … Also: Was will sie? Was will sie jenseits ihres Amtseids? Die Antwort liegt in Europa: Schafft sie es, oder schafft sie es nicht?

Die Zeit: Ist sie eine Europäerin der Vernunft, wie Helmut Schmidt sie genannt hat, oder auch eine des Herzens?

Fischer: Schauen Sie ihre Polen-Politik an, da ist viel Herz mit dabei. Das macht sie hervorragend. Vergleichen Sie ihre Polen-Politik mit ihrer Europa-Politik, dann finden Sie die Antwort.

356

Schmidt: Wir können aus Frau Merkel nicht jemand anderes machen als die, die sie ist. Sie hat es zu tun mit beinahe siebzig koalitionswilligen Politikern, die von Europa bestenfalls genauso viel und genauso wenig verstehen wie die Minister. Ein normaler Minister versteht von Europa weniger als Wolfgang Schäuble und viel weniger als die Kanzlerin. Wenn Frau Merkel Steinbrück oder Steinmeier als Partner hätte, dann könnte ich mir vorstellen, dass einer von diesen beiden der Kanzlerin sagt: »Ich möchte Europa an die erste Stelle setzen, und ich schlage das und das und das vor.«

Zu Ihrer Frage, was die neue Regierung konkret tun müsste: Es wäre eine unglaubliche Tat, wenn die Regierung, die da zurzeit gebildet wird, als Erstes verkünden würde, dass sie bereit ist zur gemeinsamen Aufarbeitung der Altschulden und zweitens bereit ist, sich zu beteiligen an der Neuverschuldung. Das wird sie beides aber nicht tun.

Fischer: Genau das wollte ich gerade sagen. Bedauerlicherweise werden sie es nicht tun. Aber es wäre ein politischer Akt, der historische Dimension erreichen könnte. Nur würde es volle Kampfbereitschaft und Risikobereitschaft der führenden Leute in den Parteien voraussetzen.

Schmidt: Und gleichzeitig könnte man dem deutschen Volk sagen, letzten Endes wirkt es sich aus zu unseren Gunsten.

Fischer: Ja.

Die Zeit: Stattdessen wird man weiterhin eine Politik des Durchwurstelns betreiben und darauf bedacht sein, dass der Schwarze Peter stets beim Koalitionspartner liegt.

Fischer: Aber es ist eine große Koalition! Und die treten nicht zum Schönheitswettbewerb an, sondern um eine historische Herausforderung zu stemmen.

Schmidt: Die sollen nicht nach der Meinung des Volkes schielen, die sollen regieren! Was vernünftig ist, soll gemacht werden.

Was notwendig ist, muss gemacht werden – und wenn eine Kanzlerin darüber stürzt.

Fischer: Das ist alles nicht populär. Aber es ist ein Irrglaube zu meinen, dass man regiert auf der Grundlage von Umfragewerten. Wie oft hat die Kanzlerin sich im Zusammenhang mit der Euro-Krise direkt an das deutsche Volk gewandt? Zero. Ich habe Gerhard Schröder mal gefragt:»Sag mal, du hättest doch mindestens einmal schon zur besten Sendezeit dich direkt ans Volk gewandt und erklärt, warum du so und so entscheidest und wohin es gehen muss.« Das ist doch das Privileg des Kanzlers. Das erwarten die Leute in einer Demokratie auch. In einer Krise guckt alles auf die Nummer Eins. Das ist nichts Undemokratisches. Sie oder er ist gewählt, führt in einer repräsentativen Demokratie, und von dieser Person will man in schwierigen Zeiten wissen, wo's langgeht. Von Frau Merkel haben wir Zero gehört, wo sie hin will, wohl aber beständig, was alles nicht geht!

Das gilt übrigens außenpolitisch genauso. Was immer die Deutschen machen oder was sie nicht machen, ist Ausdruck von Führung. Als ich mal ziemlich frustriert war, weil mal wieder falsch war, wie wir's gemacht hatten, und wir deshalb von allen kritisiert wurden, traf ich Madeleine Albright. Sie fragte, warum ich so schlechter Stimmung sei, und ich sagte:»Ach, es ist alles furchtbar – handeln wir, werden wir kritisiert, handeln wir nicht, werden wir auch kritisiert.« Da lachte sie laut und sagte:»Well, that's the predicament of leadership. That's our everyday experience as United States.« Da hat sie recht. Allen kann man es nie recht machen, aber das darf einen vom Handeln nicht abhalten. Eines allerdings muss klar sein: Es muss mit Frankreich zusammen geschehen, Deutschland muss mit Frankreich zusammen handeln.

Schmidt: Ich stimme uneingeschränkt zu.

Fischer: Leider wird zurzeit in Berlin, in politischen Kreisen, in medialen Kreisen, wohin ich auch komme, Frankreich-Bashing betrieben, oft mit einer sehr penetranten Arroganz. Das wird in Paris durchaus wahrgenommen, vor allem wenn es aus den Regierungsfraktionen kommt, in dem Falle jetzt aus den Reihen von CDU und CSU, und das ist alles andere als hilfreich, wie ich vor kurzem im Élysée erleben durfte. Dass man in Deutschland heute mit einer gewissen Arroganz auf Frankreich blickt, das würde ich als Erstes mal einstellen. Frankreich hat Probleme, aber so schwach und so verarmt, so bewegungslos, wie wir tun, ist das Land nicht – wir dürfen nicht die Kommentare der *Financial Times* zur Grundlage der deutsch-französischen Beziehungen machen. Hollande hat meines Erachtens ein Darstellungsproblem, das große Thema, das die Wende symbolisieren sollte, ist nicht zu sehen.

Die Zeit: Zwei Schlussfragen. Die eine zunächst an Herrn Fischer: Würden Sie sich als gelernter Europäer bezeichnen, oder sind Sie bereits europäisch aufgewachsen?

Fischer: Ich bin in einer Zeit geboren und groß geworden, da war Europa das große Thema in beiden politischen Lagern – rechts wie links. Ich bin da hineingewachsen, man ist Europäer geworden, ob man wollte oder nicht – es war einfach eine Realität, genauso wie der Kalte Krieg eine Realität war. Ich habe in einem Dorf zehn Kilometer Luftlinie von Ludwigsburg entfernt gewohnt, als de Gaulle 1962 nach Ludwigsburg kam und seine große Rede an die Jugend hielt. Die historische Tragweite habe ich nicht richtig verstanden, aber gespürt hab ich's schon, und das ging nicht nur mir so, das wurde in breiten Bevölkerungsschichten so wahrgenommen. Und jetzt hat mich beim Jahrestag des Élysée-Vertrags erstaunt, wie viel Emotionalität in den deutsch-französischen Beziehungen noch steckt – zumindest kann ich das von deutscher Seite sagen – und wie wenig die aktuelle Politik daraus macht. Emotionalität ist kein schlechter Baustoff für die Politik.

Schmidt: Zu der Zeit von Giscard d'Estaing und mir – sieben gemeinsame Jahre als Regierungschefs, zuvor zwei gemeinsame Jahre als Finanzminister – sind alle diese Fragen, von denen wir hier heute sprechen, in der öffentlichen Diskussion kaum berührt worden. Alle europäischen Politiker nahmen es als eine Tatsache, dass die Europäische Union durch Frankreich und Deutschland gemeinsam geführt wurde. Wobei der Deutsche immer Wert darauf gelegt hat, dass auf dem roten Teppich Giscard zuerst marschierte und der Deutsche als zweiter. Die kleineren Mitgliedsländer, die Holländer zum Beispiel und ein bisschen auch die Belgier, haben uns das ein wenig übel genommen, aber im Grunde haben sie es doch akzeptiert. Nicht akzeptiert haben es die Engländer, egal ob Labour oder Konservative, ob Harold Wilson oder Maggie Thatcher. Die Selbstverständlichkeit, mit der die französisch-deutsche Führung akzeptiert wurde, ist 1989/90 zu Ende gegangen. 1991/92 hat man in den Maastricht-Beschlüssen einerseits allzu viele Staaten in die Währungsunion eingeladen, andererseits hat die französisch-deutsche Führung der Währungsunion das objektiv notwendige finanzpolitische Korsett vorenthalten.

Die Zeit: Herr Schmidt, in dem letzten Beitrag, der in diesem Band abgedruckt ist, machen Sie die Medien mitverantwortlich für das, was Sie»das Missvergnügen an der EU« nennen. Wenn die Medien überhaupt auf das Thema einsteigen, dann reiten sie die große antieuropäische Welle – denken Sie an die Stimmung, die *Bild* und *Spiegel* während der Griechenland-Krise gemacht haben. Was machen wir falsch?

Fischer: Es ist eigentlich dieselbe Feigheit, die wir eben für weite Teile der Politik konstatiert haben. Es ist die Feigheit der Pro-

Europäer, sich zu bekennen. Ich bin gespannt, wie die Europa-
wahlen im Mai sich entwickeln werden, denn wie wollen die
Pro-Europäer antreten, ohne darüber zu reden? Wie wollen sie
eigentlich mobilisieren? Die Europa-Gegner reden beständig
darüber, was sie alles abschaffen wollen. Was die Pro-Europäer
wollen, erfahren wir nicht. Und diesen Befund können sie auf
die Medien übertragen.

Die Zeit: Auf der anderen Seite hat es noch nie eine so intensive
Diskussion über Europa gegeben wie in den letzten Jahren.

Fischer: Das ist doch gut.

Die Zeit: Die Chance, die in dieser Krise liegt, ist aber offenbar
noch nicht richtig begriffen worden. Bei allem Pessimismus,
den Sie beide in diesem Gespräch haben erkennen lassen: Kriegt
Europa doch noch die Kurve?

Schmidt: Im Augenblick hängt alles an Frau Merkel.

Fischer: Meine Sorge ist nicht, dass Europa in einem großen Knall
endet, sondern dass es sich mehr und mehr entleert und nur noch
als Hülle fortexistiert. Die Institutionen wird es dann vielleicht
noch eine Zeit lang geben, aber die Zusammengehörigkeit, die
Solidarität, all das, was Europa als lebendiges Gebilde ausmacht,
das wird verschwinden, und in das entstehende Vakuum wird
ein neuer und alter Nationalismus hineinstoßen. Insofern ist
die FDP und ihr Schicksal durchaus paradigmatisch: In welche
Richtung wird sie gehen – liberal und europäisch oder neona-
tional – und welche Bedeutung wird das für die politische Land-
schaft der Bundesrepublik haben. Je weniger die Pro-Europäer
zum Risiko bereit sind und je weniger sie mobilisieren, desto
größer wird das Vakuum, das dann von euroskeptischen oder
antieuropäischen Kräften ausgefüllt wird. Und desto schwieriger wird es, die wirtschaftlichen Probleme zu lösen.

Die Zeit: Europa ist durch viele Krisen gegangen und hat sie alle
bewältigt.

Fischer: Das erinnert mich an die FDP! Das haben die doch immer geschafft, hieß es noch am Wahlabend kurz vor 18.00 Uhr. Keiner hat damit gerechnet, dass sie diesmal rausfliegen.

Schmidt: Ich vertraue darauf, dass Europa sich besser schlägt als die FDP.

Drucknachweise

Ja zum Ruhrstatut: Ein frühes Bekenntnis zu Europa
Der erste Beitrag (S. 16–20) unter dem Titel »Europäische Möglichkeiten« in: *Der Sozialist. Mitteilungsblatt der SPD-Landesorganisation Hamburg,* 3. Jg. Nr. 6, 1. Juni 1948
Der zweite Beitrag (S. 20–24) unter dem Titel »Das Ruhrstatut – drei Wochen später« in: *Der Sozialist. Mitteilungsblatt der SPD-Landesorganisation Hamburg,* 4. Jg. Nr. 2, 1. Februar 1949

Eine Wende in den deutsch-französischen Beziehungen
Protokolle des Deutschen Bundestages. 5. Wahlperiode, 84. Sitzung.
Bonn, Mittwoch, 18. Januar 1967

Das neue Tandem: Paris – Bonn
Protokolle des Deutschen Bundestages. 7. Wahlperiode, 105. Sitzung.
Bonn, Donnerstag, 6. Juni 1974

Lebt Europa von Krisen?
Helmut Schmidt: *Bundestagsreden und Zeitdokumente,* Bonn 1975,
Seite 249–255.

Großbritannien gehört dazu!
Thomas Birkner: Comrades for Europe? Die »Europarede« Helmut
Schmidts 1974, Bremen 2005, Seite 138–147 (nach dem Manuskript
im Helmut-Schmidt-Archiv Hamburg). Dort auch der Wortlaut der
auf Englisch gehaltenen Rede vom 30. November 1974.

Man muss diese Opfer wollen
Unter dem Titel »Leitgedanken unserer Außenpolitik« in: Helmut
Schmidt: *Kontinuität und Konzentration,* Bonn 1975, Seite 226–236
(Auszug)

Kein Grund zur Resignation
Protokolle des Deutschen Bundestages. 7. Wahlperiode, 235. Sitzung.
Bonn, Donnerstag, 8. April 1976 (Auszug)

Ein großer Europäer
Jean Monnet: *Erinnerungen eines Europäers.* Vorwort von Bundeskanzler Helmut Schmidt, München 1978, Seite 7–15

Gleiche Chancen für alle Menschen in Europa
Mitschrift der Rede vom 4. Mai 1979, Typoskript Helmut-Schmidt-
Archiv Hamburg

Europa braucht dringend einen Fortschritt
Rede vor dem Deutschen Bundestag am 28. Juni 1984, unter dem Titel
»Die Zeit ist reif für eine gemeinsame französisch-deutsche Sicherheitsinitiative« in: *Politik. Aktuelle Informationen der Sozialdemokratischen Partei Deutschlands,* Nr. 10, Juli 1984, 7 Seiten

Die drohende Spaltung Europas
Bergedorfer Gesprächskreis, Protokoll Nr. 76, [Dezember] 1984: »Ist
die Spaltung Europas das letzte Wort? Europa der Gegensätze auf dem
Wege zu sich selbst«, Seite 17–25

Europa muss jetzt handeln
Die Zeit, 4. Januar 1985

Plädoyer für eine Währungsunion
Typoskript Helmut-Schmidt-Archiv Hamburg, 14 Seiten

Deutschlands Rolle im neuen Europa
Rede am 11. September 1991, in: *Europa-Archiv,* Folge 21, 1991,
Seite 611–624 (gekürzt)

Eine großartige Chance für Europa
Die Zeit, 31. Januar 1992

Europa und die Deutschen in einer sich ändernden Welt
Rede am 24. November 1994, in: *Internationale Politik und Gesellschaft,* hrsg. von der Friedrich-Ebert-Stiftung, Heft 1, 1995, Seite 5–14
(leicht gekürzt)

Fünfzig Jahre nach dem Marshallplan: Was wird aus Europa?
Unter dem Titel »Mit voller Kraft ins nächste Jahrhundert« in: *Die Zeit,*
6. Juni 1997

Jean Monnet und das neue Gesicht Europas nach dem Zweiten Weltkrieg
Rede am 29. Mai 1997, in: Andreas Wilkens (Hrsg.): Interessen verbin-

den – Jean Monnet und die europäische Integration der Bundesrepublik Deutschland, Bonn 1999, Seite 13–22

Sechs Gründe, warum der Euro nicht scheitern darf
Unter dem Titel »Aufgeschoben ist aufgehoben« in: *Die Zeit,* 13. Juni 1997

Vertiefung statt Erweiterung
Unter dem Titel »Wege aus der Krise« in: *Die Zeit,* 14. Oktober 1999

Die EU ist nicht reif für die Erweiterung
Welt am Sonntag, 23. April 2000

Deutsch-französische Gemeinsamkeiten
Redemanuskript, Januar 2004, Helmut-Schmidt-Archiv Hamburg

Europa braucht einen Kern
Unter dem Titel »Erweitern? Erst braucht Europa einen Kern« in: *Die Zeit,* 16. September 2004 (leicht gekürzt)

Stetigkeit und Zuverlässigkeit: ein Appell
Unter dem Titel »Nur keine Anmaßung« in: *Die Zeit,* 8. Juli 2010

Ohne den Euro ist alles nichts
Die Zeit, 16. Dezember 2010

Ein Plan für Athen
Unter dem Titel »Griechenland gehört dazu« in: *Die Zeit,* 22. Juni 2011

In langen Zeiträumen denken
Unter dem Titel »Mit mitfühlendem Herzen« in: *Perspektive 21. Brandenburgische Hefte für Wissenschaft und Politik,* Heft 51, Dezember 2011, Seite 7–19 (leicht gekürzt)

Pflicht zur Solidarität
Die Zeit, 27. Dezember 2012